Sortir
de l'endettement
joyeusement

de **Simone Milasas**

Sortir de l'endettement *joyeusement*

Titre original : Getting Out of Debt Joyfully

Copyright © 2018 Simone Milasas

ISBN : 978-1-63493-148-9

L'auteur et l'éditeur de ce livre ne prétendent pas offrir ni garantir quelques résultats physiques, mentaux, émotionnels, spirituels ou financiers que ce soit. Tous les produits, services et informations fournis par l'auteur sont uniquement à des fins d'enseignement général et de divertissement. Les informations présentées dans ce livre ne se substituent en rien à un avis médical ou professionnel. Dans le cas où vous utiliseriez les informations contenues dans ce livre, l'auteur et l'éditeur déclinent toutes responsabilités relatives à vos actions.

Traduit de l'anglais par Marie Sist, Annabelle Perceval et Katioucha Zakhanevitch

Publié par Access Consciousness Publishing, LLC
www.accessconsciousnesspublishing.com

Imprimé aux États-Unis d'Amérique

Aisance, joie et gloire

Gratitude

Merci à tous ceux que j'ai rencontrés et que je vais encore rencontrer sur cette planète

Gary & Dain — merci pour les fantastiques outils d'Access Consciousness qui changent la vie, pour votre amitié et pour continuellement renforcer ma capacité à savoir que tout est possible.

Justine, mon agent de relations publiques — merci de toujours dire, quand quelque chose ne tourne pas comme je veux, « Ne t'inquiète pas, ça va faire une bonne histoire ! »

Moira — merci d'avoir changé mes paradigmes en me demandant : « Pourquoi est-ce que tu ne pourrais pas avoir une maison à Brisbane et une sur la Sunshine Coast ? »

Brendon – merci d'être ma moitié agréable, de m'inspirer tous les jours, de toujours me voir et d'être le directeur financier de ce que nous créons ensemble.

Rebecca, Amanda & Marnie — ce livre ne se serait pas créé sans votre assistance. MERCI.

Joy of Business & Access Consciousness – merci d'être là pour moi et merci pour votre créativité débordante et pour le fun que c'est de jouer et travailler avec vous !

Steve & Chutisa — merci pour tous les moments communs de création « b.a ba de la finance » !

Chris, Chutisa, Steve, Brendon, Gary & Dain — merci pour vos histoires de changement qui montrent aux autres qu'il existe toujours une possibilité différente.

N'abandonne pas. Ne renonce pas. Continue à créer et SACHE que tout est possible.

www.gettingoutofdebtjoyfully.com

Préface

Avant d'être prête à changer ma réalité financière, j'avais 187 000 $ de dettes. C'est beaucoup d'argent et je n'avais rien à montrer en ma faveur! J'avais beaucoup de jobs différents et je voyageais dans le monde entier. J'avais mis en place plusieurs business et je m'amusais beaucoup. Je continuais à gagner de l'argent, mais je n'étais pas propriétaire d'une maison, je n'avais pas de placements financiers ni aucune conscience du montant réel de mes dettes. J'évitais de les regarder et, dans un coin de ma tête, j'espérais que ça se règle peut-être tout seul!

En juillet 2002, j'ai rencontré Gary Douglas, le fondateur d'Access Consciousness® (la société pour laquelle je suis maintenant la coordinatrice mondiale) au Festival Mind, Body and Spirit. J'y tenais un stand pour un business que j'avais à l'époque, qui s'appelait «Good Vibes for You.» Un ami commun était venu me voir avec Gary pour dire bonjour. Gary m'a pris dans ses bras et je me suis immédiatement retirée. Il m'a dit : «Tu sais, tu irais beaucoup mieux si tu étais ouverte à recevoir. Tu serais beaucoup plus heureuse et tu gagnerais aussi plus d'argent.» Je me suis dit qu'il était fou. Qu'est-ce qu'il voulait dire par recevoir? Cela n'avait pas de sens. Je pensais qu'il fallait que je donne et que je donne et que c'était ça qui allait améliorer ma vie. Personne n'avait jamais parlé de recevoir! Je pensais que j'étais sur cette planète pour *donner*.

Je suis allée écouter l'une des conférences de Gary au festival. C'était sur les relations. Il était réel, il jurait, il était irrévérent, drôle et il ne disait pas aux gens ce qu'ils devaient ou ne devaient pas faire. C'était la première fois que j'entendais quelqu'un dire que tu peux choisir ce qui marche pour toi, que tu ne dois pas être ou faire ce que les autres pensent que tu devrais être ou faire. Il disait que tu es le seul à savoir ce qui est vrai pour toi, personne d'autre ne le sait. C'était un point de vue complètement différent et vraiment libérateur. Cela m'a intriguée.

J'ai commencé à utiliser les outils d'Access Consciousness et j'ai remarqué que ma vie commençait à changer de façons miraculeuses. J'étais plus heureuse et tout plein de choses sont devenues plus faciles et plus joyeuses dans la vie.

J'ai entendu plusieurs fois Gary et le Dr Dain Heer, son associé, parler des outils d'Access Consciousness pour l'argent, mais, honnêtement, je n'ai pas vraiment écouté ni porté beaucoup d'attention à ce qu'ils disaient. À ma troisième classe d'Access, j'ai finalement écouté ce qu'ils disaient au sujet de l'argent et des outils qu'on peut utiliser pour changer sa réalité financière. Je me suis demandé : « Et si j'utilisais vraiment ces outils ? » Il y avait tous ces autres domaines de ma vie qui changeaient parce que j'utilisais les outils d'Access alors peut-être que ma situation financière pourrait aussi changer ?

Je n'ai dit à personne que j'allais utiliser les outils parce que je me suis dit que ça allait être la même chose que quand j'ai arrêté de fumer ; personne ne m'avait vraiment encouragée. Et, de toute façon, combien de gens t'encouragent vraiment à gagner des tonnes d'argent ? Alors, juste pour moi, j'ai commencé à utiliser certains des outils et ma situation financière a commencé à changer assez rapidement. De l'argent a commencé à arriver d'endroits inattendus et ma disposition à *recevoir* a augmenté de manière tellement dynamique que je suis même devenue capable d'*avoir* l'argent qui rentrait, plutôt que de toujours chercher des moyens de le dépenser aussitôt. Mmmm... — encore ce mot : « recevoir ». Peut-être qu'après tout Gary était sur la bonne piste lorsqu'il a suggéré que je sois ouverte au recevoir !

Deux ans plus tard, je n'avais plus de dettes.

Tu t'attends sans doute à ce que je dise que c'était merveilleux de ne plus avoir de dettes, mais ce n'était pas le cas pour moi. J'étais plus à l'aise *avec* des dettes que *sans*. D'abord, cela m'était familier. Et puis cela correspondait à l'énergie de la plupart de mes amis. Et cela correspondait complètement à l'énergie de cette réalité, où tout le monde «sait» que tu es censé galérer et avoir des problèmes d'argent. La croyance générale est qu'il faut travailler dur pour son argent. L'argent n'est pas censé arriver avec aisance, joie et gloire. Tenant compte de tout ça, il n'était pas tellement étonnant que je sois de nouveau endettée en l'espace de deux semaines. Heureusement, j'étais prête à reconnaître ce que j'étais en train de faire. J'ai fait le choix d'être consciente de ce que je créais et, utilisant les outils d'Access que j'avais appris, j'ai finalement été capable de vraiment renverser ma situation financière.

Dans ce livre, je vais partager avec toi les processus et les outils dont je me suis servie pour passer du choix de la dette à un espace à partir duquel j'opère et dans lequel je suis prête à avoir de l'argent et à l'utiliser pour qu'il contribue joyeusement à l'expansion de ma vie. *Dans ce livre, il s'agit vraiment de créer une réalité financière joyeuse et qui marche pour toi.* Si tu penses que c'est ce que tu aimerais faire, il te faut être prêt à être brutalement honnête avec toi-même et à faire des choix différents. Il te faut être résolument au clair sur ce que tu aimerais vraiment choisir parce que la vérité est que *tu* es celui qui crée tout ce qui se présente dans ta vie.

Il est peut-être facile de penser que je suis en train de débiter un cliché rebattu — «Tu peux tout changer!» — et tu es peut-être tenté de passer ton chemin et d'ignorer ce que je viens de dire, mais réexamine ce que je suggère : si tu désires créer une réalité financière que tu aimes vraiment et qui marche vraiment pour toi, il te faut reconnaître que tu es la seule personne capable de changer quelque chose dans ta vie, personne d'autre ne le peut. Cela ne veut pas dire que *tu* es seul au monde et que personne ni rien ne peut t'aider ni t'apporter une contribution. Ce que cela veut dire, c'est qu'il te faut être prêt à reconnaître que tout ce qui s'est présenté dans ta vie jusqu'à maintenant est là parce que *tu l'as créé.* La plupart des gens ne veulent pas entendre ça parce qu'ils pensent que cela veut dire qu'ils doivent juger ce qu'ils n'aiment pas dans leur vie actuelle encore plus qu'ils ne le font déjà. Ne fais pas ça, s'il te plaît! Ne te juge pas, s'il te plaît! Tu n'as pas tort. Tu es un créateur fantastique et phénoménal. Reconnaître que tu es le créateur de toute ta réalité te donne de la force — parce que, si tu l'as créée, tout entière, alors tu peux aussi la changer. Et cela n'a pas du tout besoin d'être aussi difficile et impossible que tu penses. Il te faut, en revanche, te mettre au clair sur ce que tu aimerais créer comme monde financier pour toi — et puis utiliser les outils qui vont marcher pour t'aider à le créer. Et c'est pour cela que j'ai écrit ce livre — pour te donner les outils et les questions et pour t'inviter à créer tout ce que tu désires avoir.

Si tu pouvais tout changer, si tu pouvais tout créer dans ton monde financier, que choisirais-tu?

Mention spéciale : tous les outils dans ce livre viennent d'Access Consciousness; les histoires sont les miennes. Un immense merci à Gary Douglas et au Dr Dain Heer d'être toujours une contribution et une source intarissable de changement.

Table des matières

Première partie

Les bases d'une nouvelle réalité financière

Chapitre 1

Qu'est-ce qui crée l'argent ?

Si tu es à la recherche d'une solution immédiate à tes problèmes d'argent, ce n'est pas ce que tu vas trouver dans ce livre.

Si tu cherches quelque chose qui va te donner les perspectives et les outils dont tu peux te servir pour changer tout ton style de vie, ta réalité et ton avenir avec l'argent, et si tu es prêt à t'accorder au moins 12 mois pour voir ce qui peut être créé pendant ce temps-là, alors ce livre peut être une grande contribution pour toi.

J'aimerais vraiment que tu saches que tu es la source de la création de l'argent dans ta vie. Lorsque tu es prêt à être tout ce que tu es, tu deviens une source infiniment créative pour tout dans ta vie — y compris l'argent. Tu as une capacité illimitée (et la plupart du temps non utilisée) à créer une réalité financière qui fonctionne pour toi. Le problème est que, comme la plupart d'entre nous, tu as appris beaucoup de choses au sujet de l'argent qui ne sont tout simplement pas vraies. Si tu commences à déballer ces mythes et ces idées fausses et à jouer avec les différentes perspectives et à les combiner avec des outils simples et pragmatiques, il devient beaucoup plus aisé et joyeux de créer du changement dynamique dans ton monde monétaire.

Et si l'argent n'était pas ce que tu as cru, ni ce qu'on t'a dit ou appris que c'était ? Et si ta volonté d'être curieux et joueur, de poser des questions et de recevoir le hasard, l'imprévu et l'imprédictible pouvait te faire gagner beaucoup plus d'argent que ce que tu n'as jamais pu imaginer ?

Es-tu prêt à avoir l'aventure de créer une vie pleine d'argent ? En vérité ? As-tu répondu oui ? Alors, c'est parti !

CELA NE SE PRÉSENTE JAMAIS COMME TU PENSES QUE CELA VA SE PRÉSENTER (OU LE MYTHE DE LA CAUSE À EFFET)

La plupart des gens pensent que les finances et l'argent sont quelque chose de linéaire. On nous répète sans cesse qu'afin de gagner de l'argent, il faut être et faire A et ensuite B et ensuite C. C'est l'état d'esprit dans lequel nous finissons par vivre et nous passons notre temps à la recherche de la formule parfaite pour créer beaucoup d'argent. Nous regardons sans cesse l'argent comme quelque chose qui ne se présente que comme le résultat de certaines choses que nous faisons (comme travailler dur, travailler de longues heures, hériter ou gagner au loto). Et si la création de l'argent n'était pas nécessairement un paradigme de cause à effet ? Et si l'argent pouvait se présenter de toutes sortes de façons et venir de toutes sortes d'endroits ?

Lorsque j'ai changé ma réalité financière, j'ai eu de l'argent qui s'est présenté dans des endroits des plus bizarres. On m'a donné de l'argent, et j'ai eu des jobs vraiment étranges et lucratifs qui se sont présentés. C'était aussi beaucoup plus facile pour moi de reconnaître et de recevoir toutes ces différentes choses qui se présentaient parce qu'à ce moment-là je posais la question : « Quelle est la myriade de façons dont l'argent peut maintenant se présenter à moi ? » et j'étais prête à tout faire et à prendre n'importe quel job qui allait ajouter quelque chose à ma vie et accroître ma réalité financière. Je n'ai pas refusé l'argent et les possibilités. Au contraire, je me suis ouverte à celles-ci, sans point de vue au sujet de ce à quoi elles ressemblaient. Cela a permis à des choses de se présenter et de contribuer à ma vie de façons que je n'aurais même pas été capable de reconnaître si j'avais décidé qu'il fallait que l'argent se présente dans ma vie d'une manière linéaire type «A, B, C.»

Et si tu pouvais être cette personne étrange qui, en abandonnant ses points de vue linéaires au sujet de l'argent, change à jamais sa réalité au sujet de l'argent et de la finance? Et si tu pouvais avoir des sources de revenus illimitées? Et si tu pouvais créer de l'argent de façons dont personne d'autre n'est capable? Es-tu prêt à arrêter de devoir compter, définir et calculer *comment* l'argent va se présenter et à lui permettre d'arriver dans ta vie de façons aléatoires, magiques et miraculeuses? Peu importe à quoi cela ressemble? Même si ça ressemble à quelque chose de *totalement* différent de tout ce que tu as jamais considéré?

« Arrête de demander de manifester les choses et laisse l'univers faire son travail ! »

Il fut un temps où j'étais un peu hippie. J'adorais tous les trucs spirituels. Je m'en voulais si j'oubliais de nettoyer mes cristaux à la pleine lune. Avec mes amis, nous discutions de ce que nous aimerions «manifester» dans nos vies. Imagine ma surprise lorsque j'ai rencontré Gary Douglas qui expliquait que «manifester était "comment" les choses se présentent — et que ce "comment" était le travail de l'univers. Ton job est d'actualiser : c'est à toi de demander quelque chose et d'être prêt à le recevoir, quel que soit le *comment*. »

Un peu perdu? OK, regardons ça de plus près. Manifester veut en fait dire «comment cela se présente». Lorsque tu dis à l'univers : «Je voudrais manifester ceci», tu dis : «Je voudrais comment cela se présente ceci», ce qui ne veut rien dire. Pour l'univers, c'est déroutant et cela manque de clarté; il ne peut donc pas fournir ce que tu désires. L'univers désire être une contribution pour toi, tu peux tout lui demander! Mais lorsque tu le fais, sois clair et demande que quelque chose se présente dans ta vie et non pas comment cela va se présenter. Demande : «Que faudrait-il pour que ceci se présente? Que faudrait-il pour que ceci devienne réel dans ma vie immédiatement?» En fait, si tu désires que l'univers t'assiste, demande CE que tu veux et non COMMENT tu le veux; autrement dit, arrête de demander à «manifester» les choses. Crée plus de clarté entre l'univers et toi — commence à demander à ce que les choses deviennent réelles et se présentent dans ta vie, et laisse l'univers s'occuper du «comment».

Combien de temps passes-tu à essayer de gérer le «comment» des choses qui se présentent dans ta vie?

Combien de fois dépenses-tu de l'énergie et fais-tu des efforts pour essayer d'aligner les choses et de contrôler la réalisation de certains résultats? Combien de temps passes-tu à essayer désespérément de déterminer *comment* et *quand* tout cela va se présenter, plutôt que de demander que cela se présente et d'être juste prêt à reconnaître et à recevoir ce que tu as demandé lorsque ça se présente? L'univers a une capacité infinie à manifester et il a souvent une manière de le faire beaucoup plus grande et magique que ce que tu peux prédire. Serais-tu prêt à lâcher toutes tes considérations au sujet de comment quelque chose doit se présenter et à laisser l'univers faire son travail tranquillement? Tout ce que tu as à faire est de recevoir et d'arrêter de te juger.

Parfois l'univers a besoin de déplacer certaines choses afin de créer ce que tu désires. Il se peut que cela n'arrive pas immédiatement, mais cela ne veut pas dire que rien ne se passe! Ne juge pas que cela ne peut pas ou ne va pas se présenter, ne te juge pas toi-même et ne juge pas que tu ne fais pas ce qu'il faut, sinon cela va stopper ce que tu as commencé quand tu as demandé ce que tu désirais. Sois patient et ne limite pas les possibilités futures.

Souviens-toi : «Exige de toi-même et demande à l'univers.»

« *L'argent n'est pas que liquide.* »

Gary raconte souvent l'histoire d'une dame qui était venue à l'une de ses classes sur l'argent. Quelques semaines plus tard, il l'a appelée pour lui demander comment elle allait et elle lui a dit : «Rien n'a changé, ça n'a pas marché pour moi!» Il lui a demandé pourquoi elle pensait ça et elle a dit : «Parce que le solde de mon compte en banque n'a pas changé.» Gary lui a demandé ce qu'il s'était passé d'autre récemment. Elle lui a dit : «Eh bien, l'une de mes amies a acheté une nouvelle voiture et elle m'a fait cadeau de l'ancienne. Une autre amie m'a donné toute sa garde-robe de marque qu'elle n'a jamais portée parce qu'elle n'en veut plus et je vis en ce moment gratuitement dans un superbe appartement directement sur la plage pendant que cette même amie est à l'étranger pendant 6 mois.» Gary lui a dit : «Tu as une nouvelle voiture, une nouvelle garde-robe et tu vis en ce moment dans un superbe appartement — et tu penses que rien n'a changé! Ces dernières semaines tu as reçu des choses d'une valeur de plusieurs milliers de dollars! En quoi est-ce que cela n'est *pas* plus d'argent dans ta vie?» Cette femme n'avait été ouverte à voir l'argent dans sa vie que sous forme de cash sur son compte en banque. Mais combien cela lui aurait-il coûté d'acheter une voiture et une garde-robe de grand couturier ou de payer le loyer de l'appartement dans lequel elle vivait?

Il existe tellement de façons dont l'argent et les flux d'argent peuvent arriver dans ta vie; mais si tu n'es pas prêt à les reconnaître, si tu penses que cela doit ressembler à quelque chose de particulier, tu vas penser que tu n'es pas en train de changer les choses alors, qu'en fait, tu es en train de le faire. Et si tu étais prêt à avoir toutes les façons dont l'argent peut se présenter dans ta vie, et plus encore?

Es-tu prêt à arrêter de prédire, de contrôler et de comprendre, à demander ce que tu désires réellement avoir comme réalité financière et à recevoir l'aventure de cela qui se présente de façons que tu ne peux pas imaginer actuellement?

Si c'est le cas, il est temps de se pencher sur un autre outil essentiel pour créer de l'argent : demander et recevoir.

DEMANDE ET TU RECEVRAS

Les gens portent des jugements et font des discours sur l'argent tout le temps, mais très peu posent des questions au sujet de l'argent.

Si tu es comme presque tout le monde sur la planète, tu as tendance à te juger au sujet de l'argent que tu as et que tu n'as pas. Ce qui est drôle, c'est que cela n'a pas d'importance que tu aies beaucoup d'argent ou que tu en aies peu — la plupart des gens ont des tonnes et des tonnes de jugements autour de l'argent. Quelle que soit la somme d'argent qu'ils ont sur leur compte, très peu de gens ont de l'aisance, une sensation de calme et d'abondance avec l'argent.

Peut-être as-tu déjà entendu l'expression : «Demande et tu recevras.» As-tu déjà vraiment demandé de l'argent? As-tu déjà été vraiment prêt à le recevoir? Recevoir, c'est simplement être prêt à avoir des possibilités infinies pour que quelque chose vienne dans ta vie sans aucun point de vue au sujet de quoi, où, quand, comment et pourquoi cela se présente. Ta capacité à recevoir de l'argent s'ouvre quand tu perds tes jugements au sujet de l'argent et à ton sujet en relation avec l'argent.

Si tu désires vraiment changer ta réalité financière, abandonner le jugement va être l'une des étapes principales dans ce processus. Contrairement à ce que le monde te dit, les jugements ne créent pas davantage dans ta vie. Ils te maintiennent piégé dans un monde polarisé du juste et faux, du bon et mauvais, d'alignement et d'accord ou de résistance et de réaction. Le jugement ne te donne aucune liberté, aucun choix ni aucune possibilité pour quoi que ce soit de différent au-delà de la polarité. Le jugement t'empêche de poser des questions et t'empêche de recevoir. L'antidote ? LE CHOIX ! Dans ce moment de jugement, il te faut choisir de te stopper et d'exiger de toi-même de ne plus juger et de ne plus aller vers une pensée limitée ou une conclusion. Et ensuite, pose une question.

Revenons pour un instant à ce concept de linéarité avec l'argent. Lorsque tu crois, à partir d'un tas de pensées, sentiments, jugements et conclusion, que l'argent ne peut se présenter que de certaines façons, alors l'argent ne peut se présenter d'aucune autre façon que celles que tu as décidées possibles ou vraisemblables. À chaque fois que tu juges que quelque chose n'est pas possible, tu deviens aveugle à tout ce qui pourrait se présenter au-delà de ton point de vue limité ; exactement comme cette femme avec laquelle Gary parlait qui avait créé dans sa vie tout un tas de choses ayant énormément de valeur, mais avait décidé que rien n'avait changé puisque le solde de son compte en banque était resté le même. Si tu es prêt à abandonner tes jugements au sujet de l'argent, tu peux commencer à voir des possibilités dans ta vie que tu avais auparavant considérées impossibles et à inviter davantage à venir à toi.

Et l'une des façons les plus simples pour inviter de l'argent dans ta vie, c'est de demander !

D'une manière générale, j'ai remarqué que les gens avaient du mal à demander des choses. Si tu regardes les petits enfants, ils sont naturellement très curieux, ils veulent savoir des choses et ils ont tendance à poser beaucoup de questions. Et la plupart du temps on les en décourage.

Quand j'étais enfant, on m'a découragée de parler de business et de l'argent à table parce que ma mère avait été éduquée de telle façon qu'elle considérait que cela n'était pas convenable. J'ai toujours été curieuse au sujet du business et de l'argent et mon père et mon frère étaient tous les deux comptables et adoraient le business. J'avais tout le temps envie de poser des questions, particulièrement lorsque nous étions tous ensemble à table, mais je n'avais pas le droit parce que c'était considéré comme pas convenable.

Est-ce qu'on t'a dit qu'il n'était pas convenable ou grossier de parler d'argent? Est-ce qu'on t'a dit que c'était mal de poser des questions au sujet de l'argent? Est-ce qu'on t'a découragé de poser des questions, quelles qu'elles soient?

Je connais tellement de gens qui ont été dès leur plus jeune âge critiqués pour leur curiosité. J'ai un ami dont la mère lui avait un jour mis du ruban adhésif sur la bouche afin de l'empêcher de parler parce qu'il posait trop de questions! Et un autre ami, quand il était petit, à chaque fois qu'il posait une question, sa famille lui disait : «La curiosité a tué le chat. Pourrait-elle te tuer aussi s'il vous plaît?»

En réalité, la plupart des gens sur la planète ont appris qu'il n'est pas vraiment autorisé de demander de l'argent ou de demander quoi que ce soit, à moins d'avoir une très bonne raison ou justification, comme par exemple avoir travaillé assez dur ou pouvoir prouver qu'ils méritent ce qu'ils demandent.

Il y a des années, ma fabuleuse raison pour avoir de l'argent était : «Il faut que j'aie beaucoup d'argent parce que je vais faire de bonnes choses avec. Je vais m'en servir pour aider les gens.» Maintenant, il n'y a rien de mal avec cette idée, essentiellement, mais cela voulait dire que je ne pouvais permettre à aucune somme d'argent qui arrivait dans ma vie de contribuer à ma vie à moi. Je ne faisais pas partie des gens que je pouvais aider avec cet argent. En gros, cela voulait dire qu'à chaque fois que je recevais de l'argent, il fallait que je m'en débarrasse. Je ne pouvais pas l'avoir dans ma vie ou le laisser être une contribution pour moi directement, parce qu'il fallait tout le temps que j'aide d'autres gens. Ce qui est drôle c'est qu'une fois que je me suis autorisée à avoir de l'argent, à vraiment en avoir dans ma vie et à le laisser contribuer à ma vie, à avoir du plaisir avec et à avoir du plaisir à être moi, ma capacité à contribuer aux autres a augmenté — et continue à augmenter — de manière exponentielle.

Voilà le truc : l'argent n'a pas de point de vue, il n'a pas de curseur moral qui dit : «Tu as bien travaillé alors tu peux avoir davantage d'argent» ou «Tu as fait de mauvaises choses, alors pas d'argent pour toi!» L'argent ne juge pas. L'argent se présente aux gens qui demandent et qui sont prêts à le recevoir.

Jette un œil sur le monde : as-tu remarqué qu'il existe des gens bienveillants et malveillants qui ont de l'argent et des gens bienveillants et malveillants qui n'ont pas d'argent?

Tu n'as pas besoin de prouver que tu es bon ou mauvais ou que tu mérites d'avoir de l'argent; il te faut être prêt à arrêter d'évaluer si tu mérites d'avoir de l'argent et le demander, juste parce que tu le peux. Juste parce c'est amusant d'avoir de l'argent!

Et si tu pouvais demander de l'argent, juste parce que tu sais que la vie peut être plus amusante avec de l'argent que sans? Et si le but de la vie était de s'amuser? T'amuses-tu?

L'ARGENT SUIT LA JOIE ET PAS LE CONTRAIRE

Beaucoup de gens me demandent comment créer plus d'argent dans leur vie. Quelle que soit leur situation — qu'ils aient un salaire fixe tous les mois ou toutes les semaines ou qu'ils créent d'autres façons de générer de l'argent dont la somme varie de semaine en semaine ou de mois en mois — je leur dis qu'il s'agit de créer une énergie *génératrice*; c'est ça qui rapporte plus d'argent.

La citation élégante du Dr Dain Heer : «*L'argent suit la joie; la joie ne suit pas l'argent*» est une façon plus simple d'exprimer cela.

J'entends parfois les gens dire : «Quand j'aurai telle somme d'argent, je serai heureux, j'aurai l'esprit tranquille ou je serai à l'aise.» Et si tu te réveillais tout simplement heureux? Et si tu avais tout simplement l'esprit tranquille? Et si tu étais tout simplement à l'aise? Et si tu commençais tout simplement à être une énergie différente, juste là maintenant? Le type d'énergie qui invite l'argent dans ta vie?

« Si ta vie était une fête, est-ce que l'argent aurait envie de venir ? »

Si tu regardais ta vie actuelle comme une fête, quel genre d'invitation est-ce qu'elle serait pour l'argent?

«Alors... je fais une fête, mais on ne va pas s'amuser. On n'aura pas de bonnes choses à manger ou à boire, on ne va pas bien s'habiller et quand tu arriveras, je vais probablement me plaindre que ça ne me suffit pas, que tu ne restes jamais longtemps et à quel point je suis énervé à chaque fois que je pense à toi. Et quand tu partiras, je vais te juger pour ça au lieu de te remercier d'être venu. Oh et je vais aussi constamment dire du mal de toi dans ton dos. »

Si tu recevais une invitation à une fête comme celle-là, aurais-tu envie d'y aller?

Et si il y avait une fête où l'hôte disait à ses invités : «Waouh, je te suis tellement reconnaissant que tu sois là, merci d'être venu!» et s'il y avait de super bonnes choses à manger, du très bon champagne, de la musique, des gens qui s'amusaient vraiment et qui avaient du plaisir à te voir, qui ne te jugeaient pas quand tu pars, mais t'invitaient à revenir quand tu veux et à amener autant d'amis que tu veux, est-ce que ce ne serait pas plutôt le genre de fête à laquelle l'argent aimerait aller?

Et si tu commençais aujourd'hui à vivre ta vie comme la célébration qu'elle peut être ? Et si tu n'attendais pas que l'argent se présente ? Et si tu commençais tout de suite à faire et à être ce qui t'apporte de la joie ?

« QU'EST-CE QUI T'APPORTE DE LA JOIE ? »

L'énergie que tu crées quand tu t'amuses et quand tu es complètement et joyeusement impliqué dans quelque chose que tu aimes est une énergie génératrice. La façon dont tu crées cette énergie n'a pas d'importance. Cela n'a pas besoin d'être directement relié à ce que tu fais en ce moment pour gagner ta vie (souviens-toi ; nous abandonnons le linéaire et la cause à effet). L'énergie génératrice (l'énergie de la joie) contribue à ta vie et à ton business, peu importe quand, comment, où et pourquoi tu la crées et ce que tu crées avec.

On ne nous demande pas vraiment de chercher à savoir ce qui nous apporte de la joie et ensuite de trouver les innombrables façons dont on peut gagner de l'argent avec ça — alors ça risque de prendre un certain temps jusqu'à ce que nous soyons au clair sur ce qui nous apporte de la joie. Serais-tu prêt à commencer à te poser la question, quoi qu'il arrive, et à choisir ce qui se présente, quoi que ce soit ?

Brendon, mon partenaire, a commencé à travailler dans le commerce très jeune. Il était carreleur. Pendant très longtemps il croyait que c'était la seule chose qu'il était capable de faire dans sa vie, même si en vérité il avait des capacités pour tellement plus. Au début de notre relation, il ne retirait vraiment pas beaucoup de joie de son métier de carreleur. Alors je lui ai donné de l'espace pour se demander ce qui lui apportait vraiment de la joie et pour choisir quelque chose de différent. Pendant 18 mois, j'ai complètement soutenu financièrement Brendon et son fils. Je voyais ses capacités et je voyais aussi qu'il avait besoin d'espace pour faire des choix au sujet de ce qu'il désirait faire de sa vie. Pendant ce temps-là, il est devenu de plus en plus lui-même. Il a découvert de plus en plus ce en quoi il excellait et ce qui était joyeux pour lui, que ce soit cuisiner d'excellents repas, rénover des maisons, jouer sur le marché de la bourse ou investir dans des propriétés immobilières. S'il s'était coincé dans l'idée qu'il fallait qu'il reste carreleur pour le reste de sa vie, il ne se serait jamais autorisé ce changement.

Et si tu pouvais permettre à qui que ce soit (et même à toi) l'espace pour choisir quelque chose de différent? Peu importe l'âge que tu as, peu importe le temps que ça prend et peu importe si tu n'as pas la moindre idée de par où commencer?

Si tu as 55 ans, que tu te poses cette question et que tu dis : « J'ai toujours vraiment eu envie d'être artiste de cirque, » — deviens artiste de cirque! Fais tout ce que tu aimes parce que ça va te rapporter plus d'argent. Ne crée aucune justification pour ne pas choisir quelque chose.

« Ta vie est ton business, ton business est ta vie ! »

Qu'est-ce que tu adores faire, juste pour le fun? Et si tu le faisais une heure par jour et un jour par semaine?

Je dis toujours : « Ta vie est ton business, ton business est ta vie. » Et si le business de vivre était le business dans lequel tu te trouves, peu importe ce que tu as fait comme métier? Avec quelle énergie est-ce que tu mènes ta vie? Est-ce que tu t'amuses?

J'emmène souvent mon chien se promener sur la plage le matin. À chaque fois que je l'emmène, pour lui, c'est comme si c'était la toute première fois. Il saute dans tous les sens avec une énergie exubérante comme pour dire : « C'est génial! C'est extraordinaire! » Il court le long de la plage et dans l'océan et il s'éclate. Ces moments où je profite juste de la plage et de mon chien sont souvent les moments où j'ai les meilleures de mes idées créatrices et génératrices. Créer cet espace pour la joie est une contribution pour nous que nous ne reconnaissons pas assez.

Aucune somme d'argent au monde ne peut créer le bonheur. C'est toi qui le crées. En faisant ce que tu aimes faire. En étant TOI. Alors, s'il te plaît, commence à faire et à être tout ce que tu désires réellement faire et être. Commence à être heureux. Commence tout simplement.

Si tu désires avoir plus d'argent dans ta vie, il te faut être prêt à vraiment t'amuser. Quoi que cela requière, quelque forme que cela prenne et quelle que soit la façon dont cela se présente parce que cela ne se présente jamais de la façon dont tu penses que ça va se présenter.

Il te faut être prêt à avoir de la joie et à permettre à l'argent de suivre.

ARRÊTE DE RENDRE L'ARGENT SIGNIFICATIF

Que veut dire l'argent pour toi? Est-ce qu'il a une grande signification dans ta vie? Quelles émotions as-tu autour de l'argent? Joie, bonheur, aisance? Anxiété, stress, difficulté?

Tout ce que nous rendons significatif et important devient une source de jugement de nous-mêmes et de ce que nous avons rendu significatif.

Lorsque tu rends quelque chose significatif, tu le rends plus grand et plus puissant que toi. Tout ce qui a de la signification dans ta vie, tu en fais *le truc puissant* et tu deviens *la victime sans défense*. Ce n'est pas vrai que c'est plus grand et que tu es impuissant, mais tu le rends tellement important et significatif pour toi dans ta vie que tu décides que tu ne peux pas vivre sans et tu ne te donnes pas de choix en ce qui concerne l'argent — sauf pour t'y accrocher à tout prix. Le problème est que, lorsque tu t'accroches fermement à quelque chose, il perd de sa vitalité. Lorsque tu crées de la signification au sujet de quelque chose, tu l'asphyxies et tu t'asphyxies toi-même de sorte qu'il n'y a pas de place pour que quoi que ce soit grandisse, respire, change ou se développe.

As-tu remarqué que lorsque tu rends quelque chose important, significatif ou impératif, il devient presque impossible d'être joyeux, enjoué et à l'aise avec? Il devient impossible d'en créer réellement davantage dans ta vie parce que tu es trop occupé à tout faire pour ne pas perdre ce que tu as actuellement. C'est exactement ce que nous avons tendance à faire avec l'argent.

Il y a *beaucoup* de signification autour de l'argent.

Il te semble peut-être impossible d'imaginer ta vie sans signification autour de l'argent, mais considère ceci un instant; si l'argent n'était pas significatif, quelle liberté est-ce que cela te donnerait? Aurais-tu plus de choix? Te sentirais-tu plus léger et plus heureux dans tous les aspects de ta vie?

Et si tu commençais aujourd'hui à créer chaque élément de ta vie comme une célébration joyeuse?

Il y a des années, je basais mes choix de ce que je pouvais ou ne pouvais pas faire sur l'argent que j'avais sur mon compte en banque et j'ai réalisé que j'étais coincée dans cet état d'esprit. Je me demandais ce qu'il faudrait pour créer l'argent pour aller à un évènement d'Access Consciousness au Costa Rica. Je me souviens de ce moment où j'étais là avec une liasse de billets que j'avais créée. J'avais l'argent juste là dans ma main, mais j'avais toutes ces pensées au sujet de ce que je devrais ou pourrais faire avec cet argent et je m'inquiétais de savoir si davantage allait se présenter ou pas. À cette époque, quelqu'un m'avait dit : «Quand vas-tu arrêter de rendre l'argent plus important que toi?» Et en regardant les billets dans ma main, j'ai commencé à les voir comme de magnifiques morceaux de papier de toutes les couleurs. Je les ai regardés et je me suis dit : «Waouh, je rends ces morceaux de papier que j'ai dans ma main plus importants que les choix que je pourrais faire dans ma vie ? C'est ridicule ! » Après ça, j'ai exigé de moi-même de ne pas donner à l'argent plus de valeur qu'à moi. Rappelle-toi que l'argent n'est pas la source de création, tu es la source de création. TU crées ta vie !

Pour créer une réalité financière joyeuse avec l'argent, tu dois abandonner tout ce que tu as décidé qui était significatif au sujet de l'argent et être prêt à être joyeux et heureux, avec ou sans argent. Et si tu commençais à créer ta vie comme une invitation irrésistible pour que l'argent vienne jouer avec toi ? Quels points de vue au sujet de l'argent te faudrait-il abandonner afin de créer cela avec aisance ?

Chapitre 2

Qu'est-ce qui change l'endettement ?

Quel est ton point de vue au sujet de l'endettement? L'endettement te paraît-il normal, inévitable, incontournable? Est-ce qu'on t'a fait croire que l'endettement était un tort ou un mal nécessaire? Est-ce que tu évites de regarder tes dettes en face? Est-ce que tu restes ignorant à ce sujet et espères-tu qu'elles vont se régler toutes seules?

Et si je te disais que l'endettement est juste un choix? Ce n'est pas bien, ce n'est pas mal, ce n'est pas juste, ce n'est pas un tort — c'est un choix.

Cela paraît sans doute simpliste, mais l'outil le plus essentiel et le plus puissant pour sortir de l'endettement est de reconnaître que les dettes sont un choix que tu as et que tu peux les changer si tu le désires. Une fois que tu fais le choix de sortir de l'endettement, tu peux tout changer.

Souvent, quand je dis aux gens «L'endettement est juste un choix, l'argent est juste un choix», ils ne veulent pas vraiment le savoir. Ils préfèrent se juger eux-mêmes plutôt que de regarder ce qu'ils sont en train de créer comme réalité.

Tu te demandes peut-être : «Si les dettes ne sont qu'un choix, pourquoi est-ce que j'en ai? Pourquoi est-ce que je ne fais pas les choses correctement?» S'il te plaît, ne te juge pas, ne te fais pas de reproches et ne va pas dans le tort de toi. Et si rien de tout ce que tu as jamais fait ou été n'était un tort? Je t'ai fait arriver à ce point où tu es en train de rechercher quelque chose de différent, tu es en train de lire ce livre et tu es à la recherche d'autres possibilités en ce qui concerne l'argent. Alors, et si maintenant était le moment parfait pour faire un nouveau choix?

Tu peux faire un nouveau choix immédiatement. À l'instant où tu fais un nouveau choix, tu changes ta réalité autour de l'argent. À l'instant où tu te dis à toi-même : «Tu sais quoi? Quoi qu'il arrive, je vais changer ça!», tu renforces ta capacité à ne plus voir les choses à travers le filtre de l'endettement et à demander : «Quoi d'autre est possible?»™ et «Qu'est-ce que je peux faire pour changer ça?»

À quel point as-tu créé ta vie à partir de l'endettement? Et si, au lieu de faire des choix basés sur le point de vue que tu ne peux pas changer la situation, tu puisais dans la question : «Et si je pouvais faire n'importe quel choix? Et si je choisissais pour moi? Qu'est-ce que j'aimerais créer?»

Lorsque tu changes ton point de vue, ta réalité change. Quel point de vue as-tu qui crée ta situation financière actuelle? Et si tu t'autorisais à changer ce point de vue? Est-ce que cela te donnerait la liberté de choisir quelque chose de différent?

TON POINT DE VUE CRÉE TA RÉALITÉ (FINANCIÈRE)

Quelle est la différence entre ce qui est réel et ce qui ne l'est pas pour toi dans la vie? C'est ton choix de voir ça comme tu veux. Le point de vue que tu as eu au sujet de l'argent jusqu'à maintenant a créé ta situation financière actuelle. Est-ce que ça marche pour toi?

Dès notre conception, nous absorbons la réalité financière de nos parents, de notre communauté, de nos amis, de nos familles, de nos professeurs, de notre culture et de notre société. Ces points de vue nous sont constamment projetés dessus et il est attendu de nous que nous y adhérions. On ne nous apprend pas à les remettre en question ni à demander s'ils sont vrais, réels ou pertinents pour nous. On nous dit : « C'est comme ça, c'est la réalité des choses. » Et s'il en était autrement ?

J'aurais pu adhérer au point de vue de ma famille qu'il n'est pas convenable de parler d'argent à table et me donner tort parce que je désirais parler d'argent à table. J'aurais pu arrêter de le faire. Mais, au lieu de ça, j'ai reconnu que leur point de vue n'était que leur point de vue et qu'il ne devait pas forcément être vrai ni réel pour moi. Avec mon partenaire, nous adorons parler d'argent à table en buvant un verre de vin. Nous avons des sessions de ce que nous appelons « le b.a.-ba financier » tout en dégustant les délicieux repas qu'il cuisine. Nous discutons de là où nous en sommes financièrement, de ce que nous aimerions créer financièrement dans un an, cinq ans, dix ans et nous nous demandons quoi d'autre est possible que nous n'avons pas encore considéré et jouons avec cette idée. Nous nous amusons, nous générons beaucoup d'enthousiasme et de joie dans nos vies, nous avons de super idées et nous nous fixons de nouveaux objectifs. Si j'avais considéré les points de vue des autres comme étant vrais pour moi, je n'aurais pas été capable de créer ce côté merveilleux de ma réalité que j'aime tant avec mon partenaire et qui contribue tellement à nos vies et à la création de nos finances.

Si tu « dé-fixais » tes points de vue fixes au sujet de l'argent, si tu ne portais pas de jugement sur l'argent, comment créerais-tu ta réalité financière ? Cela serait-il sérieux et problématique, comme on nous a dit si souvent que ça l'était ? Ou créerais-tu que quelque chose de très, très différent ?

> *« As-tu décidé que tout ce qui était solide
> et pesant dans la vie était réel ? »*

J'ai parlé avec une dame qui voulait développer son activité, mais elle avait conclu qu'elle n'aurait pas assez d'argent pour survivre si elle mettait son plan en action. Elle se sentait paralysée. Elle disait qu'elle savait qu'elle était en train de fonctionner à partir d'une énergie qui n'était ni réelle ni vraie et pourtant ça la gardait comme coincée à l'intérieur d'une boîte. Je lui ai demandé : «Es-tu en train de rendre tes conclusions réelles? Il y a quelque chose de pesant à leur sujet que nous associons avec cette réalité. Et si ce n'était rien? Et si elles étaient juste un point de vue intéressant?»

Elle a dit : «N'est-ce pas réel que j'ai besoin d'argent pour payer mes factures? N'est-ce pas réel que j'ai besoin d'argent pour m'acheter à manger? Est-ce que tout ça n'est pas réel?»

Je lui ai dit : «Tout le monde te dit que tu dois payer tes factures et t'acheter à manger, mais ce sont des conclusions. Tu ne dois pas forcément faire ces choses-là. Tu pourrais te mettre en liquidation. Tu pourrais ne pas payer tes factures. Tu pourrais juste partir. Tu pourrais passer chez des amis et manger chez eux. Il y a des millions de choses différentes que tu pourrais faire. Tu pourrais aussi faire le choix de créer quelque chose de complètement différent.» C'est vraiment une question de choix. Tu as le choix. Qu'est-ce que tu choisis?

Il y des années, je traversais une période difficile et j'ai appelé un ami. Quand je lui ai raconté ce qu'il se passait, il m'a dit : «Oui, Simone, mais ce n'est pas réel.» J'étais debout dans ma cuisine et je me disais : «C'est bien réel. Ça, c'est bien réel.» Je me suis mise à rigoler parce que je voulais tellement que mon ami adhère à l'endroit à partir duquel je fonctionnais. Je voulais qu'il soit d'accord avec mes conclusions et limitations et qu'il dise : «Tu sais quoi? Tu as raison, ça, c'est réel.»

Qu'as-tu décidé être réel ou pas réel pour toi? Pourquoi as-tu décidé que c'était réel? Parce que c'est l'expérience que tu en as fait auparavant? Parce que ça a l'air réel : pesant, solide, important, immobile? Est-ce que quelque chose de vrai pour toi te donnerait vraiment l'impression de peser une tonne ou est-ce que cela te ferait te sentir plus léger et heureux?

Regarde quelque chose de solide — comme une brique ou un bâtiment. La science nous a démontré que même les objets les plus solides étaient constitués à 99,99 % d'espace. Et si ce que tu as décidé être réel, solide et immobile ne l'était pas vraiment et que c'était juste la façon dont on t'a appris à voir les choses? Qu'est-ce qui pourrait changer si tu choisissais de reconnaître que tout ce que tu penses être d'une certaine façon ne l'est peut-être pas forcément?

> « *Afin de créer de l'aisance avec n'importe quel point de vue, rend-le intéressant, plutôt que réel.* »

Un de mes outils préférés d'Access Consciousness est le suivant : et si, pendant les trois prochains jours, à chaque pensée, sentiment ou émotion qui se présente (pas seulement au sujet de l'argent, mais au sujet de tout), tu te disais : «Point de vue intéressant que j'ai ce point de vue»? Répète-le plusieurs fois et regarde si quelque chose change. Faisons un essai : quel est ton plus gros problème avec l'argent en ce moment? Saisis cette pensée ainsi que les sentiments et émotions qui se présentent. Maintenant, regarde-les et dis : «Point de vue intéressant que j'ai ce point de vue.» Est-ce que ça change quelque chose? Si non, redis-le. Redis-le trois fois, dix fois. Remarques-tu quelque chose de différent? Est-ce que cela devient plus difficile de garder ce point de vue? Est-ce qu'il devient moins important et moins solide? Lorsque tu arrêtes d'adhérer à tout point de vue comme étant réel ou absolu et que tu le considères simplement intéressant — il commence à s'alléger et à avoir moins d'impact dans ton univers. Lorsque tu dis : «Point de vue intéressant que j'ai ce point de vue» à une pensée, un sentiment ou une émotion, et qu'il ou elle se dissipe ou change, cela veut dire qu'ils ne sont pas vraiment vrais pour toi.

Maintenant, pense à une personne dans ta vie pour laquelle tu as beaucoup de gratitude. Perçois l'énergie de cette personne dans ta vie, considère ça et dis : «Point de vue intéressant que j'ai ce point de vue. » Est-ce que ça disparaît et se dissipe ? Ou est-ce qu'il se passe autre chose ?

Lorsque quelque chose est vrai pour nous et que nous le reconnaissons, cela crée une sensation de *légèreté* et d'*expansion* dans notre monde. Lorsque quelque chose n'est pas vrai, comme un jugement ou une conclusion à laquelle nous avons abouti au sujet de quelque chose, c'est pesant et cela donne une sensation contractée et étriquée. Lorsque tu dis : «Point de vue intéressant que j'ai ce point de vue,» ce qui est vrai pour toi s'accroît et grandit et ce qui ne l'est pas devient moins important et se dissipe.

Voilà une autre manière d'utiliser «Point de vue intéressant» en lisant ce livre. À chaque pensée, sentiment, émotion qui se présente autour de l'argent en lisant, donne-toi une minute pour reconnaître ce point de vue et sers-toi de «Point de vue intéressant». Il se peut que tu te rendes compte que plus ou moins tout ce que tu croyais être solide et absolu au sujet de ta situation financière actuelle est simplement intéressant et pas du tout réel. Avec «Point de vue intéressant» tout devient malléable. Tu peux choisir de le garder, de le changer ou de créer un point de vue complètement différent.

Qu'aimerais-tu créer et choisir aujourd'hui ?

ABANDONNE LE CONFORT DE L'ENDETTEMENT

Je parle souvent avec des gens qui avaient des dettes, en sont sortis et se sont de nouveau endettés. C'est ce que j'ai fait, moi aussi. Je discutais récemment avec quelqu'un qui me disait : «Pour la première fois de ma vie, je m'étais libérée de mes dettes et j'avais de l'argent sur mon compte, mais maintenant j'ai de nouveau 25 000 $ de dettes. C'est la quatrième fois! Qu'est-ce qui se cache derrière ça? Je n'aime pas avoir des dettes ni me battre pour trouver de l'argent pour rembourser, mais je n'aime pas non plus la restriction de ne pas choisir quelque chose parce que je n'ai pas l'argent pour.»

Je lui ai demandé : «Es-tu réellement prête à ne plus avoir de dettes?» Et elle a réalisé qu'elle ne pouvait pas vraiment répondre «Oui!» Pour elle, c'était plus confortable d'avoir des dettes que de ne pas en avoir. Je sais que c'était vrai pour moi la première fois que je me suis débarrassée de mes dettes et c'est peut-être vrai pour toi aussi. En fait j'étais déçue la première fois. Je me disais : «Où sont les trompettes et le feu d'artifice et la grande parade dans la rue qui crie : "Youppie, Simone, tu es géniale!"?» C'était décevant. C'était étrange de ne pas avoir ces dettes dans ma vie. Combien d'entre vous connaissent cette sensation?

Il existe beaucoup de raisons pour lesquelles il nous est plus confortable d'avoir des dettes que de ne pas en avoir. Il se peut que tu te sois habitué à être comme tout le monde. Il se peut que tu ne souhaites pas être le grand coquelicot (c'est un terme que nous utilisons en Australie pour décrire des gens de mérite réel auxquels on en veut ou qui sont attaqués, diminués et critiqués parce que leur talent et leurs réussites les font sortir du lot) ou il se peut que tu n'aimes pas l'idée d'être jugé pour être la seule personne que tu connais qui n'a pas de dettes ni de problèmes d'argent.

Si tu ne cesses de te retrouver avec une certaine somme de dettes et si tu désires réellement changer ça, il te faut avoir le courage de te confronter à toi-même au sujet de ce que tu choisis actuellement et de faire un choix différent. Es-tu prêt à être mal à l'aise afin de créer de la liberté dans ce domaine? Si c'est le cas, faisons quelque chose d'un peu bizarre : regardons ce que tu aimes au sujet d'avoir des dettes.

« Qu'est-ce que tu aimes au sujet d'avoir des dettes et de ne pas avoir d'argent ? »

Cela peut paraître une question étrange à poser, mais, lorsqu'il se passe quelque chose dans nos vies que nous détestons, il y a souvent dans la création de cette chose quelque chose que nous aimons secrètement et que nous ne regardons pas. Si tu es prêt à poser des questions, tu peux reconnaître ce qui fait que tu restes coincé. Si tu ne le reconnais pas, tu ne peux pas le changer.

- Qu'est-ce que tu aimes au sujet d'avoir cette somme de dettes ? Est-ce que c'est la somme de dettes avec laquelle tu te sens à l'aise ? Est-ce que cela te maintient coincé dans une réalité financière limitée ? Est-ce que cela te permet de rester comme tout le monde ?

- Qu'est-ce que tu aimes au sujet de ton manque d'argent ? Est-ce que cela garantit que tu ne sortes pas du lot au sein de ta famille ? Si tu avais de l'argent, crois-tu que ta famille exigerait que tu le leur donnes ?

- Qu'est-ce que tu aimes détester au sujet de ton manque d'argent ? Est-ce que cela te donne une bonne raison de te plaindre ou une histoire et une justification à laquelle tu peux te raccrocher, plutôt que de changer quelque chose ?

- Qu'est-ce que tu détestes aimer au sujet de ton manque d'argent ? Est-ce qu'on t'a dit que c'était mal d'aimer l'argent ? Est-ce que l'argent est la « source de tous les maux » ? Est-ce que tu juges ton choix de ne pas avoir d'argent ? Est-ce que tu voudrais bien considérer de ne pas te juger et de reconnaître que tu as maintenant la possibilité de faire un autre choix ?

- Quel choix peux-tu faire aujourd'hui qui pourrait créer davantage, maintenant et à l'avenir ?

Il se peut que ces questions te mettent mal à l'aise. Tu es peut-être tenté de te juger davantage. Ne fais pas ça, s'il te plaît. Et si reconnaître tous ces trucs fous que nous avons décidé aimer au sujet de nos dettes était vraiment la clé du changement — en regardant ça sans jugement et en réalisant que nous sommes parfois mignons et pas très intelligents et en reconnaissant ensuite que nous pouvons faire un choix différent? Et si ce n'était pas un mal? Et si tu avais de la gratitude pour ton courage de regarder ça en face?

Je voudrais te raconter une histoire sur un de mes points de vue insensés au sujet de l'argent et de l'endettement, que j'utilisais pour m'empêcher d'avoir de l'argent. J'adore mon père. C'était un homme vraiment bon. Il disait souvent qu'il ne mourrait pas tant qu'il ne serait pas sûr que tous les membres de sa famille auraient suivi une bonne formation et jouiraient d'une bonne sécurité financière. Dans tout ce qu'il faisait en tant qu'homme, il s'agissait pour lui de créer une situation de vie stable et sécuritaire pour sa femme et ses enfants. J'aimais tellement mon père que je ne voulais pas qu'il meure. Ma mère, mon frère et mes sœurs étaient stables financièrement et nous avions tous reçu une bonne éducation. La seule qui ne s'en sortait pas vraiment bien, c'était moi. J'ai réalisé que, même si j'étais parfaitement capable de créer un avenir financier stable, je m'étais créé un désastre financier parce que je me disais: «Tant que j'aurai des dettes et des problèmes d'argent, mon père ne mourra pas.» Logiquement parlant, c'est un point de vue complètement insensé, non? Mais c'est ce que je faisais. Heureusement mon père vivait encore à l'époque et je lui en ai parlé. Il m'a dit avec son accent lithuanien: «Ah, Simone, c'est complètement fou. Qu'est-ce que tu fais?» et je lui ai dit: «Je sais!» C'est à partir de ce moment-là que j'ai commencé à changer mes dettes. Et en commençant à me créer une réalité financière plus grande, j'ai aussi vu la joie et le bonheur s'accroître dans le monde. En clair: j'ai *commencé à recevoir.*

Es-tu prêt à prendre conscience de ce à quoi tu aimerais vraiment que ta vie ressemble? Es-tu prêt à aller au-delà de tes zones de confort en ce qui concerne tes dettes et l'argent et à commencer à t'épanouir au lieu de juste survivre?

SOIS PRÊT À AVOIR DE L'ARGENT

Un ami m'a dit un jour : «Je suis vraiment doué pour ne pas créer d'argent. Et lorsque je crée et génère de l'argent, j'ai un faux sentiment de richesse. Je dépense beaucoup. J'ai beaucoup de dettes à payer, mais je n'en fais pas une priorité. Au contraire, je dépense mon argent le plus vite possible et puis je me retrouve de nouveau dans le même piège. Qu'est-ce que c'est que ça et comment est-ce que je peux le changer?

Il y a beaucoup de gens comme ça. Ils préfèrent *dépenser* de l'argent plutôt que d'en *avoir*. Aimes-tu avoir de l'argent? Ou est-ce que le dépenser est la chose la plus importante dans ta vie? Est-ce que tu trouves toujours des endroits où dépenser ton argent? Est-ce qu'une fois que tu as réglé tes factures de cartes de crédit, tu te dis : « Super! J'ai de nouveau 20 000 $ disponibles à dépenser (ou le montant de ta limite de crédit, quel qu'il soit) »?

On nous a appris que l'intérêt d'avoir de l'argent était de le dépenser ou d'en faire des économies pour le dépenser plus tard. Mais on ne parle que rarement d'*avoir* de l'argent ni de la différence que cela peut faire dans notre monde financier.

> *« Il y a une différence entre avoir, dépenser et épargner de l'argent. »*

Gary Douglas dit toujours qu'il emploie des gens qui sont prêts à avoir de l'argent, peu importe qu'ils en aient ou pas actuellement. Il sait que ceux qui sont prêts à avoir de l'argent (même s'ils n'en ont pas beaucoup actuellement) vont générer de l'argent pour eux-mêmes et pour le business, mais ils ne le feront pas s'ils ne sont pas prêts à avoir de l'argent.

Il m'a fallu du temps pour être prête à vraiment avoir de l'argent. J'étais très douée pour en créer. J'avais des business qui perdaient de l'argent et des business qui en gagnaient. J'ai toujours créé de l'argent, quoi qu'il arrive, même quand j'avais des dettes. Je pouvais en gagner, l'épargner et aussi le dépenser. Cependant la seule chose que je n'étais pas prête à faire, c'était de m'instruire au sujet de l'argent. Je pensais que le bonheur était dans l'ignorance. Tu connais peut-être ça ?

Une fois, une amie et moi avons créé un business en une nuit en fabriquant des pots de gel à paillettes à vendre, juste parce qu'on voulait pouvoir aller à toutes les fêtes de Mardi gras de Sydney. Quand j'ai décidé que je voulais partir à l'étranger, j'ai travaillé dur, j'avais trois boulots différents et j'économisais tout mon argent pour pouvoir voyager ; et partout où j'allais, je prenais n'importe quel type de boulot pour pouvoir continuer à travailler. Et pourtant, je ne m'autorisais pas à réellement *avoir* de l'argent.

Je n'étais pas économe, je dépensais mon argent pour des choses que j'aimais, je ne disais pas non à un WE à Melbourne avec des amis, j'étais généreuse et j'aimais aussi acheter des choses aux autres. Je n'étais pas non plus le type de personne qu'on entendait se plaindre au sujet de sa situation financière, mais je ne m'autorisais quand même pas à avoir de l'argent.

ALORS, QU'EST-CE QUE C'EST, AVOIR DE L'ARGENT ?

Avoir de l'argent c'est être prêt à permettre à l'argent d'être dans ta vie pour que tu en aies toujours et que cela contribue à l'expansion de ta vie. Ce n'est pas rendre l'argent significatif. C'est jouer avec l'argent, permettre la contribution et être prêt à recevoir.

Voici un bon exemple : j'avais l'habitude de mettre des bijoux fantaisie. Ils avaient de l'allure et j'avais de chouettes pièces, mais dès que je sortais du magasin où je les avais achetées, elles valaient moins de la moitié du prix que j'avais payé. Un jour, j'ai acheté un collier de perles Mabe. Ce sont des perles qui sont devenues très rares parce que l'océan n'en produit plus. Grâce à sa valeur intrinsèque et à sa rareté dans le monde, la valeur du collier ne cesse d'augmenter. Avoir ce collier dans ma vie ne représente pas seulement une valeur monétaire plus élevée que ce que j'ai payé en l'achetant, c'est aussi un bijou magnifique que j'ai dans ma vie. Il est esthétiquement beau et je me sens merveilleusement bien quand je le mets. C'est l'énergie qui est créée quand tu as de l'argent dans ta vie.

Avoir de l'argent dans ta vie n'est pas juste le créer et ne jamais le dépenser. Lorsque tu es réellement prêt à avoir de l'argent dans ta vie, tu es aussi prêt à t'en servir pour créer davantage.

Un de mes amis essaye toujours de *faire des économies* pour les business avec lesquels il travaille. Il est brillant en technologie et il travaillait pour une grosse boîte, il voyageait avec eux et s'occupait de leurs besoins audiovisuels partout où ils allaient. Après chaque manifestation, il rangeait l'équipement et il le trimballait lui-même de pays en pays ou de ville en ville. Cela créait beaucoup de travail pour lui. À un certain moment, le patron de la boîte lui a dit : «Je veux que tu commandes de l'équipement supplémentaire pour qu'on en ait en Europe, en Amérique, en Australie et en Asie. Comme ça, nous n'aurons pas à trimballer notre équipement partout où on va et cela nous fera une chose de moins à laquelle penser.» Deux ans ont passé sans qu'il n'achète quoi que ce soit. Personne ne s'en est rendu compte jusqu'au jour où le patron lui a demandé : «Il y a deux ans que je t'ai demandé d'acheter du matériel supplémentaire. Qu'est-ce qui s'est passé?»

Il a répondu : «L'équipement coûte tellement cher. J'essayais de vous faire faire des économies.»

Regarde l'énergie de cette situation : essayer de faire des économies en trimballant de l'équipement de pays en pays. Puis regarde l'énergie

42

de la situation dans laquelle de l'équipement est à disposition dans chaque pays. Quelle est l'énergie qui est propice au développement et à l'expansion du business avec aisance?

Es-tu quelqu'un qui demande : «Comment est-ce que je peux faire des économies?» Quelle est l'énergie de cette question? Y a-t-il une énergie génératrice dans cette question? Est-ce que cela paraît rendre tes choix plus grands ou est-ce que ça les limite? Regarde maintenant l'énergie de ces questions : «Qu'est-ce qu'il faudrait pour générer davantage d'argent?» ou «Quelle énergie est-ce que je dois être pour créer cela avec aisance?»

Essayes-tu de faire des économies quelque part? Essaye de poser la question : «Si je dépensais cet argent que je suis en train d'essayer d'économiser, est-ce que cela créerait davantage pour aujourd'hui et pour l'avenir?» Je ne te dis pas d'aller t'acheter une BMW décapotable si tu en veux une. Je te propose de considérer ce qui va générer davantage pour toi. Si quelque chose va générer davantage pour toi, alors va dépenser l'argent que ça coûte.

Imagine-toi avoir dans ta vie de l'argent qui est là pour contribuer à toi et des choses qui ont une valeur intrinsèque et dont la valeur augmente avec le temps.

Imagine-toi deux maisons : l'une est remplie de meubles venant d'un magasin de meubles modernes et bon marché — c'est propre, moderne, tout ressemble exactement au catalogue et ne vaut que la moitié de ce que ça a coûté à l'achat — et l'autre est pleine de belles choses — de l'argenterie, du cristal, des antiquités, des peintures, des sculptures — qui n'ont pas seulement une valeur intrinsèque et esthétique, mais qui ont aussi l'avantage de valoir au moins le prix auquel tu les achetées si ce n'est plus. Laquelle de ces maisons créerait dans ta vie une plus grande sensation d'abondance et de beauté? Et si tu utilisais la création de choses esthétiques dans ta vie pour avoir plus d'argent, maintenant et à l'avenir? Il ne s'agit pas de juger, il s'agit de la prise de conscience et de créer un avenir que tu désires avoir.

Permettrais-tu à l'argent d'être constamment dans ta vie et de ne cesser d'augmenter?

Dans la deuxième partie de ce livre, je vais te donner un certain nombre d'outils pratiques pour avoir de l'argent dans ta vie. Avoir de l'argent est vraiment simple. Es-tu prêt à avoir de l'argent et à le laisser contribuer à toi de manière complètement nouvelle?

ARRÊTE D'ÉVITER ET DE REFUSER L'ARGENT

Y a-t-il un endroit dans ta vie où tu refuses ou évites de regarder ta situation financière? As-tu de vraiment bonnes raisons pour éviter de faire des choses simples et faciles qui créeraient davantage d'argent? Partout où nous évitons d'être complètement honnêtes, nous refusons et nous nous coupons de ce qui nous donnerait plus de possibilités et de l'aisance dans le changement.

Je parlais avec un client qui me disait : « Je pense à mes dettes presque tous les jours et puis je cache ça derrière moi et j'espère que ça va disparaître. » Beaucoup d'entre nous fonctionnent comme ça.

Lorsque j'avais des dettes, je persistais à éviter systématiquement de regarder ce qui se passait avec ma situation financière, jusqu'à ce que je choisisse finalement d'écouter Gary et Dain et de commencer à utiliser les outils d'Access Consciousness. Éviter les prises de conscience au sujet de l'argent ne crée jamais un espace dans lequel tu peux considérer les choix que tu as vraiment; cela crée toujours ce truc vague et pas clair dans lequel tu ne renforces pas ta capacité à voir ce qui se passe ou ce que tu peux faire pour créer un changement.

L'une de mes amies est vraiment géniale pour éduquer ses enfants au sujet de l'argent. Une fois elle avait donné 20 $ à son fils de 10 ans pour aller déjeuner avec ses amis. Elle a appris plus tard que la mère d'un des autres enfants avait fini par payer. Elle a demandé à son fils pourquoi il n'avait pas payé et il a admis qu'il avait perdu l'argent en route. Alors elle lui a demandé d'aller voir la maman de son ami et de lui dire qu'il avait prévu de payer, mais qu'il avait perdu l'argent. Elle savait que ça n'avait pas dérangé l'autre maman de payer, il ne s'agissait pas de donner tort à qui que ce soit. Il s'agissait de reconnaître ce qui s'était passé — non pas à partir d'un point de vue ou d'un jugement de la situation — il s'agissait de faire reconnaître à son fils ce qu'il avait créé, plutôt que de prétendre que rien ne s'était passé. Il te faut reconnaître, et non pas cacher les choses ou les ignorer. Il ne s'agit pas de juger. Si tu es prêt à ne pas ignorer les choses, tu seras prêt à être plus conscient à l'avenir. Et avec ça, tu renforces ta capacité à faire les choix que tu désires réellement faire et qui vont créer davantage dans ta vie et non pas moins.

« Est-ce que tu vis dans un "univers de non-choix" ? »

J'ai évité les relations de couple pendant des années. Je disais toujours : «Les relations de couple, ce n'est pas mon truc, je ne me marierai jamais, je n'aurai jamais d'enfants.» Je regardais autour de moi et je ne voyais pas un seul couple qui semblait marcher. Je ne voyais personne qui semblait s'amuser dans sa relation de couple, alors mon point de vue (ma conclusion) était : «Ce n'est pas mon truc!»

Avec cette décision, je coupais toutes les autres choses qui étaient possibles. Je créais un univers et une réalité de «non-choix.» Un jour, j'ai réalisé que c'était ce que je choisissais et j'ai commencé à me poser la question : «Et si j'étais prête à être en couple? Et si j'étais prête à recevoir cette possibilité?» J'ai laissé aller tout ce que j'avais décidé et conclu au sujet des relations parce que j'ai reconnu que toutes ces suppositions créaient pour moi énormément de restrictions. Partout où nous nous laissons aller à la conclusion, nous créons des limitations qui nous séparent des infinies possibilités disponibles. Ce qui est drôle, c'est que j'ai maintenant une relation de couple avec un partenaire fabuleux et il est arrivé avec un enfant et un chien — toute une famille d'un coup. Et ils ont tous contribué à ma vie de façons que je n'aurais jamais pu imaginer. Si j'avais continué à refuser la possibilité d'une relation dans ma vie, je n'aurais pas pu recevoir l'énorme contribution, générosité et énergie qu'ils sont pour moi — et ils contribuent aussi à créer davantage d'argent et d'abondance.

Je parle ici de l'énergie qui se créée dans ta vie lorsque tu te donnes le choix. Lorsque tu évites quelque chose, le refuses ou n'es pas prêt à l'avoir, cela ne te permet pas d'avoir davantage de choix ni de créer davantage. Il te faut être prêt à voir que tu crées un univers de «non-choix» et être prêt à faire un changement.

« Quelle est la pire chose qui puisse arriver si tu n'évitais pas l'argent ? »

Est-ce que tu évites de faire de nouvelles choses qui pourraient te faire gagner de l'argent? Combien de situations se sont présentées avec lesquelles tu aurais pu gagner de l'argent, mais tu as dit : «Non, je n'ai pas le temps pour ça. Je ne peux pas aller à cet endroit. Je ne vais quand même pas faire ça»? Est-ce qu'on t'a déjà demandé de faire quelque chose et tu t'es dit : «Je n'en suis pas capable,» alors tu as refusé et évité de le faire plutôt que d'essayer? Et si tu te demandais : «Quelle est la pire chose qui puisse arriver si je n'évitais pas ça et que je faisais simplement un choix?» Le choix crée la prise de conscience.

46

Évites-tu de parler en public ? Et si tu demandais : «Quelle est la pire chose qui puisse arriver si je faisais vraiment des discours en public ?» Tu pourrais poser la question : «Eh bien, il se pourrait que j'aie un blanc et que j'oublie ce que je voulais dire. Est-ce que ce serait si terrible ?» Et puis tu pourrais te dire : «Si cela arrivait, je pourrais simplement rester là sans bouger, regarder le public et sourire.» Les gens adorent ta vulnérabilité quand tu es vraiment toi et si tu n'évites rien, c'est plus facile d'être toi dans n'importe quelle situation. Quoi qu'il arrive, tu obtiens davantage de toi, parce que tu n'as pas besoin de faire des tours et des détours ni de te cacher afin d'éviter quoi que ce soit. C'est incontestablement lorsque tu deviens de plus en plus toi que tu vas créer plus d'argent dans ta vie.

Est-ce que tu fuis tes dettes ? À quels endroits est-ce que tu évites l'argent ? En faisant cela, à quelles parties merveilleuses, extraordinaires et créatives de toi empêches-tu de se montrer dans le monde ? Qu'as-tu décidé être la pire chose qui puisse arriver si tu n'évitais pas l'argent ? Qu'est-ce qui pourrait changer si tu étais prêt à avoir une conscience totale de ta réalité financière ?

GRATITUDE

La gratitude est l'un de mes outils magiques pour changer les choses dans la vie.

On la sous-estime souvent, mais elle a le pouvoir de changer notre point de vue de manière très dynamique. La gratitude a l'effet naturel de te sortir du jugement. La gratitude et le jugement ne peuvent pas coexister. Tu ne peux pas juger et avoir de la gratitude. As-tu déjà remarqué qu'il était impossible d'avoir de la gratitude pendant que tu étais en train de juger quelqu'un ou quelque chose ? Lorsque tu as de la gratitude, tu sors du jugement. Et, comme j'en ai déjà parlé, c'est par le jugement que nous créons nos plus grandes limitations.

Lorsque tu reçois de l'argent, quel est ton point de vue instantané? Es-tu reconnaissant pour chaque dollar, pour chaque centime qui se présente dans ta vie ou as-tu tendance à penser : «Ce n'est pas beaucoup,» ou «ça va payer cette facture,» ou encore «j'aimerais en avoir plus»? Et si, à chaque fois que de l'argent rentrait, et à chaque fois que de l'argent sortait, tu étais reconnaissant — envers toi pour l'avoir créé, envers l'argent pour s'être présenté et envers ce que tu as payé avec? Imagine-toi avoir plus de gratitude avec l'argent — comment est-ce que ce serait?

Et si, pour chaque somme d'argent qui se présentait, tu t'entraînais à dire : «Merci! Je suis tellement content! Est-ce que je peux en avoir plus, s'il vous plaît?» Et si, à chaque fois que tu dépensais de l'argent et à chaque fois que tu payais une facture, tu étais reconnaissant et prêt à en demander davantage : «Génial, je suis tellement content d'avoir de l'électricité pour un mois de plus! Et que faudrait-il pour que cet argent me revienne multiplié par dix?»

J'adore poser cette question! J'ai reçu une fois un massage de pieds extraordinaire. J'avais beaucoup de gratitude pour la masseuse et je l'ai remerciée. En lui donnant l'argent, j'ai dit tout haut d'un air enjoué : «Que faudrait-il pour que cet argent me revienne multiplié par dix?» Elle m'a regardé un peu bizarrement. Quelque temps après elle m'a abordé et elle m'a dit : «Je ne pensais pas que, lorsque je payais de l'argent, je pouvais lui demander de revenir à moi. Je me disais que cela manquait de respect ou quelque chose comme ça. Mais la façon dont tu as dit ça, il y avait tellement de gratitude et de joie, c'était une telle invitation que je vais m'en servir pour tout maintenant!»

Lorsque tu es prêt à jouer avec l'argent, à avoir de la gratitude pour l'argent et pour ce que tu as créé et que tu ne juges pas, davantage peut se présenter.

« Et si tu étais prêt à avoir de la gratitude pour toi aussi ? »

Quand tu ne reconnais pas l'argent qui va et vient dans ta vie et que tu ne lui es pas reconnaissant, en fait, tu refuses de te voir et d'avoir de la gratitude pour toi. Et si tu commençais à voir ce que tu as créé et ce que tu as et à t'être reconnaissant pour cela, plutôt que de focaliser sur ce que tu n'as pas ? Lorsque tu portes ton attention sur les choses qui marchent dans ta vie, tu peux créer davantage de ces choses-là et elles vont commencer à apparaître dans plus d'endroits. Si tu portes ton attention sur ce que tu considères comme manquant, tu ne vois que le manque et la pénurie ne fait qu'augmenter.

Il te faut avoir de la gratitude pour tout ce que tu crées — le bon, le mauvais et le moche. Cela veut dire que tu n'aboutis jamais à une conclusion, quoi qu'il arrive. Combien de tes choix as-tu jugés parce que tu as décidé que tu avais perdu de l'argent ou que tu avais fait le mauvais choix ? Comment sais-tu que ce choix n'est pas exactement le choix qui va te permettre de créer à l'avenir quelque chose d'encore plus grand ? Si tu le juges, tu ne pourras pas reconnaître le cadeau de ton choix et tu ne te permettras pas de recevoir les possibilités qui sont maintenant à ta disposition grâce à ça. Si tu as de la gratitude, tu peux avoir une réalité complètement différente.

J'ai de la gratitude pour tous les gens qui travaillent à Joy of Business (l'un de mes business qui me fait gagner de l'argent et qui change le monde). Nous générons du business à partir de la joie et de la curiosité de ce qu'il est possible de créer et non pas en essayant de faire le bon choix ou d'éviter le mauvais. Quand quelqu'un fait un choix qui ne tourne pas très bien, nous ne perdons pas la joie de créer ni la gratitude que nous avons les uns pour les autres juste parce que ça ne s'est pas passé comme nous l'espérions. Nous posons la question : « Qu'est-ce qui est juste là-dedans ? » et nous regardons quelles autres possibilités nous n'avons pas encore considérées. Le jugement diminue les possibilités. La gratitude, en revanche, les accroît.

Si tu es reconnaissant pour ce que les gens ont créé, il peut s'en présenter plus dans ta vie *et* dans la leur. Si tu as de la joie avec ce que tu es en train de créer et faire, il va se présenter davantage d'argent.

« As-tu de la gratitude lorsque c'est trop facile ? »

J'assistais il y a quelques années à une vente d'antiquités organisée par un ami. Pour l'aider, j'ai proposé de tenir la caisse, rédiger les reçus et m'occuper de l'administration générale. Je l'ai fait parce que j'avais envie de contribuer à mon ami et à l'expansion de son business.

Après la vente, il m'a envoyé un e-mail me disant qu'il me versait un pourcentage des ventes. Je lui ai répondu : « Merci, mais je ne veux pas d'argent pour ça. Vraiment, ça m'a fait plaisir t'apporter ma contribution. »

Mon ami m'a renvoyé un e-mail en disant : « Aie de la gratitude pour l'argent que tu reçois »

Je me suis dit : « Oui, j'ai de la gratitude », mais j'ai aussi perçu que je n'étais pas vraiment prête à recevoir cet argent et j'ai réalisé que j'avais le point de vue que je n'avais pas travaillé assez dur pour le recevoir. C'était comme être à une fête ; je buvais du champagne dans une coupe en argent, je prenais les paiements en me servant d'un terminal de paiement et je rédigeais les reçus. Je passais un super moment. Et on me payait pour ça ?

J'ai parlé à Gary Douglas de mon changement de perspective et à quel point cela semblait ouvrir tellement plus de choses dans mon monde et il a répondu : « Quand l'argent arrive facilement et que tu es reconnaissante, tu es en route pour avoir un futur avec de plus grandes possibilités. »

Quelles grandes possibilités futures pourrais-tu créer pour ta vie en permettant à l'argent d'arriver dans ta vie avec aisance et joie et en ayant de la gratitude pour chaque centime qui se présente ?

Chapitre 3

Comment créer une nouvelle réalité financière immédiatement ?

Et si tu n'avais aucun point de vue au sujet de l'argent ? Et si tu ne portais pas de jugements ? Et si tu n'avais pas de catastrophes financières ? Pas de réalité financière limitée ? Et si, chaque jour en te réveillant, tu prenais un nouveau départ ? Qu'est-ce que tu créerais ? Qu'est-ce que tu choisirais ?

Si tu désires réellement créer une réalité financière différente et plus grande que celle que tu as actuellement, tu vas devoir regarder les choix que tu fais actuellement. S'ils ne t'emmènent pas dans la direction dans laquelle tu désires vraiment aller, change-les ! Chaque choix que tu fais crée quelque chose. Que désires-tu créer avec tes choix ?

Il est important de se rappeler qu'il ne s'agit pas de faire un bon ou un mauvais choix. Il s'agit de faire des choix *différents*.

Je parle beaucoup de business avec des gens dans le monde entier. Lorsqu'il s'agit de faire des choix en business, je fonctionne réellement à partir de : « Il n'y pas de bon ni de mauvais choix. Il n'y a que le choix. » Certaines de mes pires « erreurs » en business ont été mes plus grands cadeaux, parce qu'elles m'ont permis de voir ce que je pouvais faire et être de différent qui allait fonctionner à l'avenir ; sans ces choix, il m'aurait fallu beaucoup plus longtemps pour avoir ces prises de conscience. Je suis capable de voir la contribution de mes choix à la création d'un avenir plus grand parce que je ne suis pas coincée dans l'état d'esprit : « Oh, ce choix était le mauvais et un autre choix aurait été le bon. » Et s'il ne s'agissait plus jamais de faire le bon choix ou d'éviter de faire le mauvais choix ?

Comme mon ami Gary pose souvent la question : « Est-ce que tu préfères avoir raison ou être libre ? Tu ne peux pas avoir les deux ! »

Si tu es prêt à avoir tort et à abandonner le besoin d'avoir raison, tu peux choisir tout ce que tu veux, et créer tout ce que tu veux.

« Galérer ou ne pas galérer ? »

Il y a des années, j'allais déjeuner avec des amis et j'étais de mauvaise humeur. Nous nous dirigions vers le restaurant et un de mes amis m'a demandé : « Pourquoi est-ce que tu fais ce choix ? » J'ai répondu : « Ce n'est pas mon choix ! » Nous avons continué à marcher et tout le long du chemin, je me disais : « Ce n'est pas mon choix ! Non ! Mais, attends… Est-ce que je suis vraiment en train de faire ce choix ? Est-ce que je peux changer ça ? » Mon monde s'est allégé instantanément. En arrivant au restaurant, j'ai dit à mon ami : « Waouh, je vois que je suis vraiment en train de choisir ça, je fais le choix d'être de mauvaise humeur ! »

Beaucoup de gens ne pensent pas qu'ils ont le choix d'être tristes, joyeux, de mauvaise humeur, détendus. On nous fait croire que ce sont les circonstances extérieures qui créent la façon dont nous nous sentons au sujet des choses, mais c'est vraiment juste un choix. Tu dois apprendre à reconnaître que tu as le choix, même dans les situations dans lesquelles tu imagines que tu n'en as pas. Commence à regarder tous les endroits où tu croyais ne pas avoir le choix et dis-toi : « OK, si je me servais maintenant de mon muscle du choix au lieu de prétendre que je n'en ai pas, qu'est-ce que je choisirais dans cette situation ? »

C'est la même chose avec l'argent. Si tu as actuellement des soucis d'argent et que tu galères, sois conscient du fait que c'est ton choix ; tu le crées de cette façon. *Et tu peux faire un autre choix !*

Et que tu aies un business établi ou un poste salarié, que tu sois parent au foyer, en train de chercher un travail ou à la retraite n'a aucune importance. Tu n'as pas besoin d'avoir beaucoup d'argent (ni même quelque argent que ce soit) pour commencer à changer ta réalité financière. Et tu n'as pas besoin de mettre tes affaires en ordre. Il te faut juste commencer. Il te faut juste faire un choix.

Dans ce chapitre, nous allons regarder de plus près les éléments qui vont t'aider à ne plus te mettre des bâtons dans les roues et te permettre plus de clarté et d'aisance pour faire des choix différents en ce qui concerne l'argent : être là pour toi-même, abandonner tes histoires et raisons qui justifient que tu n'as pas d'argent, être honnête avec toi-même et faire confiance à ce que tu sais.

SOIS PRÊT À FAIRE TOUT CE QUI EST REQUIS

Les outils de ce livre sont fantastiques, mais pour les utiliser de manière efficace pour changer ce qui ne fonctionne pas actuellement, il te faut être là pour toi de trois manières :

1. Être engagé envers ta vie.
2. Exiger de toi-même que tu fasses et sois tout ce qui est requis.
3. Être prêt à tout choisir, tout perdre, tout créer et tout changer.

« Et si la chose la plus bienveillante que tu puisses faire était de t'engager à ne jamais faire une croix sur toi ? »

T'engager envers ta vie ne veut pas dire te mettre dans un carcan ou te fixer sur un chemin particulier pour toujours. Cela veut dire ne jamais abandonner, jamais céder, jamais arrêter. Es-tu prêt à t'engager envers toi? Es-tu prêt à ne jamais faire une croix sur toi?

Mon partenaire Brendon et moi sommes tous les deux engagés envers notre vie et pour créer une relation qui marche pour nous. Nous choisissons chaque jour notre relation plutôt que d'en faire à tout prix un engagement à vie. Nous faisons des choix qui créent un avenir plus grand pour tous les deux, mais nous ne nous attendons jamais à ce que nos choix soient figés ou immuables. Lorsque nous avons pensé à acheter une maison ensemble, j'ai d'abord beaucoup résisté, parce que j'en concluais que nous allions être obligés de passer le reste de notre vie ensemble. Brendon a dit : «Nous pourrons toujours revendre la maison.» et j'ai dit : «Ah oui, c'est vrai!» Être copropriétaires d'une maison ne veut pas dire que nous devons rester ensemble à vie; nous avons toujours le choix, c'est comme un deal. Être engagés envers nous-mêmes ne veut pas dire que nous nous engageons à ne jamais changer nos choix. Cela veut dire que nous nous engageons à nous honorer nous-mêmes et l'un l'autre de telle sorte que nous nous autorisons à changer nos choix quand quelque chose ne fonctionne plus.

Être engagé envers toi veut dire que tu es prêt à avoir l'aventure de la vie et à continuellement choisir ce qui fonctionne pour toi, même si ce n'est pas confortable et même si cela implique de changer quelque chose et de faire des choix que personne d'autre (ni même ton ou ta partenaire, ta famille ou tes amis) ne comprend. Être engagé envers toi peut t'emmener au-delà de ta zone de confort, ce qui est particulièrement vrai pour la plupart d'entre nous, ayant si bien appris à renoncer à ce que nous désirons réellement choisir afin de rentrer dans le moule comme tout le monde. Il te faut être prêt à être aussi différent que tu l'es vraiment, peu importe ce que les autres pensent, disent ou font.

« *Tu ne peux rien exiger de rien ni de personne sauf de toi-même.* »

Exiger quelque chose de toi-même, c'est réaliser que, quoi qu'il arrive, tu vas obtenir ce que tu désires dans ta vie.

Tu commences à créer ta vie lorsque tu demandes enfin : «Peu importe ce qui est requis et à quoi ça ressemble, je vais créer ma vie. Je ne vais pas vivre selon le point de vue ou la réalité de qui que ce soit d'autre. Je vais créer ma propre réalité!»

Il y a des années, quand j'ai commencé à voyager pour les classes d'Access, je ne pouvais pas toujours me payer un hôtel, alors je logeais chez des amis. Une fois, je logeais dans une maison qui n'était pas très propre. En sortant de la douche, j'avais l'impression qu'il fallait que je reprenne une douche. J'ai fait la demande : «Ça ne va pas marcher comme ça. Il faut que j'arrive à créer plus d'argent pour avoir le choix de loger où je veux. »

J'ai commencé à partager des chambres d'hôtel avec d'autres gens. Et puis je me suis rendu compte que ce n'était pas non plus ce que je désirais. J'adorais être seule. J'adorais avoir mon espace à moi. Lorsque tu fais une demande, tu crées une certaine énergie et tu ne vas pas dans une réalité de manque et de doute.

Très souvent, j'ai exigé que des choses se présentent, mais je ne savais pas vraiment à quoi ça allait ressembler. Et à chaque fois, j'ai quand même fait la demande : «peu importe ce qu'il faudra» et «peu importe la forme que cela prend.» Je ne savais pas vraiment comment j'allais générer l'argent nécessaire pour loger seule à l'hôtel quand je voyageais, mais je savais que j'étais prête à faire quoi que ce soit qui était requis pour créer cela.

« Sois prêt à tout choisir, tout perdre, tout créer ou tout changer. »

Lorsque tu es prêt à choisir quelque chose de différent, tu es prêt à devenir conscient et à recevoir des informations de la part des gens et des choses autour de toi ; et tu es capable de changer en l'espace d'une nanoseconde lorsque cela va créer davantage pour toi. C'est : « Oh ! De nouvelles informations ! OK, allons-y ! » En faisant des choix, il se peut que tu te rendes compte que certaines choses sont différentes de ce que tu pensais au début. Es-tu prêt à prendre conscience de nouvelles informations et de ce qui est requis pour changer ; ou essayes-tu de t'en tenir à ton premier choix, même si cela ne marche plus ? Ou est-ce que tu fais juste de petites modifications et puis tu te demandes pourquoi ça ne change pas.

Si tu apportes juste des petits changements en continuant au fond à faire la même chose, tu ne vas pas obtenir de résultats différents (comme quand tu portes tous les jours la même chemise en essayant de lui donner des airs un peu différents, plutôt que de changer de chemise).

Einstein disait que la folie était de faire constamment la même chose en s'attendant à des résultats différents. Il faut que tu changes la façon dont tu fonctionnes actuellement afin de créer un résultat différent.

Lorsque nous fonctionnons comme s'il y avait certaines choses dans notre vie qui étaient fixées et immuables, nous nous empêchons de faire quoi que ce soit qui est requis pour obtenir une réalité financière différente. C'est en disant : « C'est comme ça. » que nous rendons quelque chose immuable.

Qu'as-tu rendu immuable ? Qu'est-ce qui est gravé dans le marbre pour toi ? Qu'est-ce que tu considères comme précieux, permanent, durable ?

Être propriétaire d'une maison? Avoir un mariage qui dure? Avoir ton propre business? Ne pas changer ton travail? Avoir des dettes?

T'accroches-tu à une partie quelconque de ta vie comme à une structure permanente? C'est ce que j'ai fait en affaires. J'avais créé un business et je ne souhaitais plus être impliquée dedans, mais j'ai continué à m'accrocher à ce business pendant beaucoup trop longtemps. Lorsqu'il a commencé à décliner, j'ai essayé de faire les choses différemment, mais je n'étais pas prête à faire quelque chose de complètement différent et à vendre mon affaire parce que je croyais qu'il fallait que je fasse ce que tout le monde me disait et que je continue à gérer cette affaire le plus longtemps possible.

Qu'as-tu décidé que tu n'étais pas capable de changer? En ce qui concerne ta situation financière, ton manque d'argent, tes dettes et tes perspectives financières, as-tu l'impression que tu n'as pas le choix? T'es-tu promis de garder en place les structures financières que tu as créées dans ton propre univers, plutôt que de faire quelque chose de complètement différent? Est-ce que tu continues à essayer de changer quelque chose, mais rien ne semble marcher? Qu'est-ce que tu ne fais pas qui changerait tout, si tu le faisais?»

J'ai posé cette question en classe une fois et quelqu'un a dit : «La plupart du temps, je n'agis que quand c'est vraiment douloureux et une fois que ça ne fait plus mal, j'arrête d'avancer. J'ai réalisé hier que l'argent que j'ai en ce moment n'allait pas suffire pour payer les factures à venir. Soudain, j'ai senti l'urgence et j'ai décidé de faire quelque chose. Je fonctionne toujours comme ça. Je n'agis pas tant que je ne suis pas obligée. C'est comme si j'avais besoin que ça fasse mal pour être motivée.» Si cette personne était prête à être et faire quelque chose de différent avec son choix, elle pourrait regarder la façon dont elle fonctionne généralement avec le point de vue «motivation à partir du manque» et se poser la question : «C'est ce que j'ai toujours fait. Et si je commençais à fonctionner de manière complètement différente? Qu'est-ce qui pourrait créer davantage pour moi?» Mais si elle n'est prête qu'à demander : «Qu'est-ce que je dois faire pour payer les factures cette fois-ci ?» sans regarder la structure à partir de laquelle elle fonctionne, alors elle ne va que faire les choses un peu différemment et ne sera pas capable de changer sa réalité financière à long terme.

Une autre personne a dit : «J'ai du mal à me contrôler avec ma carte de crédit. Me servir de ma carte semble être le seul moyen que j'ai d'avoir de l'argent. J'ai l'impression de ne pas avoir d'autre choix.» Si cette personne disait : «Je ne peux pas me servir de ma carte de crédit aujourd'hui, il faut que je fasse un emprunt,» ce serait la même chose, juste différemment. Mais si elle faisait la demande suivante : «Je vais vraiment créer plus d'argent, maintenant et à l'avenir. Je ne vais plus vivre comme ça. Qu'est-ce que je dois mettre en place immédiatement afin de changer ça ?» alors elle ferait un choix différent qui lui permettrait de créer au-delà du point de vue limité au sujet de l'argent dans lequel elle était coincée.

Il te faut être prêt à perdre tout ce que tu crois actuellement être permanent et immuable. En vérité, rien n'est immuable.

Je sais que, partout dans ma vie où je rends quoi que ce soit une création de permanence, je peux choisir quelque chose de différent. Je peux dire : «Cela ne marche pas pour moi. Je ne vais plus choisir ça.»

Es-tu prêt à abandonner les choses que tu as décidé que tu devais avoir ou faire ou que tu ne pouvais ou ne devais pas perdre ? Et si être prêt à les perdre était le commencement du choix total ? Et si tu étais prêt à perdre jusqu'à ton dernier centime ? Et si tu pouvais créer beaucoup plus d'argent que tu n'as jamais eu auparavant, avec aisance totale ?

Si tu essayes de changer quelque chose dans ta vie et que rien ne change, regarde les endroits où tu fais peut-être la même chose différemment, plutôt que de vraiment choisir de faire quelque chose de complètement différent. Qu'est-ce qu'il faudrait que tu sois et fasses de différent pour réellement changer ta réalité financière ?

RENONCE À TES RAISONS LOGIQUES ET INSENSÉES POUR NE PAS AVOIR D'ARGENT

Tu as peut-être remarqué que j'utilise souvent les mots «conclusion», «décision» et «jugement.» Savais-tu que le mot *conclure* venait d'un mot qui veut dire «rendre silencieux» ou «enfermer»? C'est exactement ce que fait une conclusion dans notre vie. Elle t'enferme dans un jugement ou une décision et cela t'empêche de recevoir une autre possibilité ou de percevoir un autre choix. C'est comme si tu mettais ton pied dans un seau de ciment et que tu essayais de marcher avec. Ce n'est pas possible. Tu as conclu que c'est là que tu étais et que tu ne pouvais rien y changer, à moins de renoncer à ce point de vue.

Nous avons adhéré et fait adhérer à des millions d'histoires au sujet de l'argent. Nous croyons que la plupart de ces histoires sont vraies et nous adorons nous y référer et nous les répéter, plutôt que de simplement demander : «Waouh, voilà une histoire bien intéressante à laquelle j'adhère. Et si ce n'était pas vrai? Je me demande quoi d'autre est possible maintenant ?»

J'ai un ami dont les parents, quand il était petit, avaient l'habitude de projeter sur lui que les gens riches n'étaient pas heureux. Ils l'emmenaient faire un tour pour voir les jolies maisons du voisinage et il demandait : «Est-ce qu'on peut déménager pour venir habiter ici?» et ils lui répondaient : «Non, nous n'en avons pas les moyens. Et, de toute façon, les gens riches ne sont pas heureux.» Lui, il se disait : «Pourquoi ne pouvons-nous pas juste essayer pour voir?» On lui a aussi dit qu'il ne pouvait pas aller manger chez la famille mexicaine de sa rue parce qu'ils avaient moins d'argent qu'eux. Évidemment, lorsque plus tard cette même famille a acheté le terrain voisin et y a fait construire des appartements, mon ami a réalisé que sa mère avait conclu qu'ils avaient moins d'argent parce qu'ils étaient mexicains, qu'ils avaient des poules dans leur cour et qu'ils faisaient pousser leurs propres fruits et légumes.

Nous avons tous des histoires similaires à raconter et un tas de points de vue insensés dans la tête qui nous empêchent d'avoir une réalité financière différente.

Te souviens-tu de l'histoire que je t'ai racontée au sujet de mon père ? Il nous disait tout le temps qu'il mourrait heureux quand il saurait que mon frère, mes demi-sœurs, ma mère et moi étions à l'abri financièrement. Je ne voulais pas que mon père meure et quelque part dans mon monde je pensais que si je créais des dettes, il ne s'en irait pas. C'était un point de vue vraiment insensé et lorsque j'ai réalisé ce que j'étais en train de faire, j'ai renoncé à ce point de vue, j'ai changé ce que je faisais avec l'argent et l'argent a commencé à se présenter dans ma vie de façons complètement bizarres et inattendues.

Quelle réalité financière a été projetée sur toi quand tu étais enfant ? Quels points de vue insensés as-tu adoptés au sujet d'avoir de l'argent, ne pas en avoir, en créer, en perdre, etc. ? Et si tu pouvais choisir de laisser tomber tout ce dont tu as fait l'expérience ou ce que tu as cru au sujet de l'argent auparavant et si tu n'avais plus besoin de continuer à projeter cela sur ton avenir ?

« *Le moment est-il venu d'arrêter l'abus financier de toi ?* »

Les parents d'un de mes amis, dès qu'il a eu trois ou quatre ans, lui répétaient régulièrement que c'était de sa faute s'ils n'avaient pas d'argent. Il a grandi en croyant qu'il fallait qu'il crée de l'argent pour ses parents et pour ses frères et sœurs. Les enfants sont conscients et ils souhaitent contribuer. Lorsqu'il y a des disputes, des soucis ou des sous-entendus énergétiques au sujet de l'argent à la maison, sans parler de commentaires ouvertement abusifs, les enfants les prennent sur eux.

L'abus financier peut prendre des formes différentes, mais il a souvent pour résultat l'impression que tu ne mérites même pas les choses les plus rudimentaires de la vie. Cela peut se manifester de façons différentes ; peut-être vis-tu à partir d'un sens de pénurie ou as-tu l'impression que tu es un fardeau financier ?

L'abus financier peut aussi être un parent qui garde son enfant dépendant financièrement et sous son contrôle. Nous parlions de cela en classe une fois et quelqu'un a dit : « Je viens de réaliser que ma mère veut que je sois dépendante d'elle financièrement parce que ça lui donne de la valeur en tant que mère. Je vois à quel point ma réalité au sujet de l'argent est basée sur mon désir et mon effort de satisfaire son désir de sentir qu'elle sert à quelque chose et que ce rôle qu'elle a est vital. Afin qu'elle puisse sentir ça, il me faut être bonne à rien et dépendante. »

Si quelqu'un a besoin que tu sois dépendant de lui financièrement, est-ce une forme d'abus ? Oui. Est-ce que tu dois maintenant continuer à vivre en fonction de cette histoire ? Non. Tu as un autre choix. Tu peux reconnaître que tu as été abusé financièrement et décider que cela ne va plus dicter ta vie. Tu n'as pas besoin de rendre ça réel, tu as au moins un million d'autres choix possibles pour ta réalité financière ! Et ils sont tous beaucoup plus amusants. Et si tu choisissais l'un d'eux ?

« Utilises-tu le doute, la peur et la culpabilité pour te distraire de créer de l'argent ? »

Est-ce que tu doutes de ta capacité à gagner de l'argent ? As-tu peur d'en perdre ? Te sens-tu coupable de tes dettes ? Te mets-tu en colère au sujet de ton statut financier actuel ? Es-tu obsédé par les problèmes d'argent au lieu de regarder les possibilités ? Toutes ces choses sont des exemples des *distractions* que nous utilisons pour ne pas être présents aux choix et possibilités différents. Les « distracteurs » que nous créons sont ces émotions négatives qui nous engluent et avec lesquelles nous passons notre temps, desquelles nous nous languissons de sortir et auxquelles nous sommes convaincus de ne pouvoir échapper. Nous les cimentons avec une vraiment bonne histoire qui explique pourquoi les choses se passent comme elles se passent afin de ne pas devoir les changer. Tu dis des choses comme : «J'ai peur, parce que…» ou «Je doute d'être capable de faire cela parce que…» Chaque «parce que» est ta façon intelligente de te laisser distraire par une super histoire afin de pouvoir faire une croix sur toi-même et de ne pas être obligé de changer ce qui se passe dans ce domaine de ta vie.

Chaque fois que tu te retrouves coincé par ces distracteurs, c'est en fait un choix que tu fais de te juger plutôt que de choisir une autre possibilité. Et si tu commençais à reconnaître que les distracteurs dans ta vie ne sont rien de plus que cela : des distractions de vivre ta vie et de créer quelque chose de différent? Tu peux commencer à changer cela en prenant conscience des pensées et émotions distrayantes lorsqu'elles se présentent; et lorsque c'est le cas, fais un nouveau choix, choisis de poser des questions, d'avoir de la gratitude plutôt que du jugement, de reconnaître que ce n'est ni réel ni vrai, que c'est un point de vue intéressant. Tu n'as pas besoin de continuer à les laisser tourner encore et encore dans ta tête et dans ta vie, à moins bien sûr que tu prennes beaucoup plus de plaisir à être distrait qu'à créer la vie et l'argent que tu désires.

SOIS BRUTALEMENT HONNÊTE AVEC TOI-MÊME (CECI EST PLUS GENTIL QU'IL N'Y PARAÎT)

Tu peux demander que quelque chose de différent se présente, tu peux demander à créer ta propre réalité financière, tu peux demander plus d'argent, plus de devises, plus de flux monétaires, plus de tout; mais lorsque tu dépenses autant d'énergie à te nier toi-même, à te juger et à refuser de reconnaître la contribution que tu es dans le monde, tu n'es pas honnête avec toi-même — tu perpétues de gros mensonges contre toi-même afin de prouver que tu n'es pas aussi génial que tu l'es réellement.

Au fond, partout où tu penses que tu as tort, c'est que tu refuses simplement d'être fort. Ce n'est pas vrai que nous avons tort ou que nous avons des défauts ou que nous sommes incapables, mais il est vrai que nous refusons d'être le pouvoir et la puissance que nous sommes réellement capables d'être.

Une fois, j'emmenais Gary et Dain à une classe et j'étais vraiment en colère, mais je faisais semblant de ne pas l'être. Je ne conduisais pas bien, faisant exprès de passer trop vite sur les bosses de la route, et Gary et Dain se cognaient la tête au plafond à chaque fois. Je refusais de dire ce qui se passait, mais le lendemain, Gary m'a appelé à 6 h du matin et m'a dit : « Viens dans notre chambre d'hôtel et réglons cela. » Je leur ai parlé pendant une éternité des raisons pour lesquelles j'étais en colère. Je n'arrêtais pas de dire : « Je me juge moi-même, je suis en colère contre moi-même. » Mais rien ne changeait ni ne s'allégeait. Peu importe combien de fois je le disais, ça ne sonnait pas vrai. Alors que nous continuions à parler et qu'ils me posaient plus de questions, je me suis rendu compte que c'était eux que je jugeais. J'avais décidé qu'ils étaient stupides de m'avoir engagée. Lorsque j'ai été prête à être vulnérable (et, oui, ce n'était pas confortable, mais je suis tellement contente de l'avoir fait), j'ai pu voir ce que je faisais, j'ai été capable de sortir de la colère et ça a rendu les choses beaucoup plus faciles pour nous tous. En les jugeant stupides, non seulement je ne voulais pas recevoir la contribution qu'ils désiraient être pour moi, mais je ne voulais pas non plus voir la contribution que j'étais pour eux, je ne permettais pas au business de grandir. Quand j'ai arrêté de les juger, il y a eu beaucoup plus de possibilités.

« Es-tu prêt à n'avoir aucune barrière ? »

L'une des choses les plus marquantes après cette conversation était à quel point je me sentais mal à l'aise. J'ai dit à Gary : «Je me sens complètement déconnectée de toi et de Dain maintenant.» Gary m'a demandé : «As-tu créé ta connexion avec nous sur la base du jugement?» Je me suis rendu compte que c'est ce que j'avais fait. Il a ensuite dit : «Eh bien, maintenant tu as la possibilité de créer ta connexion avec nous à partir de la communion.»

La plupart des gens créent leur connexion avec les autres à partir du jugement. Les jugements créent les barrières et les murs qui nous permettent de nous cacher de nous-mêmes et des autres.

Avec la communion, c'est un espace de non-jugement total. Et c'est complètement différent. Pour moi, c'était très inconfortable au début. Je me sentais tellement vulnérable. Toutes mes barrières étaient abaissées, c'était comme si les autres pouvaient voir à travers moi.

On nous fait croire que les jugements, les barrières et les murs que nous mettons en place nous protègent, mais en vérité, ils nous cachent à nous-mêmes. Si tu es prêt à ne pas avoir de jugement ni de barrières, et à être totalement vulnérable, tu commences à voir ce qui est possible pour toi que tu avais refusé de reconnaître.

Tu dois accepter d'être brutalement honnête avec tout ce que tu crées dans ta vie. C'est la seule façon de changer quoi que ce soit; avoir le courage de dire : «OK, ça ne marche pas.» Tu dois être prêt à prendre conscience de ce qui se passe vraiment pour toi. Créer ta propre réalité financière, c'est avoir une conscience de ce qui est réellement et ensuite choisir ce qui va créer plus pour toi.

Et si être brutalement honnête avec toi-même, c'était être vulnérable avec toi-même afin de ne plus jamais te mentir?

La peur est l'un des plus grands mensonges que nous perpétrons contre nous-mêmes. As-tu vraiment peur de l'argent, de perdre de l'argent ou de faire faillite? As-tu vraiment peur? Ou est-ce que, lorsqu'il y a une urgence, tu t'en occupes et tu t'effondres ensuite afin de prouver à quel point c'était horrible pour toi?

Si tu es prêt à regarder honnêtement ce qui se passe et à voir ce qui est vrai pour toi, cela crée une incroyable liberté, peu importe l'intensité ou le défi que tu ressens, ou ce dont tu t'es convaincu.

Être vraiment vulnérable ne consiste pas à te rendre faible ni à t'exposer. Être vulnérable, c'est être comme une plaie ouverte et n'avoir aucune barrière pour rien ni personne, pas même toi-même. Quand tu n'as ni barrières ni défenses, rien de bon ni de mauvais ne peut te coincer. La plupart du temps, nous érigeons des barrières en pensant nous protéger nous-mêmes, mais ce qui tend à se produire, c'est que nous nous enfermons derrière ces murs. Quand nous avons ces murs, nous ne nous séparons pas seulement des autres, nous nous séparons de ce qui est réellement vrai pour nous. Si tu laissais vraiment tomber toutes tes barrières, quelles croyances que tu as actuellement à propos de tes limitations serais-tu obligé de reconnaître qu'elles ne sont pas vraies du tout?

Qui serais-tu réellement si tu n'avais plus jamais à te défendre ni à prouver quoi que ce soit à qui que ce soit? Quand tu te juges et que tu crois que tu es moins que phénoménal, qui es-tu? Es-tu toi? Ou es-tu ce que les autres voudraient que tu sois? Et si tu n'étais pas aussi foutu que tu le pensais? Et s'il n'y avait rien qui clochait chez toi qu'il te faut cacher, surmonter, éviter ou défendre? Et si tu étais vraiment brillant? Es-tu prêt à voir cela? Es-tu prêt à le reconnaître et à être cela dans le monde?

Toi, quand tu es vraiment toi, est l'une des choses les plus attrayantes au monde. Et tu as déjà conscience de cela, parce que les personnes qui t'attirent dans la vie sont les personnes qui sont elles-mêmes, qui sont vulnérables et sont prêtes à être présentes avec toi. Elles ne prétendent rien et n'ont ni barrières ni défenses. Elles n'ont rien à prouver. C'est comme ça quand tu es toi. Tu n'as pas besoin d'être quoi que ce soit d'autre que toi. Quand tu es toi, tout le monde veut être autour de toi. Et ils seront aussi plus disposés à te donner de l'argent, juste pour être dans ton énergie, juste pour avoir un peu de ce que tu as. Es-tu prêt à être aussi irrésistible que ça pour les autres?

Et si tu exigeais d'être brutalement honnête avec toi-même et que tu demandais : «Qui suis-je en ce moment? Si j'étais moi, qu'est-ce que je choisirais? Qu'est-ce que je créerais?»

« Qu'aimerais-tu réellement avoir ? »

Être vulnérable, c'est aussi être brutalement honnête au sujet de ce que tu aimerais avoir dans ta vie. Si tu le caches et le gardes secret de toi-même ou si tu prétends que tu ne désires pas ce que tu veux vraiment, tu n'as aucune chance de créer et de choisir plus grand et d'avoir une vie que tu aimes vraiment. Tu dois être prêt à n'avoir aucun secret envers toi-même.

As-tu déjà pris un moment pour regarder ce que tu aimerais créer dans ta vie? Et si rien n'était impossible? Et si tu pouvais avoir, être, faire et créer tout ce que tu veux? Es-tu prêt à être honnête avec toi-même au point d'admettre ce que tu aimerais vraiment avoir dans ta vie, même si cela n'a aucun sens pour les autres?

Et si tu faisais une liste de tout ce que tu aimerais avoir dans ta vie? Aimerais-tu avoir une femme de ménage? Une nouvelle maison? Une meilleure cuisine? Y a-t-il un voyage que tu aimerais faire? Un business que tu aimerais démarrer? Combien d'argent aimerais-tu avoir dans ta vie?

Qu'est-ce que tu aimerais pour toi, et qu'est-ce qu'il va falloir pour générer et créer cela avec aisance?

Serais-tu prêt à demander tout cela, même si tu crois que c'est ridicule, impossible ou totalement inconcevable ? Serais-tu prêt à exiger de toi de le créer, même si tu ne sais pas comment ou quand cela va se réaliser ? Rappelle-toi : si tu ne demandes pas, tu ne peux pas recevoir. Alors, pourquoi ne pas demander tout ce que tu désires et plus, et voir ce qui peut se présenter, juste pour le plaisir ?

Qu'est-ce que tu aimerais demander à l'univers et exiger de toi ? Commence à noter ce à quoi tu aimerais que ta vie et tes flots monétaires ressemblent. Qu'est-ce que tu aimerais créer et générer ?

AIE CONFIANCE DANS CE QUE TU SAIS

Y a-t-il eu quelqu'un dans ta vie qui a renforcé ta capacité avec l'argent et les finances ? T'a-t-on demandé ce que tu savais ? T'a-t-on encouragé à te faire confiance et à jouer avec l'argent ? Probablement pas. La plupart d'entre nous ne sont pas vraiment encouragés à découvrir qui nous sommes et ce dont nous sommes capables de manière unique. On ne nous dit pas de nous faire confiance et que nous saurons quoi faire. On nous apprend qu'il faut regarder ce que tout le monde fait et faire la même chose.

La première fois que je suis partie voyager, j'envisageais de rester à l'étranger pendant six mois. Quand je suis rentrée en Australie trois ans plus tard, tout le monde m'a dit : « OK, Simone, maintenant que tu as eu ton aventure, tu peux t'installer, trouver un emploi stable, te marier et avoir une famille. »

Pour moi, c'était la pire chose que je pouvais faire. Mon point de vue était : « Je viens juste de commencer ! »

Je n'étais pas prête à suivre ce que tout le monde me disait d'être. Je savais que quelque chose d'autre était possible, et donc je n'ai pas choisi ce que l'on me disait de choisir. Je faisais confiance et je savais que, même si je n'avais pas une vision exacte de ce que serait ma vie, je pourrais créer quelque chose de différent. Je savais que j'aimais voyager, que je désirais avoir un business et je savais que je désirais avoir de l'argent, alors maintenant il s'agissait de le choisir.

« Tu as toujours su, même quand les choses ne fonctionnaient pas. »

Lorsque j'ai rencontré Gary Douglas et que je l'ai entendu parler des outils d'Access, je savais que cela correspondait à ce que je savais être possible dans le monde. Je me suis suffisamment fait confiance pour suivre cela, quoi qu'il arrive, et je suis tellement contente de l'avoir fait, parce que cela a changé ma vie et continue de la changer de façon dynamique.

Que sais-tu au sujet de l'argent que tu ne t'es jamais donné la chance de reconnaître ou pour lequel on t'a donné tort ?

L'un de nos plus grands cadeaux et ce que nous négligeons le plus est notre propre conscience de ce qui fonctionnera et ne fonctionnera pas dans nos vies.

As-tu déjà su que quelque chose n'allait pas vraiment fonctionner comme tu le voudrais, mais tu l'as fait quand même ? As-tu déjà couché avec quelqu'un tout en sachant que tu ne devrais pas le faire et t'es-tu réveillé le lendemain matin en te demandant pourquoi tu avais fait ce choix pas terrible ? Mais quand ça n'a pas marché, au lieu de dire : « Oh waouh, je savais que ça ne marcherait pas, ne suis-je pas génial ? » tu t'es jugé et tu t'es donné tort parce que ça n'a pas fonctionné ; tu t'es dit que c'était toi qui avais créé ce désastre, plutôt que de réaliser que tu savais depuis le début que ça n'allait pas fonctionner et que tu l'as quand même fait en pensant que tu t'en sortirais peut-être bien! Tu savais très bien, mais tu n'as juste pas suivi ta prise de conscience.

Et si tu commençais à reconnaître et à faire confiance à ce savoir et à suivre ta conscience de ce qui fonctionnerait pour toi au lieu de choisir ce que tu sais qui ne fonctionnera pas vraiment ? Essayes-tu de créer ta vie comme un succès ou un échec glorieux ?

Certains d'entre nous ont passé toute leur vie à ne pas se faire confiance. Lorsque tu fais toujours tout pour être et donner aux autres ce dont tu penses qu'ils ont besoin ou ce qu'ils veulent, tu peux perdre de vue ce que tu désires réellement. Il se peut que tu te sentes vide ou que tu aies l'impression de ne pas savoir. Lorsque tu commences à te demander ce que tu désires réellement, tu vas sans doute te sentir un peu vide pendant un moment, parce que personne ne t'a jamais vraiment posé cette question auparavant.

« Si l'argent n'était pas le problème, que choisirais-tu ? »

Si l'argent n'était pas le problème, quel genre de vie aimerais-tu avoir? Que ferais-tu chaque jour, qu'aimerais-tu créer dans le monde? Qu'est-ce que tu pourrais commencer à mettre en place immédiatement? À qui aurais-tu besoin de parler? Qu'est-ce que tu aurais besoin de faire? Où devrais-tu aller? Quels choix pourrais-tu faire aujourd'hui pour commencer à créer ta propre réalité financière?

Voilà le genre de questions que je me pose tous les jours. Chaque jour est nouveau pour moi. Je regarde ce que je désire créer, ce que je crée et ce que je peux être et faire d'autre afin de créer plus de l'avenir que j'aimerais avoir.

Tu peux faire la même chose. Tu peux commencer à créer la réalité, l'argent, le business, la conscience, la joie et la vie que tu désires réellement. Fais-toi confiance. Sois prêt à reconnaître que, même si cela fait 10 000 ans que tu as demandé à avoir la conscience de ce que tu désires, tu le sais, et tu peux le créer avec plus d'aisance que tu ne le penses!

Deuxième partie

Que l'argent vienne à moi !

Chapitre 4

Dix choses qui vont faire venir l'argent à toi (encore et encore)

J'espère que le brouillard commence maintenant à se lever pour toi quant à la façon dont tu as fonctionné avec l'argent et que tu commences à regarder ta réalité financière à partir de plus d'espace et de possibilité que lorsque nous avons commencé.

Avoir une réalité financière qui fonctionne pour toi signifie être vraiment intime avec ce que tu désires réellement créer; et il ne s'agit pas seulement de la somme d'argent que tu désires avoir sur ton compte bancaire, mais aussi de ce que tu désires créer avec ta vie. Lorsque tu deviens plus clair sur le futur que tu désires créer, l'argent vient à toi plus facilement. Aussi, changer ton point de vue et ta façon de fonctionner énergétiquement avec l'argent est tout aussi important que les actions que tu mets en place; il te faut changer tout cela pour avoir une réalité différente avec l'argent.

La liste suivante est une liste de dix outils pragmatiques et pratiques pour changer ton monde financier. Si tu les appliques, ils fonctionneront. Il faut le faire — il faut choisir.

Souviens-toi : si tu ne n'engages pas envers toi-même et si tu n'exiges pas de toi-même de faire tout ce qui est nécessaire – quelque soit la forme que cela prend – il sera beaucoup plus difficile de changer les choses. En fin de compte, qu'as-tu vraiment à perdre ? Tes limitations

75

autour de l'argent? Ton angoisse autour de l'argent? Ton manque d'argent?

Commençons. Voici dix choses que tu peux faire dans ta vie pour faire venir l'argent, encore et encore :

1. Pose des questions qui invitent l'argent
2. Sache exactement de combien d'argent tu as besoin pour vivre — joyeusement
3. Aie de l'argent
4. Reconnais-toi
5. Fais ce que tu aimes et qui t'apporte de la joie
6. Sois conscient de ce que tu penses, dis et fais
7. Ne sois pas attaché au résultat
8. Arrête de croire au succès, à l'échec, aux besoins et aux désirs
9. Sois dans le laisser-être
10. Sois prêt à être hors contrôle

J'ai déjà introduit beaucoup de ces concepts dans la première partie du livre afin que tu te familiarises avec la façon dont tu peux changer l'endettement ainsi que ta façon de fonctionner avec l'argent. Dans les chapitres suivants, nous allons appliquer de manière pragmatique ces dix concepts en utilisant des outils et techniques qui créent de vrais changements dans ces domaines, afin que tu sois libre de choisir, de créer et d'avoir du plaisir avec l'argent plutôt que d'être angoissé à ce sujet et d'avoir des difficultés financières.

Chapitre 5

Pose des questions qui invitent l'argent

Tu as peut-être remarqué que tout au long de ce livre, je t'invite à te poser de nombreuses questions sur l'argent. C'est parce que les questions sont l'invitation à recevoir; c'est ce qui permet à l'argent de se manifester. Si tu ne demandes pas, tu ne peux pas recevoir.

Lorsque tu poses des questions, il y a une «clé en or» dont tu dois être conscient : lorsque tu poses une vraie question, il ne s'agit pas d'obtenir une réponse ni du «vrai» ou du «faux». Il s'agit de s'ouvrir à l'énergie d'une *possibilité différente*.

On a appris à poser des questions en cherchant la bonne réponse. On a aussi appris à énoncer une affirmation, mettre un point d'interrogation à la fin et prétendre que nous posons une question, alors que ce n'est pas le cas. Ces questions-là ne sont pas de vraies questions. Au fond, si tu poses une question et qu'elle t'amène directement à une réponse, un jugement ou une conclusion, ou si tu l'utilises pour essayer d'obtenir un résultat particulier, plutôt que par curiosité et désir de générer plus de possibilités pour toi, ce n'est *pas* une question.

Par exemple, voici des affirmations qui ressemblent à des questions sans en être : «Comment puis-je faire en sorte que cela arrive de la façon que je souhaite?» ou «Pourquoi cela m'arrive-t-il?» ou «Qu'est-ce que j'ai fait de mal?» ou «Pourquoi ne m'ont-ils pas encore donné d'augmentation?» ou encore «C'est quoi, ce bordel?» Toutes ces questions sont des affirmations basées sur une hypothèse, une conclusion ou un jugement sous-jacents. La plupart du temps, il s'agit du jugement que quelque chose ne va pas ou que tu as tort. Il y a une réponse implicite et non pas une possibilité. Demande plutôt : «Quelles sont les possibilités que je n'ai pas encore demandées?» ou «Qu'est-ce que j'ai choisi de créer avec cela et quels autres choix ai-je?» ou «Qu'est-ce qui est juste à mon sujet que je ne vois pas?» ou «Si le choix que quelqu'un fait d'être méchant n'avait rien à voir avec moi, qu'est-ce que je choisirais?» ou «Que faudrait-il pour que je sois prêt à demander une augmentation et que pourrais-je créer pour générer plus d'argent?» ou encore «De quoi suis-je conscient que je n'ai pas encore été prêt à reconnaître?»

Une autre clé pour poser des questions est de garder les choses simples. Ouvrir une porte à une possibilité différente est aussi simple que de s'interroger sur les autres possibilités qui pourraient exister. Si aujourd'hui tu passais ta journée à poser deux questions simples à chaque chose qui se présente : «Quoi d'autre est possible?™» et «Comment est-ce que ça devient encore mieux que ça?™», tu commencerais à inviter une multitude de possibilités et choix que tu n'avais pas lorsque tu ne demandais rien.

« La question va de pair avec le choix, la possibilité et la contribution. »

Lorsque tu poses une question, tu commences à prendre conscience des possibilités et des choix différents dont tu disposes. Lorsque tu fais un choix différent, tu prends conscience d'encore plus de possibilités et de choix. Lorsque tu poses une vraie question, tu permets à l'univers de t'apporter sa contribution.

Pense à l'univers comme à ton meilleur ami et propose-lui de jouer avec toi. Son désir est que tu aies exactement ce que tu demandes et il va contribuer à tout ce que tu crées dans ta vie.

L'univers n'a pas de point de vue sur ce que tu choisis. Si tes choix montrent une préférence pour la lutte, les limitations et pas d'argent, c'est ce que l'univers va te donner. Si tu commences à demander sa contribution de manière joueuse et curieuse, il va te montrer l'énergie, les possibilités et les choix.

Tes choix et les possibilités que tu choisis montrent à l'univers la direction que tu désires prendre. Qu'est-ce que tes choix montrent? Quels choix différents pourrais-tu commencer à faire maintenant? Es-tu prêt à jouer avec l'univers 24 heures sur 24, 7 jours sur 7?

Si tu désires créer une plus grande conscience de ce qui est possible, demande : «Que puis-je être ou faire de différent chaque jour afin de devenir plus conscient des choix, des possibilités et des contributions qui sont à ma disposition à chaque instant?»

« Commence à demander de l'argent, maintenant! »

La plupart d'entre nous n'ont pas appris à demander de l'argent; surtout pas à haute voix, et surtout pas sans se sentir extrêmement mal à l'aise. Donc, il se peut que tu aies besoin de t'entraîner. Mets-toi devant le miroir et demande : «Puis-je avoir l'argent maintenant s'il te plaît?» Répète-le, encore et encore. Entraîne-toi pendant que tu conduis. N'arrête pas de demander. Lorsque tu as un client duquel tu attends de l'argent ou si quelqu'un te doit de l'argent sur une facture, demande-leur : «Comment aimeriez-vous régler?» Il est possible que tu te sentes mal à l'aise au début, mais il faut que tu commences à demander sinon tu ne pourras pas recevoir !

Et si tu étais tout à fait à l'aise pour demander de l'argent à n'importe qui, n'importe quand ? Quelle liberté et quel sentiment de paix est-ce que cela te procurerait de choisir ce qui fonctionne pour toi ? À quel point est-ce que tu pourrais t'amuser à demander que l'argent se présente de toutes sortes de façons ?

« Pour inviter l'argent, utilise des questions tous les jours. »

Voici une liste de très bonnes questions à poser tous les jours pour inviter plus d'argent dans ta vie :

- *Quoi d'autre est possible que je n'ai pas encore demandé ?*
- *Quelles sont les possibilités que je n'ai pas encore mises en place ?*
- *Si je choisissais ma réalité financière, que choisirais-je ?*
- *Comment est-ce que j'aimerais que soit ma réalité financière ? Que devrais-je être ou faire de différent afin de créer cela ?*
- *Que puis-je être ou faire de différent maintenant afin de générer plus d'argent immédiatement ?*
- *Sur quoi puis-je porter mon attention aujourd'hui qui va augmenter mes flux d'argent ?*
- *Que puis-je ajouter à ma vie maintenant afin de créer plus de revenus et de création immédiatement ?*
- *Qui ou quoi d'autre pourrait contribuer à ce que j'aie plus d'argent dans ma vie ?*
- *Où puis-je utiliser mon argent pour qu'il me rapporte plus ?*
- *Si l'argent n'était pas le problème, que choisirais-je ?*

- *Qu'est-ce que je peux faire aujourd'hui pour changer ma réalité financière ?*

- *Si je choisissais juste pour moi, juste pour m'amuser, qu'est-ce que je choisirais ?*

- *Qui d'autre ? Quoi d'autre ? Où d'autre ?*

- *Et souviens-toi... Puis-je avoir l'argent maintenant s'il te plaît ?*

Rappelle-toi qu'avoir de l'argent dans ta vie c'est créer une vie et toute une réalité financière qui fonctionnent pour toi. Commence à poser ces questions tous les jours et note les différences qui commencent à apparaître. Peut-être que des possibilités inattendues vont apparaître, peut-être vas-tu remarquer que tu es moins réactif dans certaines situations que tu ne l'étais auparavant ou que les gens autour de toi commencent à changer. Quoi que ce soit, prends-en note et reconnais-le, sois-en reconnaissant et ne tire pas de conclusion à ce sujet. Continue à poser des questions. Peu importe ce qui se présente, demande plus, demande plus grand. Et si poser des questions devenait tellement naturel pour toi que tu devenais une invitation sur pattes invincible pour les possibilités avec l'argent ?

Chapitre 6

Sache exactement de combien d'argent tu as besoin pour vivre, joyeusement !

Lorsque les gens me demandent comment se débarrasser de leurs dettes et avoir tout l'argent qu'ils désirent, la première question que je leur pose est la suivante : « Sais-tu exactement combien d'argent il te faut générer chaque mois pour que tu puisses rembourser tes dettes ? La plupart des gens ont tendance à créer des dettes parce qu'ils ne sont pas vraiment conscients de combien ils ont besoin pour vivre la vie qu'ils souhaitent. J'encourage les gens à poser la question suivante : « Qu'est-ce qui est requis pour augmenter mon revenu mensuel ? Que faudrait-il pour que mes revenus soient plus élevés que mes dépenses ? »

Voici quelque chose que je recommande fortement que tu fasses : regarde précisément combien ta vie te coûte. Si tu as un business, fais la même chose pour ton business : regarde combien ton business te coûte.

Si tu as un compte de profits et pertes ou une sorte de bilan de ton comptable, utilise-le pour déterminer ce que ton business et ta vie te coûtent chaque mois. Sinon, note toutes tes dépenses et frais. Note le montant de tes factures d'électricité et autres, combien ta voiture et ta maison te coûtent, le montant de ton loyer, de ton remboursement de prêt immobilier, des frais de scolarité de tes enfants, etc. Note tout.

Simone Milasas

Ensuite, fais la somme de toutes tes dettes actuelles. Si tes dettes s'élèvent à moins de 20 000 $, divise le montant par 12 et ajoute-le à ton coût de vie mensuel. Si tes dettes s'élèvent à plus de 20 000 $, divise par 24 ou plus si tu le souhaites. Inclus le montant dans ta liste (c'est le montant que tu demandes de pouvoir rembourser chaque mois).

Ensuite, note combien te coûtent tes loisirs et les choses que tu aimes faire. Si tu aimes recevoir un massage tous les mois ou toutes les deux semaines, inclus-le. Si tu vas régulièrement chez le coiffeur ou chez l'esthéticienne pour un soin du visage, note-le. Combien dépenses-tu en vêtements, chaussures et livres ? Que dépenses-tu lorsque tu sors au restaurant ? Note tout. Si tu souhaites voyager davantage, aller voir ta famille ou partir en vacances deux fois par an, ajoute-le aussi. J'aime avoir en permanence quelques bouteilles de très bon vin ou de champagne dans mon réfrigérateur, alors je m'assure de les inclure lorsque je fais la liste de mes dépenses mensuelles.

Une fois que tu as noté tout ça, calcule la somme totale. Ajoute à cette somme 10 % de tout ce que tu gagnes, rien que pour toi. Ce sera ton compte des 10 %. Dans le chapitre suivant, je vais t'expliquer pourquoi créer un compte des 10 % est un outil incroyable et essentiel, mais pour l'instant, assure-toi de mettre de côté 10 % de chaque dollar que tu gagnes. Et puis, ajoute 20 % de plus, juste pour le plaisir, parce qu'on ne sait jamais ce qui peut arriver et l'idée est que tu sois prêt à tout et que tes choix ne soient pas limités.

Quelle est la somme totale ? C'est le montant réel dont tu as besoin pour vivre tous les mois. Si tu es comme la plupart des gens, ce montant est généralement plus élevé que ce que tu gagnes actuellement.

La première fois que j'ai fait cette somme, le montant d'argent dont j'avais besoin pour créer ma vie était le double de ce que je gagnais réellement. Cela m'a dépassée et je me suis dit : «Oh ! Je ne pourrais jamais gagner autant d'argent !» Mais je ne suis pas restée comme ça. J'ai exigé de moi-même que, peu importe ce que cela demandait, j'allais créer cette somme d'argent et plus et, au lieu de paniquer, j'ai demandé : «Que faudrait-il pour créer cela et plus, avec aisance totale?» Je gagne maintenant beaucoup plus d'argent que le montant initial choquant que j'avais trouvé. Je fais cela tous les six mois maintenant. Ma vie change tout le temps, donc mes dépenses ont changé et je désire avoir une conscience totale de ce que je suis en train de créer afin de pouvoir exiger que plus se présente.

Cet exercice ne consiste pas à essayer de réduire tes dépenses ou de te limiter d'une manière ou d'une autre. Lorsque la plupart des comptables examinent tes chiffres, ils disent : «Tes dépenses sont trop élevées. Elles sont supérieures à ton revenu. Qu'est-ce que nous pouvons enlever?» Ce n'est pas mon approche. Mon point de vue est le suivant : Que peux-tu ajouter d'autre à ta vie? Quoi d'autre peux-tu créer? C'est pour ça que je te conseille aussi de faire cet exercice tous les six à douze mois, car à mesure que ta vie change, tes dépenses, tes désirs et tes besoins financiers vont également changer.

Et si cela était le début de ton univers financier infiniment en expansion? Il faut que tu te fasses le cadeau d'être conscient de là où tu es et de là où tu aimerais être de manière très précise; sans cela, tu ne peux pas faire le pas suivant, parce que tu resteras toujours inconscient de l'état de tes finances.

Et si tu faisais cela pour augmenter ta conscience? Et si tu le faisais pour le plaisir? Et si tu le faisais juste pour prendre conscience de ce que tu désires avoir plus dans ta vie, et pour voir ce que tu pourrais créer d'autre? Et si tu sortais du traumatisme et drame du manque d'argent et que tu commençais à créer une réalité totalement différente? C'est ta vie. C'est toi qui la crées. Es-tu satisfait de ce que tu crées actuellement ou aimerais-tu le changer?

Chapitre 7

Aie de l'argent

Dans le chapitre deux de ce livre, j'ai dit qu'il te faut être prêt à avoir de l'argent si tu désires créer ta réalité financière et j'ai parlé de ce que cela commence à créer dans ta vie quand tu es prêt à avoir de l'argent.

Te permettre d'avoir réellement de l'argent crée une sensation continue d'abondance et de richesse dans ta vie. Cette sensation va contribuer à ce que tu crées un avenir financier plus grand.

J'ai une drôle d'obsession avec l'eau ; j'aime avoir toujours une bouteille d'eau avec moi. Je dis souvent que j'ai dû mourir de soif dans une vie passée, parce que j'ai remarqué que, chaque fois que j'ai de l'eau avec moi, je n'ai pas soif, même si je n'en bois pas ! Si je n'ai pas d'eau avec moi, alors je commence à avoir soif. Et si c'était la même chose avec l'argent ? Et si avoir de l'argent créait un sentiment de paix avec l'argent qui te permet d'aller au-delà de tout sentiment de manque ?

Comment commencer à avoir plus d'argent dans ta vie et à créer ce sentiment de richesse et d'abondance ?

Tu peux commencer à avoir de l'argent dans ta vie de trois façons différentes. Ce sont des outils simples mais efficaces d'Access Consciousness, et certains des premiers outils que j'ai commencé à utiliser pour changer ma propre réalité financière (eh oui, je leur ai résisté d'abord et puis j'ai réalisé qu'il ne pouvait rien se passer de grave si j'essayais). Utilise-les et vois ton argent s'accroître dans ta vie, maintenant et à l'avenir. Je te conseille plus que vivement de les utiliser tous pendant au moins six mois et de voir ce qui change pour toi.

OUTIL #1 POUR AVOIR DE L'ARGENT : LE COMPTE DES 10 %

Voici le premier outil important que j'aimerais te donner : mets 10 % de tout ce que tu gagnes de côté; 10 % de chaque dollar, euro, livre sterling ou n'importe quelle devise que tu crées. Tu ne mets pas ça de côté pour payer tes factures. Tu ne les gardes pas non plus pour les mauvais jours. Ce n'est pas pour quand tu n'as plus d'argent. Ce n'est pas pour payer une grosse facture à venir. Ce n'est pas pour aider un ami. Ce n'est pas pour acheter des cadeaux de Noël. Ce n'est pour aucune de ces choses !

C'est pour t'honorer toi !

Les gens disent : «J'ai des factures à payer! Comment puis-je mettre 10 % de mes revenus de côté? Il faut d'abord que je paye mes factures.» Mais voilà le truc : si tu payes tes factures en premier, tu auras toujours plus de factures. Lorsque tu payes tes factures en premier, l'univers dit : «Oh, d'accord. Cette personne souhaite honorer ses factures. Donnons-lui d'autres factures.» Si tu t'honores en mettant d'abord 10 % de côté, l'univers dit : «Oh, il est prêt à s'honorer lui-même. Il est prêt à en avoir plus», et il répond à cela et t'en donne davantage.

Mettre 10 % de côté, c'est te faire un cadeau. C'est toi qui as de la gratitude pour toi-même.

Quand j'ai commencé à mettre 10 % de côté, je le faisais — à contrecœur — parce que Gary avait suggéré de le faire. Le compte des 10 % ne va pas fonctionner si tu le fais à partir du point de vue «Ce livre ou cette personne dit de le faire». Il faut que tu le fasses pour toi. Il faut que tu le fasses pour changer l'énergie que tu as autour des finances et de l'argent. Ne le fais pas seulement parce que je l'ai dit et que tu l'as lu ici dans ce livre. Commence à exiger de créer une réalité différente.

Pose la question suivante : « Que faudrait-il pour que ce soit un choix pour moi et non une nécessité ? » Quelle est la pire chose qui puisse arriver ? Que tu dépenses tes 10 % ? Tu ne peux pas le faire à partir du point de vue que tu vas les dépenser. Trois ou quatre mois après avoir démarré mon compte des 10 %, l'énergie de l'argent a changé pour moi. Je n'avais plus cette panique que j'avais au sujet de l'argent. Combien d'entre vous sont paniqués ou stressés au sujet de l'argent et pour combien d'entre vous est-ce devenu normal ? Si tu regardes l'énergie de ça, c'est contractif ; c'est comme organiser une fête déprimante à laquelle l'argent ne souhaite pas venir. L'argent suit la *joie*. La joie ne suit pas l'argent.

Je te conseille de commencer aujourd'hui. Même si tu as toute une pile de factures à payer. Même si tu n'as que 100 $ dans ton portefeuille et que tu es en train de penser aux courses qu'il faut que tu fasses, etc. Commence aujourd'hui. Ce n'est pas logique ni linéaire. Tu peux faire des calculs, mais ce n'est pas calculable. Énergétiquement, l'univers commence aussi à contribuer pour toi et tu commences à avoir de l'argent qui se présente dans les endroits les plus aléatoires.

Quelqu'un me racontait qu'elle mettait de l'argent dans son compte des 10 % et puis que lorsqu'elle avait des factures, elle utilisait cet argent pour les payer. Elle disait : « Je paye toutes mes factures tous les mois, ce qui est formidable, mais je veux changer mes priorités. Je veux que mon compte des 10 % ait la priorité et non plus mes factures ; et que cet argent reste là, afin de m'honorer moi-même. » Elle m'a demandé : « Comment puis-je arrêter de me retrouver à court d'argent avant l'arrivée de mon prochain salaire ? »

Je lui ai dit : « Ma question serait : combien de conclusions que tu ne vas pas avoir assez d'argent pour payer tes factures si tu ne te sers pas du compte des 10 % as-tu adoptées ? »

89

Le point de vue logique est peut-être le suivant : « Eh bien, il faut que je paye mes factures, et le seul argent que j'ai est l'argent dans mon compte des 10 %, donc il faut que je m'en serve. » Je te demande de ne *pas* fonctionner à partir du point de vue logique. C'est là que le choix entre en jeu. Je t'invite à avoir le courage d'avoir l'exigence suivante : « Tu sais quoi ? Je ne dépense pas ce qu'il y a sur mon compte des 10 %. » et à découvrir ce que tu peux créer d'autre.

Une fois, le solde dû sur l'une de mes cartes de crédit était extrêmement élevé. J'avais sur mon compte des 10 % trois fois le montant dû donc je savais que je pouvais rembourser le solde de ma carte si je le voulais. Je ne l'ai pas fait. Au lieu de cela, j'ai regardé quelle énergie cela créerait pour moi si j'utilisais l'argent de mes 10 %. J'ai perçu cette énergie, et puis j'ai regardé ce que cela créerait si je ne le faisais pas et exigeais plutôt que je crée et génère l'argent nécessaire pour rembourser mes cartes de crédit. Pour moi, cette deuxième énergie de créer plus afin de rembourser mes dettes de cartes de crédit me semblait beaucoup plus amusante.

Donc, c'est ce que j'ai choisi.

OUTIL #2 POUR AVOIR DE L'ARGENT : AIE SUR TOI AUTANT D'ARGENT LIQUIDE QU'UNE PERSONNE RICHE AURAIT SUR ELLE

À quel point ta façon de voir ta vie serait-elle différente si, à chaque fois que tu ouvrais ton portefeuille ou ton porte-monnaie, tu voyais une grosse liasse d'argent plutôt que beaucoup de vide et quelques reçus froissés ? Et si tu avais du plaisir à avoir de l'argent là-dedans ? Aie sur toi autant d'argent liquide que ce que tu penses qu'une personne riche aurait sur elle.

Je voyage beaucoup, donc ça m'amuse vraiment d'avoir mon argent dans différentes devises. J'ai aussi une pièce d'or dans mon porte-monnaie. Cela me rend heureuse de la savoir là. Cela me donne une sensation d'abondance avec l'argent. Ça marche pour moi. Qu'est-ce qui fonctionnerait pour toi? Qu'est-ce qui serait amusant pour toi? Qu'est-ce qui te donne une sensation de richesse?

J'aime avoir au moins 1 000 $ sur moi en permanence. J'aime avoir une bouteille d'eau avec moi en permanence. J'aime avoir une bouteille de vin au frais à la maison. Ces choses me rendent heureuse; elles sont joyeuses pour moi. Elles me donnent le sentiment que je crée ma vie. Qu'est-ce qui te donne le sentiment que tu crées ta vie et qui, si tu le choisissais vraiment, créerait une réalité financière différente pour toi aussi?

Certaines personnes rechignent à l'idée, en pensant : «Et si je me fais agresser ou si je perds mon portefeuille ou mon sac à main?» J'avais une amie qui avait environ 1 800 $ sur elle en permanence et qui a perdu son sac à main. Ce n'était pas très agréable pour elle à l'époque, mais depuis, elle est beaucoup plus prête à être consciente de son argent! Si tu crains que quelque chose de ce genre se produise pour toi, ma question serait : «Combien d'argent as-tu besoin d'avoir sur toi afin d'être prêt à en être conscient à tout moment?» Lorsque tu te promènes avec une assez grosse somme d'argent, tu deviens tout d'un coup prêt à être beaucoup plus conscient de ton argent; tu deviens conscient de l'endroit où il se trouve et de ce dont tu dois être conscient pour ne pas qu'il soit volé ou perdu. Si tu évites d'avoir de l'argent sur toi ou dans ta vie parce que tu penses que tu vas le perdre ou qu'il te sera volé, tu ne te permettras jamais d'avoir de l'argent. Tu dois être prêt à avoir de l'argent et tu dois être prêt à en profiter sans point de vue.

OUTIL #3 POUR AVOIR DE L'ARGENT : ACHÈTE DES CHOSES DE VALEUR INTRINSÈQUE

J'ai acheté beaucoup d'or et d'argent avec mon compte des 10 % et c'est amusant pour moi. Chez moi, j'ai un coffre-fort dans lequel j'en garde une grande partie. Si jamais j'ai l'impression de ne pas avoir d'argent, je vais regarder dans le coffre-fort et je me rends compte que j'ai de l'argent. C'est le genre de choses que le compte des 10 % peut faire pour toi.

Acheter des articles de valeur intrinsèque (ce qui signifie que par la nature de leur matériau, ils ont une valeur monétaire) est un moyen d'avoir de l'argent et d'avoir aussi des articles liquides dans ta vie (liquide signifie facile à vendre pour de l'argent) qui vont garder ou augmenter leur valeur au fil du temps. L'or, l'argent ou le platine peuvent être achetés en onces, kilos ou pièces de monnaie. L'achat d'antiquités ou de bijoux anciens peut aussi être un bon investissement. Ils conservent leur valeur au fil du temps, contrairement aux meubles modernes ou aux bijoux fantaisie qui peuvent paraître beaux, mais perdent immédiatement une grande partie de leur valeur au détail une fois achetés. Par exemple, les couverts en argent massif sont de grands actifs liquides, car ce sont des articles esthétiquement beaux que tu peux réellement utiliser et qui contribueront à créer un sentiment de richesse et de luxe dans ta vie. N'est-il pas plus agréable de boire du champagne dans un verre en cristal ou une coupe en argent massif plutôt que dans du verre normal ou du plastique ? Je sais que ça l'est pour moi !

Tu n'as pas non plus besoin d'avoir des milliers et des milliers de dollars sur ton compte des 10 % pour commencer à acheter des choses de valeur intrinsèque. Tu peux commencer par acheter une cuillère à café en argent pour remuer ton café. Assure-toi juste que, quoi que tu fasses ou quoi que tu achètes, tu le fasses en fonction de ce qui est joyeux pour *toi*. Renseigne-toi sur les choses de valeur qu'il te ferait plaisir d'avoir dans ta vie.

J'ai également acheté des diamants et des perles avec mon compte des 10 %. Je me suis toujours assurée qu'il y avait assez d'argent liquide dans mon compte des 10 % afin d'avoir toujours cette sensation de paix et le sentiment que j'ai de l'argent.

Combien d'argent faudrait-il que tu aies dans ta vie pour avoir un plus grand sentiment de paix et d'abondance avec l'argent ? Et que pourrais-tu ajouter d'autre à ta vie afin de créer un sens de l'esthétique, de l'abondance, du luxe et de la richesse qui élargit toutes les facettes de ta vie ?

Chapitre 8

Reconnais-toi

Si tu désires que ta vie et tes flux monétaires deviennent plus faciles et plus joyeux, il va falloir que tu sois prêt à te reconnaître. Lorsque tu ne reconnais pas ce qui est réellement vrai pour toi, tu te diminues. Si tu ne reconnais pas que tu as déjà créé quelque chose dans ta vie, tu le détruis afin de croire que tu n'as rien accompli, et tu repars en arrière et recommences à zéro. Un moyen beaucoup plus facile d'avancer dans la vie est de reconnaître ce qui est réellement, de reconnaître ce que tu as accompli, d'ouvrir les yeux sur ta grandeur et de ne pas rejeter les choses que tu as créées et changées. C'est très important, surtout quand tu utilises ces outils et que tout commence à changer pour toi. Il faut que tu te reconnaisses, il faut que tu reconnaisses ce qui se présente, même si cela se révèle de manière très différente de ce que tu pensais.

Tu peux commencer à te reconnaître plus efficacement de trois façons :

1. Reconnais la *valeur* de toi
2. Reconnais ce qui est *facile* pour toi de faire et d'être
3. Reconnais ce que tu *crées*

> « N'attends pas que les autres
> reconnaissent ta valeur. »

Attends-tu que les autres te reconnaissent pour enfin savoir que ce que tu as à offrir a de la valeur ? Et si tu reconnaissais toi-même ta valeur, peu importe ce que les autres pensent? La plupart des gens ne peuvent même pas te voir pour te reconnaître, parce qu'ils ne peuvent pas se voir ni se reconnaître eux-mêmes! Si tu es prêt à voir la grandeur de toi, si tu es prêt à te reconnaître, tu pourras voir la grandeur des autres et tu pourras les inviter à la voir eux aussi, juste en étant toi.

Peut-être penses-tu que si seulement tu pouvais trouver la bonne relation, recevoir plus de reconnaissance dans ton travail ou obtenir de tes parents exigeants qu'ils te reconnaissent enfin, tu aurais enfin l'impression d'avoir de la valeur. Cela ne marche pas car, en vérité, personne d'autre que toi ne peut vraiment te donner cela. Si tu ne reconnais pas déjà ta valeur dans ta propre vie, peu importe combien de personnes vont te dire à quel point tu es merveilleux, cela ne va pas pénétrer ton monde. Il faut d'abord que tu voies ta propre valeur. Il devient ensuite plus facile de percevoir et de recevoir la reconnaissance des autres. Et si tu démarrais chaque journée en te demandant : «Qu'est-ce qui est merveilleux à mon sujet que je n'ai jamais reconnu?» ou «Qu'est-ce que j'ai refusé de reconnaître à mon sujet qui, si je le reconnaissais, rendrait ma vie plus aisée et plus joyeuse?»

Tu dois savoir que tu es le produit de valeur dans ta vie — pas parce que d'autres personnes te le disent, mais juste parce que tu le sais. Il se pourrait que ce soit l'une des choses les plus difficiles à faire au début, parce qu'afin de vraiment reconnaître ta valeur, tu dois renoncer à te juger. Tu dois être reconnaissant, tu dois être honnête avec toi et tu dois recevoir ta propre grandeur sans aucune barrière.

Il se peut qu'au début, tu aies besoin de te forcer à voir ta valeur. Achète un cahier et note les choses pour lesquelles tu es reconnaissant à ton sujet — ajoute au moins trois choses différentes chaque jour. Exige de percevoir, savoir, être et recevoir la grandeur de toi avec plus d'aisance. Engage-toi envers toi, et sois là pour toi tout au long de ce processus.

« Qu'est-ce qui est facile pour toi et que tu n'as jamais reconnu ? »

Chacun a un domaine de la vie où il fait les choses avec aisance, sans y penser et sans trouver ça difficile. Il le fait tout simplement. C'est super facile. As-tu un jugement sur les choses que tu trouves faciles dans la vie, par exemple conduire une voiture ? Ou reconnais-tu simplement que tu es un excellent conducteur et que tu peux gérer n'importe quoi et que tu peux tout simplement être et choisir ça ?

Tout le monde a quelque chose (et la plupart du temps, même plusieurs choses) qu'il trouve vraiment facile à être ou faire. Si tu trouves quelque chose comme ça dans ta vie, tu constateras sans doute aussi que tu n'as aucun jugement à ce sujet ni aucun jugement de toi et de la façon dont tu le fais. Et tu ne te compares sans doute à personne d'autre en ce qui concerne ta façon de le faire. Tu le fais juste ; tu l'es juste ! Et si tu prenais maintenant cette énergie et demandais : «Qu'est-ce qu'il faudrait pour que je sois aussi cette énergie avec l'argent ?»

Le business est l'une de ces choses faciles pour moi. J'aime vraiment ça. Pour moi, le business est l'une des choses les plus créatives que tu puisses faire. Je ne juge pas ce qui se passe dans les affaires, je fais juste un nouveau choix. Même quand un business n'a pas marché, cela ne m'a jamais dérangée au point de me juger pour ça. Je n'ai pas réalisé que c'était un point de vue tellement différent jusqu'à ce que je discute avec un ami d'un collègue qui faisait ce que je considérais comme un choix insensé avec son business ; il faisait un choix dans lequel il n'y avait pas de joie pour lui. Mon ami m'a dit : «Simone, personne ne fait du business pour la joie !», ce qui m'a totalement choquée. Il a fallu que je reconnaisse que j'étais vraiment différente. Jusqu'à ce moment-là, je pensais que tout le monde faisait du business pour la joie.

Réaliser que les affaires étaient faciles et amusantes pour moi, mais pas nécessairement pour les autres m'a permis de commencer à voir où je pouvais contribuer aux autres en les invitant à avoir de la joie dans leur business. J'ai ouvert la porte à plus de création dans ma vie — plus de joie, plus d'aisance, et plus d'argent! Mon business «Joy of Business» a pu être créé et il contribue à ce que des milliers de personnes dans le monde entier aient une autre possibilité avec les affaires. Il y a chaque jour des gens qui me contactent pour me dire à quel point ils sont reconnaissants envers les facilitateurs de la Joie du business, les classes et les livres. Voilà comment nous pouvons tous être puissants dans le monde, simplement en étant nous-mêmes et en étant prêts à reconnaître les domaines dans lesquels nous sommes à l'aise et à créer avec.

Qu'est-ce qui est facile à faire pour toi? Qu'est-ce que tu trouves facile et dont tu penses que cela n'a pas de valeur? Nous ne valorisons pas souvent ce qui est facile pour nous, parce que nous croyons que tout ce qui vaut vraiment la peine d'avoir est difficile à obtenir. Ou nous pensons que c'est juste facile pour nous parce que c'est facile pour tout le monde. Aucun de ces points de vue n'est vrai. Si c'est facile pour toi, ce n'est pas parce que tout le monde peut le faire ou parce que ça n'a pas de valeur, c'est parce que tu es toi et que tu as une capacité dans ce domaine.

Commence à écrire les choses que tu trouves faciles et examine-les bien. Perçois l'énergie de comment c'est de faire ces choses qui sont faciles. Reconnais à quel point tu es brillant!

Maintenant, que se passerait-il si tu demandais que cette énergie apparaisse dans tous les domaines où tu as décidé que ce n'était pas si facile? Si tu prends conscience de cette énergie et que tu lui demandes de croître dans ta vie, elle peut et va le faire Si tu ne reconnais pas cette énergie, tu ne peux pas choisir d'en avoir davantage.

Et si c'était aussi simple que ça ? La seule façon de le savoir est d'essayer et de voir ce qui se passe. Qu'est-ce que tu attends ? Que peux-tu reconnaître d'autre à ton sujet dont tu ne pensais pas que cela avait de la valeur ?

« *Est-ce que tu reconnais tes créations ou est-ce que tu les rejettes ?* »

J'avais une amie dont les parents lui disaient tout le temps : « L'argent ne pousse pas sur les arbres, tu sais ! » Ils possédaient un verger. Pour eux, l'argent poussait en effet sur les arbres. Mais ils ne s'en rendaient pas compte. Ils ne pouvaient pas recevoir la joie de faire partie de ces quelques personnes dans le monde pour qui l'argent poussait réellement sur les arbres.

En ce qui concerne la création de l'argent, combien de fois est-ce que tu juges ou refuses la quantité d'argent qui se présente ou ne se présente pas dans ta vie, plutôt que de ramasser chaque dollar, le reconnaître et dire : « Oh waouh ! C'est trop cool ! À quel point est-ce qu'on va pouvoir s'amuser ? »

Récemment, un de mes amis a gagné 20 000 $ en misant 200 $ sur une course de chevaux célèbre en Australie. J'étais tellement excitée pour lui. Quand j'ai discuté de ça avec lui, il s'est tout de suite demandé à qui il pouvait donner l'argent et ce qu'il pouvait acheter. Je lui ai demandé : « Et si tu recevais juste cette création géniale ? Et si tu pouvais juste avoir cet argent ? » Ce n'était ni bien ni mal qu'il veuille le donner ou le dépenser. Mais il n'avait pas vraiment pris le temps de se reconnaître lui et ce qu'il avait créé. Note l'énergie et le sens de la possibilité qui seraient créés dans ta vie avec une reconnaissance telle que : « J'ai créé quelque chose de vraiment génial aujourd'hui. Et si je recevais vraiment cet argent dans ma vie, et si j'éprouvais une gratitude totale pour cet argent, et pour moi? Et si j'appréciais vraiment ma création? À quel point puis-je m'amuser et que puis-je créer d'autre maintenant?»

Nous ne nous permettons pas vraiment de nous émerveiller de notre capacité à créer. Et si tu pouvais faire ça avec chaque dollar qui se présente — avoir une gratitude et une reconnaissance totales envers toi-même? Lorsque tu apprécies ta capacité à créer, davantage va se présenter à toi.

Combien de choses crées-tu réellement dans ta vie que tu rejettes? Et si tu pouvais être totalement présent à tout ce qui se passe et tout ce qui est créé dans ta vie et recevoir tout cela, avec gratitude?

Chapitre 9

Fais ce que tu aimes

Tout au long de ma vie, j'ai remarqué qu'il y avait des gens qui faisaient des choses pour l'argent et d'autres qui les faisaient pour créer quelque chose de différent dans le monde.

Par exemple, je connais quelqu'un qui a beaucoup de créativité et de capacités dans son univers, mais elle n'arrête pas de dire : «Eh bien, si je fais cela, je veux telle somme d'argent. C'est ça que j'exige.» Et ce n'est pas une petite somme. Elle exige beaucoup avant même d'avoir fait quoi que ce soit. Elle ne créera rien tant que quelqu'un n'acceptera pas de lui verser une grosse somme d'argent sans savoir ce dont elle est capable. Je voulais lui demander : «Pourquoi ne pas simplement créer et voir ce qui se passe?» Il ne s'agit pas de croire que tu ne peux pas gagner beaucoup d'argent ou de présumer que tu ne dois pas être payé beaucoup quand tu démarres quelque chose de nouveau. Et si tu ne laissais jamais rien t'empêcher de faire ce que tu aimes? Et si tu le faisais de toute façon, quel que soit l'argent que tu gagnes?

Ne crée pas pour l'argent; commence à créer et à permettre à l'argent de se présenter. Et quand il se présente, célèbre-le. Sois reconnaissant.

Et ne t'arrête pas là; continue à ajouter à ta vie. Inclus plus de ce que tu aimes faire. Et continue à inviter l'argent à venir jouer!

« Est-ce que tu fais ce que tu aimes ? »

L'une de mes amies qui est esthéticienne demandait à créer plus de sources de revenus. Je lui ai demandé : «Qu'est-ce que tu aimes faire ?» Elle a dit : «J'adore conduire. »

Elle habite en Californie ; les autoroutes sont à huit voies et il y a énormément de circulation, mais elle adore conduire. J'ai commencé à l'embaucher pour qu'elle vienne me chercher à l'aéroport de Los Angeles pour m'emmener à Santa Barbara. C'est vraiment agréable d'avoir quelqu'un qui vient te chercher à l'aéroport après un vol de quatorze heures. Elle a maintenant trois autres clients. Elle fait quelque chose qu'elle aime et elle a créé une autre source de revenus. Beaucoup de gens diraient : «J'aime conduire, mais comment cela va-t-il me rapporter de l'argent ? Je ne veux pas être chauffeur de taxi !» au lieu de simplement regarder ce qu'ils aiment et être prêts à créer quelque chose de joyeux pour eux, comme mon amie esthéticienne. Il s'agit du choix, de la possibilité et de la volonté de recevoir.

Commence à regarder les choses que tu aimes faire. Sors un bloc-notes et commence à écrire tout ce que tu aimes faire. Peu importe ce que c'est. Cuisiner, jardiner, lire, promener le chien, parler aux gens. Ne regarde pas si c'est quelque chose qui a de la valeur dans le monde (car, comme nous le savons déjà, si c'est facile et amusant pour toi, tu as tendance à supposer automatiquement que cela n'a aucune valeur). Note-le tout simplement. Si c'est quelque chose qui est amusant pour toi, si cela te fait plaisir, mets-le sur la liste. Continue à y ajouter des choses au cours des jours et des semaines prochaines. Ensuite, regarde cette liste — fais-tu assez de choses que tu aimes ? Rappelle-toi — l'argent suit la joie ! Commence aussi à poser la question : «Avec lequel de ces éléments pourrais-je créer immédiatement des sources de revenus ?» et vois si une chose — ou plusieurs — te sautent aux yeux. Et si ces choses faciles et amusantes pour toi étaient réellement ce qui pourrait te faire gagner plus d'argent que tu peux imaginer ? Qu'est-ce qu'il faudrait que tu fasses, à qui est-ce qu'il faudrait que tu parles et où est-ce qu'il faudrait que tu ailles pour commencer à créer tout de suite cela comme une réalité ? Et à quel point est-ce que tu pourrais t'amuser à créer ?

« Qu'est-ce que tu peux ajouter d'autre ? »

The Penny Capitalist de James Hester est l'un de mes nouveaux livres préférés sur la création de la richesse. Hester ne dit pas : « Réduis tes dépenses. » Il ne dit pas : « Arrête de dépenser. » Il demande : « Comment peux-tu créer plus d'argent avec l'argent que tu gagnes ? » La plus grande partie du livre montre comment générer de l'argent à partir de l'argent que tu as, que ce soit cinq dollars, cinquante dollars, cinq mille dollars ou cinquante mille dollars.

Gary Douglas est génial à ce sujet. Access Consciousness est une entreprise internationale d'envergure et lors de ses voyages à travers le monde, il adore acheter des antiquités et des beaux bijoux afin de les revendre dans son magasin d'antiquités à Brisbane. C'est une autre source de revenus pour lui. Il gagne de l'argent avec ça parce que c'est quelque chose d'amusant pour lui et qu'il est très doué.

Combien de sources de revenus pourrais-tu créer aujourd'hui ? Tu n'es pas obligé d'être sur une seule voie. Tu peux avoir plusieurs sources et plusieurs voies en cours. Et si tu pouvais en créer autant que tu voulais ? Et si tu pouvais gagner de l'argent avec l'argent que tu as déjà ? Actuellement, j'ai plusieurs sources de revenus. Je suis la coordinatrice mondiale d'Access Consciousness, j'ai la société Joy of Business avec un livre en 12 langues, des classes, des téléconférences et des sessions privées. J'ai également un portefeuille d'actions qui croît rapidement et à ce jour, mon partenaire et moi avons une propriété sur Noosa River, en Australie. Pour le plaisir, nous avons également investi dans deux chevaux de course avec Gai Waterhouse (l'un des meilleurs entraîneurs d'Australie). Au fond, il n'y a aucune limite au montant des sources de revenus que tu peux demander. Que faudrait-il pour que tu les reçoives et que tu t'amuses ?

Combien de fois refuses-tu la création d'argent parce que tu as décidé : « Ce n'est pas assez. » ou « C'est trop difficile. » ou encore « Ce n'est pas la voie sur laquelle je suis. » ? Et si cela n'avait aucune importance ? Si c'est amusant pour toi, c'est approprié. La joie te mènera plus loin dans la vie que tu ne l'as jamais imaginé.

Si tu souhaites avoir plus de clients dans ton business ou si tu t'ennuies dans ce que tu fais, pose la question : « Que puis-je ajouter d'autre ici ? » J'ajoute toujours quelque chose d'autre qui m'intéresse. Parce que la plupart du temps nous n'aimons pas faire toujours la même chose. Nous n'aimons pas la répétition. Pour la plupart d'entre nous, lorsque nous n'avons pas assez de choses qui se passent, nous nous ennuyons ou nous sommes débordés. Comment peux-tu t'ennuyer et être débordé ? Cela peut sembler étrange, mais beaucoup de gens avec lesquels je parle sont exactement dans cette situation. Ils ont l'impression d'être submergés par tout ce qui se passe dans leur vie et en même temps, ça les ennuie profondément. La réaction automatique que la plupart des gens ont quand cela arrive est d'essayer de réduire ou de simplifier. Mais est-ce que ça a déjà réellement servi à quelque chose ? Et si tu essayais quelque chose de différent ? Si tu penses que tu as trop de choses en cours, tu as tort. Tu dois en avoir deux ou trois fois plus. Quoi d'autre peux-tu créer ?

Si tu commences à ajouter plus de choses à ta vie, surtout si tu crées avec les choses que tu aimes, l'ennui et le débordement commencent à disparaître et la vie devient une joyeuse aventure.

Quand j'ai commencé en tant que coordinatrice mondiale d'Access Consciousness, nous étions dans cinq pays. Huit à dix ans plus tard, nous étions dans 40 pays et maintenant dans 173. Bien des fois, j'aurais pu décider que c'était trop ou que j'étais débordée, mais je me suis rendu compte que si j'étais prête à avoir une vue d'ensemble du business et à poser des questions sur ce que je pouvais y ajouter et quoi et qui d'autre pourrait y contribuer, je saurais quel était le prochain choix à faire.

Quand il s'agit d'un projet ou d'une partie de ta vie dans lesquels tu as tendance à te sentir dépassé, entraîne-toi à avoir une vue d'ensemble. Pose la question : «Quelqu'un d'autre pourrait-il contribuer à cela?» ou «Quelqu'un d'autre pourrait-il ajouter quelque chose à cela?» ou encore «Quelqu'un d'autre pourrait-il faire ça mieux que moi?» Pose ces questions afin de t'empêcher de te sentir débordé et de créer plus de clarté.

Quand tu penses que tu as trop de choses en cours, pose la question : «Que puis-je ajouter à ma vie pour avoir de la clarté et de l'aisance avec tout cela et plus?» Ajouter à ta vie créera plus de ce que tu désires tandis que retirer des choses de ta vie va faire le contraire.

«Crées-tu différemment des autres?»

Je parlais de la création de nouvelles sources de revenus dans une classe et l'un des participants a dit : «Je vois ce que tu dis et je travaille sur plusieurs sources de revenus pendant que j'écris un livre. Pourtant, je n'arrête pas de penser : "Cette nouvelle chose m'empêche de travailler sur mon livre" ou "Mon livre me distrait des stages que je veux créer."»

C'est une préoccupation commune parce que, dans cette réalité, les gens projettent sur toi qu'il faut que tu finisses une chose avant d'en commencer une autre. Est-ce vrai pour toi? Qu'est-ce qui fonctionne pour toi? Est-ce plus amusant d'avoir plein de choses différentes en cours? Essaye et tu verras!

J'avais un associé qui me disait toujours : «Simone, tu dois finir une chose avant d'en commencer une autre, tu travailles sur trop de choses en même temps. » Et bien sûr, j'ai nié mon savoir et ma prise de conscience et je me suis dit qu'il avait raison, alors j'ai essayé de faire une chose et de la terminer avant d'en commencer une autre et ça me rendait folle. C'était vraiment difficile de travailler de cette façon parce que ce n'est pas ce que je suis et ce n'est pas comme ça que je crée.

Quand j'ai regardé ça, j'ai réalisé que j'aimais vraiment travailler sur au moins 10 ou 20 choses à la fois. C'est joyeux pour moi. J'adore travailler sur toutes ces choses à des moments différents et les laisser frapper à la porte de mon champ de conscience en disant : « Eh, et moi maintenant ? » quand elles reqùièrent mon attention.

Si tu ne jugeais pas que la façon dont tu crées était incorrecte, à quel point est-ce que tu pourrais t'amuser davantage à créer plus ? Et si tu pouvais entrer en relation avec tous tes projets ? Et si tu pouvais avoir plusieurs sources de revenus avec lesquelles tu adores créer ?

La création de plusieurs sources de revenus est un concept important. Si tu as du mal à recevoir ce concept ou si tu penses que cela ne peut pas fonctionner pour toi, s'il te plaît, reviens-y. C'est comme ça que je crée. Et c'est comme ça que je vois tant d'autres personnes incroyables créer. Tu dois être prêt à vivre en dehors de ta zone de confort.

Quelles autres sources de revenus pourrais-tu créer ? Qui ou qu'est ce que tu pourrais ajouter à ta vie qui augmenterait ton revenu ? Une fois de plus, que se passerait-il si la création de nouvelles sources de revenus ne consistait pas à être linéaire ? Pose des questions et suis toujours ce qui est plus léger et plus expansif pour toi. Suis ce que tu sais — parce que tu sais toujours !

Chapitre 10

Sois conscient de ce que tu dis, penses et fais

Lorsque tu crées ta vie comme une invitation ouverte et permanente à l'argent, il est beaucoup plus facile de créer une réalité financière expansive. Pour être cette invitation dans ta propre vie, il faut que tu arrêtes de faire, dire et penser les choses qui désinvitent l'argent. Commence à être attentif à tout ce que tu dis et aux pensées qui te viennent à l'esprit, surtout celles que tu as tendance à tenir automatiquement pour vraies sans les remettre en question. Et si elles n'étaient pas vraies du tout?

Par exemple, tu vois une belle voiture, mais dès que tu en as envie, tu décides que tu n'auras jamais les moyens de te l'offrir. Tu viens juste de désinviter l'argent. Tu pourrais inviter cette voiture dans ta vie en posant la question : «Que faudrait-il pour que cette voiture ou ce genre de luxe se présente dans ma vie avec aisance?» Ça, c'est une question; c'est une demande! Dire : «je n'ai pas les moyens» est une conclusion, une limitation et une impasse. Aucun argent et aucune autre possibilité ne peut se présenter. Voilà les manières non cognitives et souvent automatiques que nous utilisons pour empêcher l'argent de se manifester dans nos vies avec une plus grande aisance.

Une bonne amie à moi est mère célibataire avec deux enfants et elle ne dit pas : «Je n'ai pas les moyens.» Elle fait une liste de demandes envers elle-même. Elle demande ce qu'elle aimerait créer dans sa vie, ensuite elle regarde ces choses-là et pose des questions pour savoir comment commencer à les créer.

Elle voulait partir en vacances avec ses enfants et elle est allée se renseigner dans une agence de voyages. La dame de l'agence lui a donné un prix pour un aller-retour et mon amie a dit : « Oh, je ne veux pas un aller-retour », et la dame lui a dit que c'était beaucoup plus cher si elle ne prenait pas un aller-retour. Plutôt que de décider : « C'est beaucoup plus cher, je devrais prendre l'aller-retour », mon amie a demandé à l'agent, « Et combien ça coûterait si je voyageais avec mes enfants, sans prendre un aller-retour et dans une meilleure classe ? » Elle ne s'est pas freinée et elle n'a pas stoppé les possibilités de ce qu'elle pouvait créer. Elle fait la demande et c'est ce qu'elle va créer.

Tu dois être prêt à vraiment prêter attention à ce que tu penses, crois, dis et fais au sujet de l'argent — parce que c'est exactement ce que tu vas créer. Voilà une autre façon de voir les choses : par tes pensées, mots et actions, tu invoques les choses et tu les fais exister dans ta vie, un peu comme par sortilège. Par exemple « je n'ai jamais d'argent, je n'ai jamais d'argent, je n'ai jamais d'argent » est une invocation. Tu invoques le manque d'argent dans ta vie. Combien de fois penses-tu : « J'aimerais bien pouvoir faire ça, mais je n'ai pas le choix » ? « Je n'ai pas le choix » est exactement la réalité que tu crées à chaque fois que tu dis ou penses ça. En ne choisissant rien, tu crées ton monde selon ce point de vue. C'est génial, non ? Ce que tu penses, dis et fais est très puissant et crée ta vie telle qu'elle est en ce moment. Si tu veux changer ce qui ne fonctionne pas pour toi, il faut que tu sois prêt à éteindre le pilote automatique et à être présent avec ce que tu es en train de créer.

« Souhaiter ou créer. »

Combien de fois as-tu mis des choses sur une liste de vœux, en espérant qu'elles apparaissent, mais sans rien entreprendre pour les créer ?

Je vois tellement de gens qui ne veulent pas s'engager à créer une réalité financière différente, mais ils veulent toujours tous les résultats. Ils disent : «J'aimerais avoir un million de dollars.» Ils se plaignent ou vont dans le traumatisme et le drame de ce qu'ils n'ont pas, mais ils ne font pas un seul pas pour le créer. Si tu étais prêt à être totalement honnête avec toi-même là maintenant, à quel point est-ce que ce scénario te serait familier? Que souhaites-tu, plutôt que de t'engager dans la création?

L'engagement est la volonté de consacrer ton temps et ton énergie à quelque chose auquel tu crois. Et si tu croyais vraiment à la création d'un million de dollars et que ce n'était pas seulement sur ta liste de vœux?

Fondamentalement, exprimer un vœu, c'est ce que tu choisis alors que tu as déjà décidé que tu ne pouvais pas l'avoir. Quand tu te dis : «Si seulement j'avais un million de dollars», au lieu de poser des questions et de prendre les mesures nécessaires pour que cela se produise dans ta vie, tu juges le fait que tu ne l'as pas; tu juges pourquoi tu ne l'as pas, tu juges ceux qui l'ont et tu juges le fait que tu ne seras sans doute jamais capable d'y parvenir. Tu trouves toute une liste de raisons et de justifications expliquant que ce n'est pas possible, plutôt que de t'engager envers ta vie et à créer le million de dollars.

Il y a cette citation géniale de Gary Douglas qui dit : «La seule raison pour laquelle tu choisis le jugement, c'est pour pouvoir justifier de ne pas être engagé envers quelque chose.» Quand tu es dans le vœu, tu choisis en fait de t'engager à juger ce que tu dis désirer; tu t'engages à te juger plutôt que de t'engager envers ta vie.

En étant brutalement honnête, à quel point es-tu engagé envers ta vie maintenant? 10 %? 15 %? 20 %? Ce qui est génial quand tu t'engages à un maximum de 20 %, c'est que si le million de dollars n'apparaît pas dans ta vie, ce n'est pas ta faute, parce que tu n'étais de toute façon engagé qu'à 20 %. Et si tu changeais ça ? Es-tu prêt à t'engager à 100 % envers ta vie ?

Et si, au lieu d'une liste de vœux qui ne se réaliseront jamais, tu commençais aujourd'hui à faire une liste de ce que tu désires créer dans ta vie et ta réalité financière ?

Jette un œil à ta liste et demande-toi si tu es prêt à t'engager à créer ces choses ? Chaque matin, demande : « Qu'est-ce qu'il faudrait pour créer ceci ? » et « Que dois-je mettre en œuvre pour que cela se produise ? » Ensuite, tu dois fournir un peu d'effort pour le créer. Tu dois commencer à choisir, et voir ce qui peut se présenter.

> « *Choisir par incréments de 10 secondes*
> *peut changer tes désinvitations*
> *de l'argent en invitations !* »

Et si tu vivais comme si tu pouvais faire un nouveau choix toutes les 10 secondes ? Tu sais quoi ? Tu le peux. Tu peux choisir par incréments de 10 secondes, sachant qu'aucun des choix que tu fais n'est figé. Voici une autre façon de voir les choses : imagine tous tes choix ayant une durée de vie de 10 secondes. Si tu souhaites continuer d'une certaine façon, il te suffit de renouveler le choix — mais il faut que tu continues à consciemment renouveler ce choix toutes les 10 secondes. Tu as donc intérêt à être sûr que c'est quelque chose que tu désires vraiment avoir ! Tu peux avoir un mariage en incréments de 10 secondes. Tu peux aimer ton partenaire pendant 10 secondes, le détester pendant 10 secondes, divorcer pendant 10 secondes puis le choisir à nouveau les 10 secondes d'après. Tu peux faire ça avec ton argent. Tu peux choisir de ne pas avoir d'argent pendant 10 secondes et les 10 secondes d'après, choisir de créer de l'argent. Et si le choix pouvait vraiment être aussi simple que ça ?

Tu choisis quelque chose, tu as ensuite une nouvelle prise de conscience et tu choisis à nouveau. Chaque choix te donne plus de conscience de ce qui est possible, alors pourquoi ne fais-tu pas autant de choix que tu le peux ? Le problème est que nous restons bloqués dans nos choix, particulièrement lorsque nous rendons le choix significatif. Nous rendons un choix significatif lorsque nous pensons qu'il y a un bon et un mauvais choix.

Je parlais avec une femme qui souhaitait déménager, mais elle se jugeait elle-même quant à l'endroit où déménager. Elle ne faisait pas de choix. Elle voulait que son choix soit le meilleur choix, qu'il soit bon, juste, parfait et correct. C'était comme si elle pensait qu'elle n'avait qu'un seul choix, alors il ne fallait surtout pas qu'elle se trompe. Mais ce n'est pas comme ça que ça fonctionne. Le choix n'est pas binaire. Le choix a et est les possibilités infinies.

Lorsque tu fais un choix, ce choix crée une réalité et crée une prise de conscience. Il ne crée pas une solidité significative et immuable dans ta vie. Nous pensons qu'il crée ça. C'est ce que nous faisons avec l'argent. Nous décidons que nous ne pouvons pas perdre l'argent que nous avons ou que nous sommes en train de gagner pour ne pas faire des choix qui risquent de compromettre ce que nous avons. Tu dois être prêt à perdre de l'argent — tu dois aussi être prêt à le choisir, le changer et le créer — tu dois être prêt à tout choisir.

Pour sortir de la signification du choix, il faut que tu le pratiques. Entraîne-toi à choisir par incréments de 10 secondes. Commence avec des petites choses. Lorsque j'ai commencé à jouer avec cet outil, je me suis dit : « OK, je vais me promener par-là. OK, je choisis de me faire une tasse de thé maintenant. Et maintenant, que vais-je choisir ? Oh, je vais sortir dehors. Je vais respirer le parfum de cette fleur. Je vais m'asseoir sur cette chaise. Maintenant, je vais me lever et rentrer à l'intérieur. » Je me suis obligée à choisir continuellement et j'ai été complètement présente avec chaque choix. J'ai apprécié chaque choix. Je n'ai pas rendu mon choix significatif, juste, faux ou important. J'ai juste fait un choix, juste pour m'amuser. Commence à t'entraîner à choisir en étant présent et regarde ce que chaque choix crée dans ta vie. Comment est-ce que ton corps se sent? Qu'est-ce qui se passe pour toi?

Si le choix que tu fais fonctionne pour toi, génial! Alors, continue à choisir. Et si le choix que tu as fait ne fonctionne pas pour toi, continue à choisir.

Et si, chaque fois que tu faisais un choix, tu te faisais le cadeau de savoir qu'il n'est pas gravé dans le marbre? Si tu choisis quelque chose qui te coûte de l'argent et que les choses ne tournent pas comme tu pensais, tu n'as pas besoin de perdre du temps à te juger et à te faire des reproches pour avoir fait ce choix! Il faut juste que tu fasses un nouveau choix. Relève-toi et choisis quelque chose d'autre. Considère ce qui va être requis pour créer ce que tu désires et continue à choisir. Le jugement ne va jamais créer plus d'argent dans ta vie. Le choix va créer davantage de flux monétaires. Quel choix peux-tu faire maintenant?

Choisir toutes les 10 secondes ne veut pas dire être inconstant et changer d'avis continuellement de sorte que tu ne fais jamais rien. Il s'agit d'avoir une plus grande prise de conscience des possibilités infinies qui sont réellement à ta disposition et de pouvoir faire n'importe quels choix avec aisance et joie. Il s'agit de savoir que tu peux faire un choix et le changer; tu peux continuer à choisir et tu peux vraiment créer ce que tu désires réellement.

Et si tu pouvais, à chaque moment de chaque jour, faire des choix qui changent la vie et la réalité? Le choix de ne plus jamais te juger serait certainement un très grand choix. Imagine-toi la différence que cela créerait dans ta vie. Cela changerait tout. Est-ce quelque chose que tu serais prêt à choisir à un moment ou un autre, cette année ou l'année prochaine? Qu'est-ce que tu attends?

Chapitre 11

Ne sois pas attaché au résultat

Lorsque tu fais des choix dans la vie, à quel point es-tu attaché au résultat avant même de commencer? J'ai quelque chose à te dire : la forme sous laquelle tu as décidé que ça doit se présenter est souvent une limitation. L'univers est capable de livrer bien davantage. Il veut te donner tout l'océan de ce qui est possible, mais tu es assis sur la plage à ne regarder qu'un seul grain de sable.

Si tu arrêtais d'être attaché à la façon dont les choses se présentent, imagine comment elles pourraient se présenter bien au-delà de ce que tu peux imaginer actuellement. Et si, au lieu de croire qu'il faut absolument que tu obtiennes un certain résultat dans ta vie, tu t'engageais à faire des choix qui élargissent totalement ta vie, peu importe à quoi ils ressemblent?

« Que peux-tu faire pour avoir plus d'aisance à faire des choix qui vont élargir ton avenir et créer plus d'argent ? »

Lorsque tu fais face à un choix entre plusieurs options, voici deux questions qui peuvent t'aider :

- Si je choisis ceci, à quoi ressemblera ma vie dans cinq ans?
- Si je ne choisis pas ça, à quoi ressemblera ma vie dans cinq ans?

Lorsque tu poses ces questions, ne préjuge pas de ce que tu «penses» être le meilleur choix. Laisse-toi percevoir l'énergie de ce que chaque choix créerait. Suis l'énergie de ce qui est plus expansif, même si cela ne te paraît avoir aucun sens logique ou cognitif. Et si chaque choix que tu faisais suivait cette expansion et était quelque chose qui allait changer la réalité des autres ainsi que la tienne ? Et si chaque choix que tu fais de suivre cette légèreté et cette aisance allait changer tes flux monétaires ?

Mon partenaire et moi-même avons fait des rénovations dans notre maison qui nous ont coûté près d'un quart de million de dollars. Nous aurions pu regarder cela du point de vue négatif : «Nous n'en avons peut-être pas les moyens.» «Devrions-nous faire ça ou devrions-nous dépenser notre argent pour autre chose ?» «La maison va bien, on n'a pas vraiment besoin de la rénover», Mais lorsque nous avons regardé ce que cela créerait dans le futur (en posant la question : «À quoi ressembleront nos vies dans cinq ans si nous choisissons cela ?»), cela correspondait à l'énergie de ce que nous désirions créer dans notre vie — l'élégance, la décadence et la beauté absolue. L'esthétique que Brendon a créée est phénoménale. Ces rénovations ont contribué à de nombreuses possibilités. Pour sa part, Brendon est maintenant prêt à reconnaître les capacités dont il dispose pour créer quelque chose de totalement différent. Presque tous les artisans qui entrent dans notre maison et regardent ne serait-ce que notre salle de bain, disent : «Waouh, je n'ai jamais vu une salle de bain comme ça !» C'est totalement unique et différent, ce qui génère une curiosité pour ce que nous créons. D'autre part, notre maison est maintenant évaluée à un taux beaucoup plus élevé que lorsque nous l'avons achetée, ce qui crée des fonds propres pour plus d'options d'investissement. Comment peux-tu dépenser de l'argent aujourd'hui afin de créer plus pour ton avenir que tu n'as pas voulu reconnaître ?

Et n'oublie pas que lorsque tu t'amuses davantage, tu gagnes plus d'argent.

Et si le choix était aussi simple que de choisir de préparer un repas? Et si tu pouvais tout d'un coup décider de changer un ingrédient ou d'ajouter une autre épice? Et si tu pouvais dire : «Je n'ai pas envie de faire la cuisine là maintenant. Sortons dîner!» plutôt que de penser : «Oh non, il fallait vraiment que je fasse cette recette particulière à ce moment précis, et si cela ne fonctionne pas de cette façon, cela veut dire que la soirée est ratée et que je suis une mauvaise personne»?

Il y a des domaines de notre vie dans lesquels nous sommes prêts à faire des choix différents rapidement et facilement, mais la plupart d'entre nous ont rendu l'argent si solide, réel et significatif que nous pensons que nous ne pouvons pas choisir de faire quelque chose de différent dans ce domaine. La vérité est que nous le pouvons. L'argent est tout aussi facile, rapide et changeant que n'importe quoi d'autre.

«Un autre outil pour choisir — immerge-toi!»

Et si, chaque fois que tu envisageais quelque chose et que tu n'étais pas sûr de ce choix, tu te donnais du temps pour t'adonner à ce choix, pour t'immerger dans ce choix? S'adonner à quelque chose signifie «succomber ou se livrer au plaisir de quelque chose». Ce que je suggère avec cet outil, c'est que tu t'immerges dans ce choix pour que tu voies comment est l'énergie de ce choix. Mettons qu'on t'ait dit ou appris qu'il y a une certaine structure à suivre afin que ton business ait du succès. Si tu n'es pas sûr que ça va marcher, essaye et vois ce que cela crée. Fais ça pendant toute une semaine. Puis, la semaine suivante, arrête et fais le choix suivant : «Cette semaine, je ne vais pas suivre ces modèles de succès. Je vais suivre l'énergie et faire des choix en fonction de l'énergie.» Fais ça et vois ce qui se passe. Quand j'ai fait ça, je me suis rendu compte que la deuxième approche était beaucoup plus légère, et c'est incroyable le nombre de possibilités qui se présentent lorsque tu es prêt à arrêter de te barrer la route.

Par exemple, un « expert » en business m'a dit un jour qu'il fallait que j'envoie mes e-mails professionnels seulement pendant la semaine, jamais le week-end. Donc, pendant une semaine, j'ai essayé de fonctionner à partir de la structure à partir de laquelle il m'avait dit de fonctionner. J'ai joué ce choix à fond. Je n'ai envoyé des e-mails et passé des appels téléphoniques professionnels que du lundi au vendredi. Quand le week-end est arrivé, j'étais revenue à ce que je faisais auparavant, c'est-à-dire suivre ma propre prise de conscience et envoyer des e-mails et passer des appels lorsque cela me convenait. Même si ça voulait dire que j'envoyais des e-mails le dimanche soir. J'ai réalisé que les « heures ouvrables » ne voulaient rien dire pour moi. N'importe quelle heure était une heure ouvrable ; pour moi, il s'agit de la joie. Mon business s'est aussi développé davantage quand j'ai fait ce qui fonctionnait pour moi.

Cet outil a toutes sortes d'applications. Quand mon partenaire Brendon et moi avons commencé à parler de louer une grande maison, nous n'avions pas encore vécu ensemble et c'était un gros engagement pour nous deux. Il disait « Je ne sais pas si je veux faire ça. »

J'ai dit : « Eh bien, pourquoi ne pas t'immerger dans ce choix ? » Donc, pendant trois jours, il s'est immergé dans le choix de ne pas emménager avec moi, et pendant les trois jours qui ont suivi, il s'est immergé dans le choix d'emménager avec moi. À la fin de cette période, il a dit : « C'était facile et évident, je préférerais vraiment vivre avec toi. Ça me paraît beaucoup plus amusant. »

Lorsque tu t'immerges dans le choix de quelque chose, tu as une prise de conscience beaucoup plus grande de l'énergie qui serait créée ou générée par ce choix. Tu deviens conscient de ce que cela créerait. Donc, immerge-toi dans les possibilités. Immerge-toi dans les concepts de succès de cette réalité, dans la structure du succès, et ensuite ne t'immerge pas dedans. Fais-toi plaisir en suivant l'énergie et en allant à l'encontre des règles de cette réalité. Qu'est-ce qui est plus léger pour toi ?

Chapitre 12

Arrête de croire au succès, à l'échec, aux nécessités et aux besoins

Beaucoup d'entre nous croient que le succès c'est faire tout un tas de choses correctement dans la vie. Mais le succès ce n'est pas faire les choses correctement. Une fois, je donnais une série de téléclasses et quelqu'un m'a dit : «J'ai vraiment apprécié tes téléclasses.» Je me suis immédiatement concentrée sur le fait de vouloir faire les choses correctement et je me suis dit : «Merde! Il y a encore trois téléclasses. Et si elles étaient vraiment nulles?» C'est fou! Ces points de vue peuvent apparaître si rapidement. Où avons-nous décidé que nous devions faire les choses correctement? *Correctement* n'existe pas. De même que *pas correctement* n'existe pas. Le succès n'est pas non plus la somme d'argent que nous avons sur notre compte en banque. Le succès, c'est créer ce que nous désirons dans le monde, que ce soit de l'argent, du changement ou de la conscience. Combien de fois as-tu reçu exactement ce que tu voulais ou visais? Même si cela n'a pas toujours fonctionné au mieux pour toi, tu as créé tout ce que tu désirais vraiment.

Moi, je voulais changer la façon dont les gens voient le monde. Si j'ai réussi à changer le point de vue d'une personne, j'ai réussi. De ce point de vue, j'ai réussi plus d'un millier de fois. En quoi as-tu déjà réussi sans l'avoir reconnu? Tu as passé toute ta vie à penser qu'il faut que tu réussisses pour changer les choses. Tu réussis déjà, et si tu veux changer des choses dans ta vie, tu peux tout simplement le faire.

« Tomber et échouer »

Il y a plusieurs années, j'ai eu un gros accident de cheval. Après cela, chaque fois que je montais à cheval, je montais avec le point de vue : « Je me demande comment je vais tomber ? » ou : « Je me demande quand est-ce que je vais tomber ? » Tout tournait autour de la chute. Quand je fais du ski, c'est totalement différent. Je n'ai jamais le point de vue que je vais tomber. Ça m'est égal de tomber. Si je tombe en ski, comme je skie très vite, c'est généralement une énorme gamelle, avec des skis et des jambes dans tous les sens. Et ça ne me pose pas de problèmes.

Je skie pour le plaisir. Je skie pour la joie. Je pose toujours des questions : « Que puis-je faire d'autre ? Quelle bosse est-ce que je peux prendre ? À quelle vitesse puis-je skier à travers ces arbres ? » C'est une aventure. Ce n'était pas du tout comme ça quand j'étais à cheval. Je connais des gens qui ont un point de vue complètement opposé — ils adorent monter à cheval et s'en foutent s'ils tombent, mais ils paniquent à l'idée de faire du ski. La seule chose qui crée la différence entre ce qui est amusant et la chute et l'échec, c'est notre point de vue et rien de plus. L'échec est un gros mensonge. Le jugement t'empêchera toujours de créer davantage.

Qu'as-tu décidé qu'il fallait que tu fasses correctement ? As-tu décidé qu'il fallait que ton business soit bien ? Ou qu'il fallait que tu prennes la bonne décision ? Ou qu'il fallait que tu évites les mauvaises décisions, ou que tu évites de tomber et d'échouer ? Et si tu savais que le choix crée la prise de conscience ? As-tu dépensé beaucoup d'argent pour quelque chose qui n'a pas fonctionné ? D'accord, le choix crée la prise de conscience. Alors, que veux-tu choisir maintenant ? Un choix qui n'a pas fonctionné comme tu l'avais prévu n'est pas un échec ou une erreur. C'est juste différent de ce que tu pensais.

> *« Et si le moment était venu d'être aussi différent que tu l'es réellement ? »*

Et si *tu* n'étais ni un échec ni une erreur, juste différent ? Et si tu étais différent de ce que tu pensais être, et que tu pouvais commencer à choisir ce qui va fonctionner pour toi et pour personne d'autre ? Vas-tu réellement échouer ? Ou est-ce que tu vas créer quelque chose de totalement différent de ce que tu as créé auparavant ?

Voici un exercice que tu peux faire afin de reconnaître ta différence et abandonner l'état d'esprit d'échec :

1. Écris ce que tu crois être tes échecs dans la vie. Est-ce que l'un de tes business a échoué ? As-tu fait un choix qui t'a fait perdre de l'argent ? As-tu eu une terrible rupture ? As-tu échoué en mathématiques à l'école ? Une fois que tu les as écrits, regarde la liste, et pour chaque chose, pose la question : «Si je ne jugeais pas ça comme un échec, quelle contribution pourrais-je en recevoir?» et puis : «Quelle prise de conscience cela a-t-il créée dans ma vie que je n'aurais pas autrement?» Écris ce qui te vient à l'esprit. Sors du jugement de ton choix et demande à prendre conscience de la contribution, du changement et de la prise de conscience qu'il a créés pour toi.

2. Écris ce que tu penses être tes «défauts personnels». Pour quoi te juges-tu ? Pour le fait que tu fais traîner les choses ? Pour le fait que tu es désordonné ? Pour le fait qu'il faut toujours que tu sois parfait ? Regarde la liste des choses que tu juges comme étant des défauts à ton sujet. Pose la question : «Si j'arrêtais de considérer cela comme un défaut, quelle force est-ce que cela serait?» Tu penses peut-être qu'il n'y a aucune force dans le fait de toujours faire traîner les

choses, mais je trouve que la plupart des gens qui font ça ont une grande conscience du timing des choses qu'ils n'ont pas reconnue, ou alors c'est qu'ils sont réellement capables de créer beaucoup plus qu'ils ne le pensent et ne font pas assez de choses dans leur vie. Ce qu'ils jugeaient — le fait de procrastiner — est en réalité une force et une capacité qu'ils n'ont pas encore reconnues ou pleinement exploitées. Et si c'était le cas pour tous tes «défauts»? Combien de tes forces est-ce que tu peux commencer à découvrir avec cet exercice? Il se peut que tu découvres bientôt que tu n'as pas tort.

« Je n'ai pas besoin ni ne veux d'argent — et toi non plus ! »

L'argent ne vient pas à ceux qui croient manquer de quelque chose. La vérité est que tu ne manques de rien. Si tu es en vie, tu ne manques de rien. Si tu te réveilles le matin, tu as tout ce dont tu as besoin pour créer tout ce que tu désires. La nécessité et le besoin te font vivre dans le mensonge que tu manques de quelque chose.

Est-ce que tu savais que dans tout dictionnaire antérieur à 1946, le mot «vouloir» a 27 définitions qui signifient «manquer» et une seule qui signifie «désirer»? Chaque fois que tu dis «je veux», tu dis en réalité «je manque»!

Est-ce que tu veux bien faire quelque chose pour moi?

Dis 10 fois de suite, à haute voix : «Je veux de l'argent.» Fais-le maintenant. Quelle est l'énergie qui apparaît quand tu dis ça? Est-ce que c'est léger et amusant ou lourd et pesant?

Maintenant, dis 10 fois de suite, à haute voix : «J'ai besoin d'argent.» Est-ce similaire?

Maintenant, essaye de dire : « Je ne veux pas d'argent », à voix haute, au moins 10 fois et prend note... Cela te semble-t-il différent ? Est-ce que tu commences à te sentir plus léger ? Est-ce que tu commences peut-être à te détendre, à sourire ou même un peu à rire ?

Cette légèreté que tu ressens est la reconnaissance de ce qui est vrai pour toi. Parce qu'en vérité, tu ne manques de rien.

« Nécessité et choix »

L'année dernière, je suis rentrée à la maison après avoir été en tournée pendant ce qui m'a semblé être cinq mille ans. Après avoir été habituée à vivre dans des chambres d'hôtel qui étaient toujours entretenues, en rentrant dans notre maison qui était pleine de poussière et sale à cause des rénovations, j'étais de mauvaise humeur et je trouvais que les choses n'étaient pas « comme il fallait » chez nous. J'ai râlé, j'ai dit : « J'aimerais juste que pour une fois je puisse rentrer dans cette maison et que tout soit en place et impeccable. » Brendon m'a demandé : « Qu'est-ce que tu fais ? Qu'est-ce qui se cache derrière tout ça ? » Et j'ai dit : « Je ne veux plus jouer à la ménagère. Je ne veux plus faire ça. Je ne veux pas rentrer à la maison et trouver le panier de linge plein et de la vaisselle à faire ! » J'aime vraiment être chez moi, mais l'énergie que je créais avec ma contrariété n'était pas vraiment créative, elle était contractive. J'ai commencé à tirer des conclusions à partir de la colère, de la frustration ; j'ai conclu que c'était à moi de m'occuper de ça, que c'était une nécessité et un problème, qu'il n'y avait pas d'autre solution. Je ne regardais pas ce que j'aimerais créer. Je pensais que je n'avais pas de choix au sujet de l'état de la maison.

Brendon a dit : « Nous gagnons assez d'argent, nous pourrions embaucher quelqu'un. Je sais que nous avons quelqu'un qui fait le ménage une fois par semaine, et nous pourrions engager quelqu'un d'autre pour quelques heures pour s'occuper de ces choses-là », et il avait raison. Une fois que j'ai pris un moment pour respirer et considérer ça, j'ai dit : «Tu sais quoi? J'aimerais que ma maison soit comme ceci, je voudrais choisir de faire ceci.» Tout est devenu beaucoup plus facile. Au lieu de conclure que je devais faire les choses d'une certaine manière (comme devoir nettoyer la maison moi-même), comme une nécessité, j'ai pu voir les choix que j'avais; je pouvais laisser la maison comme elle était, je pouvais la nettoyer moi-même ou je pouvais choisir d'embaucher quelqu'un pour la nettoyer pour moi et je suis sûre qu'il y avait encore plus de choix disponibles que je n'ai pas pris en compte. Maintenant, nous avons quelqu'un qui gère tout pour nous avec toutes nos propriétés. Facile.

Et si tout était réellement un choix? Même se lever le matin est un choix. Tu n'es pas obligé de le faire. Tu penses que tu es obligé, mais en vérité, c'est un choix que tu fais. Et si c'était un choix que tu pouvais faire, joyeusement? Tu choisis de vivre avec tes enfants et ton mari. Tu choisis de continuer à aller tous les jours au travail. Qu'est-ce que tu aimerais créer?

Tout comme le succès et l'échec, les nécessités et les besoins sont des mensonges. Pour toi, il s'agit vraiment de choisir, d'avoir une prise de conscience et de choisir à nouveau. Et c'est comme ça que tu crées de l'argent — en choisissant, choisissant et choisissant à nouveau. Si tu choisis de ne pas juger ni toi ni quoi que ce soit dans ta vie, tu ne peux plus croire que tu es en échec ou que tu manques de quelque chose. Lorsque tu choisis de ne jamais te juger, tu commences à voir que le juste et le faux, le bien et le mal et toute cette polarité ne sont ni réels ni vrais et que tout ce qu'il faut que tu fasses est de choisir plus ou moins ce que tu désires. Ça dépend complètement de toi.

Chapitre 13

Sois dans le laisser-être

Le *laisser-être*, c'est quand tu es comme un rocher dans la rivière. Tous les points de vue de ce monde sur l'argent te passent à côté, mais ils ne t'emportent pas avec eux. Tu ne te laisses pas influencer par tout ce qui est autour de toi.

Combien de fois est-ce que tu prends le jugement de quelqu'un et que tu permets à celui-ci de t'emmener dans un trou noir, où tu te sens mal, en tort, contrarié ou blessé? Le laisser-être te donne la capacité de ne pas prendre les jugements des autres et de ne pas te juger, peu importe ce qui se passe.

À une époque, il y avait des gens en Australie que je connaissais depuis plusieurs années et qui n'arrêtaient pas de me juger. Ils disaient des choses sur moi qui étaient très malveillantes et méchantes. J'étais contrariée et j'en ai parlé à un ami.

Mon ami m'a dit : «Tu dois être une connasse puissante pour que cela se produise. »

J'ai dit : «Oh ! »

Mon ami a dit : «Regarde *leur* vie, et puis regarde *ta* vie. »

J'ai regardé à quel point ma vie s'était développée depuis le temps que je les connaissais et à quel point leur vie était devenue petite. J'ai réalisé que ce n'était pas vraiment *moi* qu'ils jugeaient. Ils jugeaient ce qu'*eux* n'avaient pas été prêts à créer. Je reconnais maintenant que lorsque quelqu'un me juge, il ne s'agit généralement pas de *moi*; il s'agit de la personne qui me juge. Et si tu étais prêt à recevoir les jugements que les autres ont de toi? Et si tu étais prêt à tout recevoir?

Sers-toi de ça comme d'un outil! Si tu te surprends à juger quelqu'un, demande-toi quel jugement tu as de toi en relation avec cette personne. Vois si ça devient plus léger. Le jugement n'est pas réel et le laisser-être crée des possibilités.

C'est aussi important de reconnaître que le laisser-être n'est pas l'acceptation. Ce n'est pas essayer de faire croire que tout va bien. J'ai choisi de ne plus avoir ces gens comme amis proches. Je n'ai pas décidé que je devais accepter ce qu'ils faisaient et le tolérer, j'ai continué à les inclure dans ma vie, et j'étais dans le laisser-être du fait qu'ils choisissaient de me juger. Je n'avais pas besoin qu'ils changent afin de me sentir libre et ne pas être sous l'influence de leur jugement.

> *« Es-tu prêt à être dans le laisser-être de toi-même? »*

Est-ce que tu remarques que tu es beaucoup plus facilement prêt à abandonner tes jugements sur les autres que tes jugements sur toi-même? C'est parce que tu n'es pas vraiment une personne qui juge. Tu ne juges pas vraiment les autres. Cependant tu vas te juger 24 heures sur 24, 7 jours sur 7, éternellement, tout en croyant que ce sont vraiment les autres que tu juges. Et si tu arrêtais de juger quoi que ce soit à ton sujet? La plupart des jugements que nous portons sur nous-mêmes, 99 % d'entre eux, sont ceux que nous avons pris des gens autour de nous. Nous les avons vus se juger eux-mêmes et se juger les uns les autres, nous avons appris à prendre tout ça et à y croire. Quel choix intéressant, non?

Serais-tu prêt à commencer à être beaucoup plus gentil avec toi-même? Tu peux dire : «En ce moment, je choisis de me juger. Je vais me faire plaisir avec ça pendant une minute et ensuite je vais choisir d'arrêter de me juger.» Tu peux choisir de te juger, et tu peux choisir d'arrêter de te juger. Ne juge pas ton jugement! Tu peux croire que tu es vraiment dérangé pendant une minute, 20 minutes ou une journée entière ou pendant 10 ans si tu y tiens vraiment. Ensuite, tu pourrais poser la question suivante : «Qu'est-ce qui est bien chez moi que je ne vois pas?»

Le laisser-être de toi signifie ne jamais te juger — même si tu juges. Même si tu as foiré ou fait quelque chose dont tu es conscient que ce n'était pas ton meilleur choix. Et si rien de tout cela n'était une erreur? Et si, de ce que tu as jamais été ou fait, rien n'était mal? Et si rien chez toi n'était un défaut? Quel cadeau serait-ce vraiment dans ta vie si tu étais dans le laisser-être total de toi? Imagine ne plus jamais juger tes choix avec l'argent. Tu n'aurais pas à réfléchir pour éviter de faire des erreurs à l'avenir, tu serais libre de créer quoi que ce soit et tout ce que tu désires, tu serais libre de changer et de choisir. Mais ne choisis pas ça, ce serait trop amusant!

« N'essaye pas de changer les gens. »

On me demande souvent la chose suivante sous une forme ou une autre : «Comment puis-je convaincre mon partenaire d'avoir des attitudes plus positives envers l'argent?» Et je réponds toujours : «Ce n'est pas à toi de convaincre ton partenaire d'adopter une attitude plus positive. Tu dois être prêt à le laisser choisir quoi que ce soit. Tu dois être dans le laisser-être total des choix de ton partenaire d'avoir de l'argent ou de ne pas avoir d'argent.»

Si *toi*, tu es prêt à avoir des attitudes positives envers l'argent, si *toi*, tu es prêt à avoir le bonheur de la vie et de vivre et que l'argent coule pour toi, tu seras peut-être surpris de voir ce qui se passe pour ton partenaire.

Il faut aussi que tu sois prêt à être toi. Est-ce que tu t'es retenu à cause de ton partenaire, de ta famille ou des gens autour de toi? Et si tu choisissais pour toi maintenant?

Il fut un temps où mon partenaire traversait des choses difficiles. Il était allongé sur le canapé pendant des jours et des jours, triste et déprimé. Je n'ai pas essayé de le soigner ni de changer quoi que ce soit. Je prenais juste de ses nouvelles et je continuais à vivre ma vie. Finalement, après plusieurs jours, il a dit : «Est-ce que tu vas arrêter d'être si heureuse !» Cela nous a fait rire tous les deux parce que ça lui a montré l'énergie de ce qu'il choisissait et il a vu à quel point il dépensait de l'énergie à être triste et déprimé.

Lorsque tu es toi et que tu choisis ce que tu choisis, peu importe ce que cela requiert, peu importe à quoi cela ressemble, cela va inviter les autres à une possibilité différente. S'il te plaît, n'essaye pas de dire à ton partenaire ce qu'il ou elle doit faire. Ça ne marche jamais. Est-ce que tu aimes qu'on te dise ce que tu dois faire ou qu'il faut que tu changes ton attitude, ton point de vue ou quelque chose que tu fais? C'est l'une des pires choses que l'on puisse faire à quelqu'un. Ils vont finir par développer une résistance contre toi et te détester pour cela. Laisse les autres choisir ce qu'ils choisissent et continue de choisir ce que tu choisis.

Chapitre 14

Sois prêt à être hors contrôle

Parfois, la vie peut sembler chaotique. Il se passe tellement de choses. Il y a tellement de choses à faire. Nous nous trompons souvent en tirant la conclusion que si nous contrôlions tout, cela irait mieux. Que si tout le monde faisait ce que nous disons, les choses seraient plus faciles. Tu sais bien que tu ne peux pas contrôler quelqu'un d'autre, n'est-ce pas? Serais-tu prêt à renoncer à être le contrôleur d'envergure que tu es?

Est-ce que tu as remarqué que plus tu essayais de contrôler les choses, plus cela devenait difficile et stressant? À quelle taille est-ce qu'il faudrait que tu réduises toutes les composantes de ta vie afin de les contrôler facilement? À quel montant as-tu réduit l'argent dans ta vie afin de pouvoir le contrôler? Quelle est la plus grande somme d'argent que tu serais capable de gérer sans avoir à laisser d'autres personnes t'aider à la gérer? Quel que soit ce montant, c'est le montant maximum que tu te permets d'avoir dans ta vie et jamais plus. Est-ce que tu penses que les multimillionnaires contrôlent tout en ce qui concerne leur argent? Non! Ils ont des comptables, des experts-comptables, des conseillers financiers et toutes sortes de gens qui s'occupent de leur argent.

Les gens qui sont doués avec l'argent savent qu'ils n'ont pas besoin de contrôler tous les détails, ils peuvent embaucher des gens qui sont meilleurs qu'eux pour faire ce genre de choses. Mais ils sont prêts à être conscients de leur argent. Ils sont prêts à être conscients des choses; quand quelque chose marche ou quand quelque chose ne marche pas; et à poser des questions quand quelque chose ne va pas. Et si le fait d'être hors contrôle te permettait d'avoir beaucoup plus d'activités et avec beaucoup plus d'aisance que tu ne l'as imaginé? Et si ne pas avoir à définir, confiner, délimiter, se conformer ou créer une structure te libérait et te permettait d'avoir une vie beaucoup plus grande et beaucoup plus joyeuse?

Il fut un temps où j'avais l'impression de gérer énormément de choses toute seule. J'ai dit à Gary que je me sentais complètement débordée.

Gary m'a dit : «Parlons de la différence entre être *débordée* et être *embourbée*. *Débordée* c'est quand tu penses que tu n'arrives pas à gérer. *Embourbée* c'est quand tu es perdue dans les petits détails de tous les projets et dans toutes les choses à faire.»

J'ai dit : «C'est ce qui se passe. Je suis complètement embourbée.» Au lieu de lâcher les rênes et de permettre aux chevaux d'aller dans des directions différentes, je créais le contrôle de sorte que «tous les chemins menaient à Simone».

Gary et moi avons regardé à qui est-ce que je pourrais déléguer certaines choses, et même si je voyais bien que j'étais embourbée dans les détails, j'étais réticente à lâcher les choses et à laisser les autres faire. Avec Access, je ne voulais pas d'erreurs. Gary m'a rappelé que les erreurs font aussi partie de la création. Il a dit : «Il n'y a pas d'erreurs. Il faut que tu embauches des gens formidables pour travailler avec toi et il faut que tu sois prête à ce qu'ils se plantent. Il faut que tu sois prête à ce qu'ils fassent des erreurs, car en faisant des erreurs, ils vont créer quelque chose de plus grand.»

J'ai finalement compris qu'il fallait que je lâche tous les petits boulots auxquels je m'accrochais. Quand j'ai pris quelqu'un pour faire ces boulots et que j'ai lâché prise, cela a créé beaucoup plus d'espace pour moi. J'ai pu créer encore plus dans ma vie, avec mes business, avec Access, avec beaucoup plus de facilité. Cela a aussi signifié que mon argent et mon revenu ont pu augmenter de manière plus dynamique.

Et si tu pouvais créer ta vie, ton business et tes différentes sources de revenus en élargissant ta conscience et en *lâchant prise* avec ce que tu essayais de contrôler?

> *« Et si tu pouvais brillamment*
> *créer à partir du chaos ? »*

Et si tu créais des choses incroyables à partir du chaos? Je me suis beaucoup jugée pour ma manière très chaotique de créer. J'ai eu un business avec un associé qui était super organisé. Il avait des listes de choses à faire et il les cochait tous les jours. Je n'étais pas capable de faire ça. Par exemple, je passais un appel, puis je regardais quelques clients dont il fallait s'occuper et puis je travaillais sur la collection de l'année à venir, etc. Je partais dans tous les sens (selon lui). Quand il allait quitter l'entreprise, il a fallu que je réfléchisse à la vendre ou à la gérer moi-même. Il m'a dit : «Simone, tu es trop désorganisée pour diriger cette entreprise toute seule!» Je me disais qu'il en savait plus sur l'entreprise que moi. Mais quand j'ai regardé toutes les choses que j'avais faites dans le business, j'en savais en réalité beaucoup plus que lui, c'était juste son jugement que je ne savais pas ce que je faisais parce que ma façon de faire ressemblait plus au chaos qu'autre chose, tandis que la sienne était l'ordre.

Quand les gens ont l'impression d'avoir un million de choses à faire, je les vois repousser les choses et détruire les possibilités futures plutôt que de dire : «Il y a beaucoup de projets en cours, quelles questions dois-je poser pour créer tout cela avec aisance? Qui ou quoi d'autre puis-je ajouter à mon business et à ma vie? Que faudrait-il pour que ce soit facile, et qu'est-ce qui nécessite mon attention aujourd'hui?» Il ne faut pas que tu travailles tous les jours sur tout. Chaque jour est différent, chaque jour est une aventure. Chaque jour, il faut que tu commences à fonctionner à partir d'un espace où tu ne juges pas ce que tu crées ou ne crées pas.

Lorsque tu crées à partir du chaos, tout est possible.

Pendant la semaine qui vient, essaye de lâcher les rênes de tout ce à quoi tu t'accroches fermement. Lâche les projets, la famille, les amis, l'argent que tu as essayé de contrôler et vois si quelque chose de nouveau peut apparaître. Plutôt que d'essayer de gérer chaque détail ou de faire face à tout chaque jour, pose la question : «De quoi faut-il que je sois conscient aujourd'hui?» Demande ce qui nécessite ton attention aujourd'hui, et occupe-toi de ça. Si tu te lèves le matin et que tu demandes : «Qu'est-ce qui vient maintenant?» «Qui ou quoi a besoin de moi maintenant et sur quoi dois-je travailler? Qui dois-je appeler?» alors tu peux porter ton attention sur ces choses-là et puis passer à autre chose et puis encore à autre chose. Et si fonctionner de cette façon n'était pas mal? Et si tu n'étais pas «distrait»? Et si tu ne laissais pas traîner les choses? Et si c'était comme ça que tu crées?

Tu seras étonné de ce que tu es capable de créer lorsque tu te permets d'avoir la joie de créer à partir du chaos. Cela s'applique à tous les aspects de ta vie : relations, business, famille, flux d'argent, ton corps. Souviens-toi, tu n'es pas seul dans l'univers, l'univers va contribuer à créer tout ce que tu désires, alors demande davantage.

Qu'est-ce que tu n'es pas prêt à lâcher, pour quoi n'es-tu pas prêt à abandonner le contrôle, que, si tu lâchais et abandonnais le contrôle, cela pourrait créer plus d'espace pour toi?

Chapitre 15

Une remarque au sujet des liquidités

J'ai rencontré une fois un homme d'affaires en Afrique du Sud qui avait beaucoup de succès. Il était orphelin. À l'âge de 15 ans, il avait été expulsé de l'orphelinat (parce qu'à cet âge, tu étais censé pouvoir te débrouiller tout seul), il est parti avec son sac à dos, a regardé ce qu'il voulait faire de sa vie et a fait la demande envers lui-même de le créer. Il a fait des études et est devenu avocat. Il a créé d'énormes entreprises en Afrique du Sud – de grands complexes hôteliers, une société informatique et plus encore.

J'ai discuté avec lui parce que j'étais vraiment intéressé par sa façon de créer. Il semblait y avoir une grande générosité dans son approche de la création de son business et de sa vie. L'une des choses qu'il m'a dites était : « Il y a trois choses dont il faut se souvenir dans la vie : la gratitude, la croyance et la confiance. Et puis il y a le cash-flow. » J'ai rigolé parce que je savais qu'il avait raison.

Il a poursuivi : « Si tu n'as pas de cash-flow (liquidités), tu te limites. Il faut que tu continues à avancer et il ne faut pas te retenir et il faut aussi que tu sois conscient de ton cash-flow »

Regarde le cash-flow que tu as ou que tu n'as pas actuellement. Que faudrait-il pour que tu aies un cash-flow continu dans ta vie ? Si tu as du liquide, cela crée plus de facilité et plus d'espace pour les possibilités et cela élimine les endroits où tu dis : « Je n'ai pas » ou « Je manque de ». Et si tu n'avais pas à tout mettre dans un panier quand il s'agit de l'argent ? Et s'il y avait beaucoup de possibilités (sources de revenus) pour l'argent que tu peux choisir ?

Et si créer du cash-flow, c'était vraiment juste jouer avec les possibilités et être totalement conscient de ta réalité financière ?

Combien de sources de revenus est-ce que tu peux créer ? Qu'est-ce qui t'apporte de la joie et avec lequel tu pourrais gagner de l'argent ? De quoi es-tu curieux ?

Je suis très occupée avec le travail que j'ai choisi de faire et pourtant j'ai aussi d'autres sources de revenus et de création et je continue de demander chaque jour à ce que plus se présente. Est-ce que tu t'intéresses aux antiquités, aux devises, à la bourse, à l'achat et la vente de choses sur eBay ? Qu'est-ce qui peut créer plus de cash-flow pour toi dans ta vie et que tu n'as pas voulu reconnaître ?

Qu'est-ce qui existe d'autre dans le monde en ce qui concerne l'argent qui serait amusant pour toi de découvrir ? Commence à te renseigner sur l'argent. Quels sont les visages et les symboles sur les billets de la devise de ton pays ? Sais-tu quel est le plus gros billet dans ton pays ou dans d'autres pays ? Quelle est la couleur de chaque billet, non seulement dans ta monnaie, mais aussi dans celles d'autres pays ? Familiarise-toi avec l'argent, ne l'évite pas, admire-le, joue avec lui, reconnais-le.

Quand j'ai été prête à me renseigner sur l'argent et sur les innombrables façons dont il pourrait contribuer à ma vie, j'ai commencé à être prête à avoir de l'argent. Quand je me suis permis d'avoir de l'argent, je suis devenue prête à jouer avec l'argent. Ne pas être prête à me renseigner sur l'argent a créé l'endettement. Maintenant que je suis prête à m'instruire au sujet de l'argent, à avoir de l'argent et à jouer avec, ça crée plus. Et pas à partir de la signification de tout cela, mais vraiment à partir de la *joie* de ça et du choix de ça.

Et si tu choisissais maintenant de jouer, juste pendant 10 secondes, peu importe ce qui se passe autour de toi ? Que se passerait-il si tu choisissais de vivre ta vie comme la célébration qu'elle peut vraiment être, et que tu invitais l'argent à venir à la fête qu'est ta vie ? Et si tu choisissais d'être heureux, d'être reconnaissant, de continuer à choisir, quoi qu'il arrive ?

Et si la création de ta réalité financière était vraiment une exploration continue des possibilités infinies pour la création joyeuse de ta vie, y compris tes sources de revenus et ton cash-flow ? Quoi d'autre est possible que tu n'as pas encore considéré ?

Utilise ce livre et ses outils en continuant de changer ta réalité financière. Il faut du courage pour continuer à choisir quelque chose de plus grand, quelque chose de différent, et ce n'est pas toujours confortable. Si tu lis ce livre, si tu es vivant sur cette planète, là maintenant, tu en as le courage et la capacité. Tout ce que tu as à faire maintenant est de choisir.

Troisième partie

RÉCAPITULATIF ET OUTILS

RÉCAPITULATIF DES CHAPITRES, QUESTIONS ET OUTILS

Ce chapitre contient une synthèse des principaux points, questions et outils du livre. C'est une chose de lire comment quelqu'un d'autre a changé sa vie financièrement, en fait, je vois que ça peut être frustrant. L'aspect unique de ce livre est que j'ai utilisé les outils d'Access Consciousness pour changer ma réalité financière, et tu peux faire la même chose. Cependant il faut que tu continues à choisir, même si cela devient inconfortable. Si tu utilises ces outils tous les jours, tu vas changer ta réalité financière pour toujours. Que les aventures commencent !

PREMIÈRE PARTIE : LES BASES D'UNE NOUVELLE RÉALITÉ FINANCIÈRE
Chapitre 1 : qu'est-ce qui crée l'argent ?

L'ARGENT NE SE PRÉSENTE JAMAIS COMME TU PENSES QU'IL VA SE PRÉSENTER

L'argent n'est pas linéaire

L'argent n'apparaît pas de façon linéaire dans ta vie — il peut apparaître de toutes sortes de manières, depuis toutes sortes d'endroits. Si tu veux gagner plus d'argent dans ta vie, tu dois être ouvert à toutes les façons magiques et miraculeuses — même si c'est totalement différent de tout ce que tu as considéré. Et si tu pouvais avoir des sources de revenus illimitées ? Et si tu pouvais créer de l'argent comme personne d'autre ne le peut ? Et si tu n'avais aucun point de vue sur l'argent ?

De quelles façons illimitées est-ce que l'argent peut venir à moi maintenant ?

Suis-je prêt à renoncer à devoir compter, définir et calculer comment l'argent va se présenter et à lui permettre d'arriver dans ma vie de façons aléatoires, magiques et miraculeuses?

N'essaye pas de savoir COMMENT l'argent doit se présenter

L'univers manifeste, toi, tu actualises. La manifestation c'est «comment» les choses se présentent, et ce n'est pas ton boulot de chercher à savoir comment. Actualiser c'est demander que quelque chose se présente et laisser l'univers se charger de la manifestation et être prêt à le recevoir, quelle que soit la manière dont cela se présente.

QUESTIONS

* Que faudrait-il pour que cela se présente?
* Que faudrait-il pour actualiser cela dans ma vie tout de suite?

Sois Patient

L'univers a une capacité infinie à manifester et il a souvent une manière de le faire beaucoup plus grande et magique que ce que tu peux prédire. Parfois l'univers a besoin de déplacer certaines choses afin de créer ce que tu désires.

Ne te juge pas, sois patient et ne limite pas les possibilités futures.

L'argent n'est pas que liquide

Il existe tellement de façons dont l'argent et les flux d'argent peuvent arriver dans ta vie; mais si tu n'es pas prêt à les reconnaître, si tu penses que cela doit ressembler à quelque chose de particulier, tu vas penser que tu n'es pas en train de changer les choses alors, qu'en fait, tu en train de le faire.

Commence à reconnaître les différentes façons dont l'argent apparaît dans ta vie. Quand un ami te paye un café ou que quelqu'un te donne quelque chose. C'est de l'argent. C'est recevoir.

- Quels sont les autres endroits desquels je reçois de l'argent et que je n'ai pas encore reconnus ?
- Quels sont les autres endroits desquels je peux recevoir de l'argent et que je n'ai pas encore reconnus ?

DEMANDE ET TU RECEVRAS

L'argent ne juge pas

L'argent se présente aux gens qui sont prêts à demander et qui sont prêts à le recevoir.

Recevoir est simplement être prêt à avoir des possibilités infinies pour que quelque chose vienne dans ta vie sans aucun point de vue au sujet de quoi, où, quand, comment et pourquoi cela se présente. En d'autres termes, lorsque tu abandonnes tes jugements sur l'argent et tes jugements de toi en rapport avec l'argent, tu peux en recevoir davantage.

Et si tu n'avais pas besoin d'avoir une raison pour demander de l'argent ?

Et si tu pouvais en avoir juste parce que c'est amusant ?

Et si tu pouvais juste demander que l'argent se présente ?

L'ARGENT SUIT LA JOIE ET PAS LE CONTRAIRE

Si ta vie était une fête, est-ce que l'argent aurait envie de venir ?

Si tu regardais ta vie actuelle comme une fête, quel genre d'invitation est-ce qu'elle serait pour l'argent ?

Et si tu commençais aujourd'hui à vivre ta vie comme la célébration qu'elle peut être ?

Et si tu n'attendais pas que l'argent se présente ?

Qu'est-ce qui t'apporte de la joie ?

L'énergie que tu crées quand tu t'amuses et quand tu es complètement et joyeusement impliqué dans quelque chose que tu aimes, est une énergie génératrice. La façon dont tu crées cette énergie n'a pas d'importance.

QUESTIONS

- Qu'est-ce que j'aime faire ?
- Qu'est-ce qui m'apporte de la joie ?

Ta vie est ton business, ton business est ta vie !

Si tu es en vie, tu as un business — ça s'appelle le business de la vie ! Avec quelle énergie est-ce que tu gères ta vie ? Est-ce que tu t'amuses ?

OUTIL : FAIS TOUS LES JOURS QUELQUE CHOSE QUE TU AIMES

Commence à faire les choses que tu aimes pendant une heure par jour et un jour par semaine.

ARRÊTE DE RENDRE L'ARGENT SIGNIFICATIF

Lorsque tu rends quelque chose significatif, tu ne peux pas le changer

Quoi que ce soit que tu rendes significatif, tu le rends plus grand que toi. Commence à reconnaître tous les endroits où tu as rendu l'argent significatif et sois prêt à sortir de ce point de vue et à te créer une réalité différente.

QUESTIONS

- À quel point est-ce que je rends l'argent significatif là maintenant?
- Si l'argent n'était pas significatif, qu'est-ce que je choisirais?

Chapitre 2 : qu'est-ce qui change l'endettement ?

TON POINT DE VUE CRÉE TA RÉALITÉ (FINANCIÈRE)

Quel est ton point de vue au sujet de l'endettement ?

Si tu veux changer l'endettement, commence par changer ton point de vue. C'est le point de vue que tu as eu au sujet de l'argent jusqu'à maintenant qui a créé ta situation financière actuelle.

Au lieu de juger les dettes que tu as créées, renforce ta capacité à poser des questions afin de changer les choses.

QUESTIONS

- Quoi d'autre est possible ?™
- Qu'est-ce que je peux faire et être pour changer ça ?

As-tu décidé que tout ce qui était solide et pesant dans la vie était réel ?

Qu'as-tu décidé être réel ou pas réel pour toi ? Pourquoi as-tu décidé que c'était réel ? Parce que c'est l'expérience que tu en as faite auparavant ? Parce que ça a l'air réel : pesant, solide, important, immobile ? Est-ce que quelque chose de vrai pour toi te donnerait vraiment l'impression de peser une tonne ou est-ce que cela te ferait de sentir plus léger et heureux ?

OUTIL : «POINT DE VUE INTÉRESSANT QUE J'AI CE POINT DE VUE»

▸ Et si, pendant les trois prochains jours, à chaque pensée, sentiment ou émotion qui se présente (pas seulement au sujet de l'argent, mais au sujet de tout), tu te disais : «Point de vue intéressant que j'ai ce point de vue»? Répète-le plusieurs fois et vois si cela s'allège.

OUTIL : CE QUI EST LÉGER EST VRAI POUR TOI ET CE QUI EST LOURD EST UN MENSONGE

▸ Lorsque quelque chose est vrai pour nous et que nous le reconnaissons, cela crée une sensation de *légèreté* et *d'expansion* dans notre monde. Lorsque quelque chose n'est pas vrai, comme un jugement ou une conclusion à laquelle nous avons abouti au sujet de quelque chose, c'est pesant et cela donne une sensation contractée et étriquée.

ABANDONNE LE CONFORT DE L'ENDETTEMENT

Qu'est-ce que tu aimes dans le fait d'avoir des dettes et de ne pas avoir d'argent ?

Si tu es prêt à poser des questions, tu peux reconnaître ce qui fait que tu restes coincé. Si tu ne le reconnais pas, tu ne peux pas le changer.

QUESTIONS

- Qu'est-ce que j'aime dans le fait d'avoir des dettes?
- Qu'est-ce que j'aime dans le fait de manquer d'argent?
- Qu'est-ce que j'aime détester dans le fait de manquer d'argent?
- Qu'est-ce que je déteste aimer dans le fait de manquer d'argent?
- Quel choix puis-je faire aujourd'hui qui pourrait créer davantage, maintenant et à l'avenir?

SOIS PRÊT À AVOIR DE L'ARGENT

Il y a une différence entre avoir, dépenser et épargner de l'argent.

La plupart des gens ne veulent de l'argent que pour pouvoir le dépenser. Avoir de l'argent est différent. Avoir de l'argent, c'est permettre à l'argent de contribuer à la croissance de ta vie.

Épargner, c'est mettre de l'argent de côté pour les mauvais jours. Épargner et avoir de l'argent sont deux choses différentes.

Es-tu quelqu'un qui demande : «Comment puis-je épargner de l'argent?» Y a-t-il une énergie génératrice dans cette question? Est-ce que cela paraît rendre tes choix plus grands ou est-ce que ça les limite? Essayes-tu de faire des économies quelque part? Essaye de poser la question : «Si je dépensais cet argent que je suis en train d'essayer d'économiser, est-ce que cela créerait davantage pour aujourd'hui et pour l'avenir?»

- Quelles sont les façons infinies dont je peux générer plus d'argent?
- Quelle énergie est-ce qu'il faut que je sois pour créer cela avec aisance?

ARRÊTE D'ÉVITER ET DE REFUSER L'ARGENT

Est-ce que tu vis dans un «univers de non-choix»?

Y a-t-il un endroit dans ta vie où tu refuses ou évites de regarder ta situation financière? As-tu de très bonnes raisons d'éviter de faire des choses simples et faciles pour créer plus d'argent? Lorsque tu évites, refuses ou n'es pas prêt à avoir quelque chose, cela ne te permet pas d'avoir plus de choix ou de créer plus. Il faut que tu sois prêt à regarder les endroits où tu crées un univers sans choix et que tu sois prêt à le changer.

Quelle est la pire chose qui puisse arriver si tu n'évitais pas l'argent?

Qu'as-tu décidé être la pire chose qui puisse arriver si tu n'évitais pas l'argent? Qu'est-ce qui pourrait changer si tu étais prêt à avoir une conscience totale de ta réalité financière? Est-ce que tu évites de faire des nouvelles choses qui pourraient te faire gagner de l'argent?

- Si je n'évitais pas ça, qu'est-ce que je pourrais changer?
- Quels moyens faciles de gagner de l'argent est-ce que j'ai que j'ai évités?

GRATITUDE

Aie de la gratitude pour l'argent!

Lorsque tu reçois de l'argent, quel est ton point de vue immédiat? Es-tu reconnaissant pour chaque dollar, pour chaque centime qui se présente dans ta vie ou as-tu tendance à penser : «Ce n'est pas beaucoup,» ou «ça va payer cette facture,» ou encore «j'aimerais en avoir plus»?

OUTIL : ENTRAÎNE-TOI À AVOIR DE LA GRATITUDE À CHAQUE FOIS QUE DE L'ARGENT RENTRE ET SORT

- Entraîne-toi à dire : «Merci, je suis tellement content que cet argent se soit présenté! Est-ce que je peux en avoir plus s'il vous plaît?»
- Lorsque tu payes une facture, sois reconnaissant de l'avoir payée et demande : «Que faudrait-il pour que cet argent me revienne multiplié par dix?»

Es-tu prêt à avoir de la gratitude pour toi aussi?

Il te faut avoir de la gratitude pour tout ce que tu crées — le bon, le mauvais et le moche. Si tu le juges, tu ne pourras pas reconnaître le cadeau de ton choix et tu ne te permettras pas de recevoir les possibilités qui sont maintenant à ta disposition grâce à ça. Si tu as de la gratitude, tu peux avoir une réalité complètement différente. Au lieu de te juger ou de juger quoi que ce soit qui se présente dans ta vie, regarde quel est le cadeau qui s'y cache et pour lequel tu peux avoir de la gratitude.

QUESTIONS

- Qu'est-ce qui est juste là-dedans ?
- Qu'est-ce qui est juste à mon sujet que je ne perçois pas ?

As-tu de la gratitude lorsque c'est trop facile ?

Est-ce que tu rejettes des choses qui se présentent dans ta vie quand elles arrivent trop facilement ? Serais-tu prêt à changer cela ? « Quand l'argent arrive facilement et que tu es reconnaissant, tu es en route pour avoir un futur avec de plus grandes possibilités. » — Gary Douglas.

QUESTIONS

- Que faudrait-il pour avoir de la gratitude pour chaque centime qui se présente ?
- Quelle gratitude puis-je être qui permettrait à l'argent de venir facilement et joyeusement dans ma vie ?

Chapitre 3 : comment créer une nouvelle réalité financière immédiatement ?

Galérer ou ne pas galérer ?

Beaucoup de gens ne pensent pas qu'ils ont le choix d'être triste, joyeux, de mauvaise humeur, détendus. Ce ne sont pas les circonstances extérieures ni l'argent qui créent la façon dont nous nous sentons au sujet des choses. C'est vraiment juste un choix que tu peux faire.

- Est-ce que je prétends ne pas avoir le choix?
- Quels choix est-ce que j'ai vraiment?

SOIS PRÊT À FAIRE TOUT CE QUI EST REQUIS

Engage-toi à ne jamais faire une croix sur toi.

Être engagé envers toi veut dire que tu es prêt à avoir l'aventure de la vie et à continuellement choisir ce qui fonctionne pour toi, même si ce n'est pas confortable et même si cela implique de changer quelque chose que personne d'autre ne comprend.

Tu ne peux rien exiger de rien ni de personne sauf de toi-même.

Tu commences à créer ta vie lorsque tu demandes enfin : «Peu importe ce qui est requis et à quoi ça ressemble, je vais créer ma vie. Je ne vais pas vivre selon le point de vue ou la réalité de qui que ce soit d'autre. Je vais créer ma propre réalité!»

- Est-ce que je suis prêt à exiger de moi-même de créer ce que je désire dans ma vie, quoi qu'il arrive?

Sois prêt à tout choisir, tout perdre, tout créer ou tout changer.

Einstein disait que la folie était de faire constamment la même chose en s'attendant à des résultats différents. Il faut que tu changes la façon dont tu fonctionnes actuellement afin de créer un résultat différent.

Si tu essayes de changer quelque chose dans ta vie et que rien ne change, regarde les endroits où tu fais peut-être la même chose *différemment*, plutôt que de vraiment choisir de faire quelque chose de *complètement différent*.

QUESTIONS

- Qu'ai-je décidé qui était immuable?
- Qu'est-ce que je ne suis pas prêt à perdre?
- Qu'est-ce que je pourrais choisir de plus si j'étais prêt à perdre ces choses?
- Qu'est-ce que je peux faire et être de différent pour changer cela?

RENONCE À TES RAISONS LOGIQUES ET INSENSÉES POUR NE PAS AVOIR D'ARGENT

Le moment est-il venu d'arrêter l'abus financier de toi?

L'abus financier peut prendre des formes différentes, mais il a souvent pour résultat l'impression que tu ne mérites même pas les choses les plus rudimentaires de la vie. Et si tu n'avais plus besoin de vivre avec ça?

QUESTIONS

- Quelles histoires est-ce que je me raconte au sujet de l'argent? Et si elles n'étaient pas vraies?
- Est-ce que je permets à l'abus financier du passé de gouverner mon avenir?
- Quel autre choix ai-je?

149

Utilises-tu le doute, la peur et la culpabilité pour te distraire de créer de l'argent ?

Chaque fois que tu doutes, que tu as peur, que tu ressens de la culpabilité ou du reproche au sujet de l'argent, ou que tu es obsédé, que tu fais une fixation ou que tu es en colère au sujet de ta situation financière, tu t'empêches d'être présent aux possibilités et choix différents.

> **OUTIL : ÉLIMINE CE MOT DE TON VOCABULAIRE**
>
> Élimine le mot «parce que» de ton vocabulaire. Chaque «parce que» est ta façon intelligente de croire à la distraction d'une grande histoire afin que tu puisses faire une croix sur toi. Quand tu te surprends à le dire, dis : «Oh, c'est une belle histoire. Quoi d'autre est possible si je n'utilise pas cette histoire pour me stopper?»

> **QUESTIONS**
>
> - Quelles distractions est-ce que j'utilise pour m'empêcher de créer de l'argent?
> - Quoi d'autre est possible que je n'ai pas encore considéré?

SOIS BRUTALEMENT HONNÊTE AVEC TOI-MÊME

Es-tu prêt à n'avoir aucune barrière ?

On nous fait croire que les jugements, les barrières et les murs que nous mettons en place nous protègent, mais en vérité, ils nous cachent à nous-mêmes.

Créer ta propre réalité financière, c'est avoir une conscience de ce qui est réellement et ensuite choisir ce qui va créer plus pour toi. Il faut que tu sois prêt à ne pas avoir de jugement ni de barrières et à être totalement vulnérable. À partir de là, tu vois ce qui est possible pour toi et que tu as refusé de reconnaître

OUTIL : TRANSFORME TES DÉFAUTS EN FORCES

▸ Et si tes défauts étaient réellement tes forces ? Partout où tu te donnes tort, c'est que tu refuses d'être fort. Considère ce que tu as décidé qui était un défaut chez toi, écris-le et pose la question : «Quelle force est-ce que c'est que je ne reconnais pas?»

▸ Lorsque tu es toi, tu es l'une des choses les plus attirantes au monde. Lorsque tu te juges, tu n'es pas toi.

QUESTIONS

· Si j'étais moi, qu'est-ce que je choisirais ?
· Si j'étais moi, qu'est-ce que je créerais ?

QUI SUIS-JE EN CE MOMENT ? MOI OU QUELQU'UN D'AUTRE ?

Qu'aimerais-tu réellement avoir ?

Être vulnérable, c'est être brutalement honnête au sujet de ce que tu aimerais avoir dans ta vie. Si tu le caches et le gardes secret de toi-même ou si tu prétends que tu ne désires pas ce que tu veux vraiment, tu n'as aucune chance de créer et de choisir plus grand et d'avoir une vie que tu aimes vraiment.

OUTIL : ÉCRIS CE QUE TU AIMERAIS RÉELLEMENT AVOIR DANS LA VIE

▸ Es-tu prêt à être honnête avec toi-même au point d'admettre ce que tu aimerais vraiment avoir dans la vie, même si cela n'a aucun sens pour les autres? Fais une liste de tout ce que tu aimerais avoir dans ta vie (utilise les questions ci-dessous). Si rien n'était impossible, qu'est-ce que tu choisirais? Regarde ta liste et demande : «Qu'est-ce qu'il faudrait pour générer et créer cela avec aisance?»

QUESTIONS

- Qu'est-ce que j'aimerais créer dans ma vie?
- Si je pouvais tout avoir, être, faire et créer, qu'est-ce que j'aimerais choisir?
- Qu'est-ce que j'ai décidé qui était impossible et que j'aimerais vraiment avoir?
- Quelle est la chose la plus ridicule ou inconcevable que je puisse demander?
- Qu'est-ce que je voudrais demander à l'univers et exiger de moi?

AIE CONFIANCE DANS CE QUE TU SAIS

Tu as toujours su, même quand les choses ne fonctionnaient pas.

As-tu déjà su que quelque chose n'allait pas vraiment fonctionner comme tu le voudrais, mais tu l'as fait quand même?

OUTIL : RECONNAIS TON SAVOIR

- Écris toutes les fois où tu as fait quelque chose en sachant que tu ferais mieux de ne pas le faire et cela s'est passé exactement comme tu savais que ça allait se passer. Écris toutes les fois où quelque chose a bien marché et où tu avais toujours su que ce serait le cas, peu importe ce qu'en disaient les autres.

Reconnais que, quoi qu'il soit arrivé, tu savais toujours ce qui allait arriver.

Qu'est-ce que je sais au sujet de l'argent que je ne me suis jamais permis de reconnaître ou pour lequel on m'a donné tort?

Si l'argent n'était pas le problème, que choisirais-tu ?

Il faut que tu poses des questions tous les jours si tu veux changer les choses et créer un avenir financier qui fonctionne pour toi. Chaque jour est nouveau, il y a toujours plus de possibilités disponibles. Tout ce que tu as à faire est de demander.

Si l'argent n'était pas le problème, qu'est-ce que je choisirais?

Qu'est-ce que j'aimerais créer dans le monde?

Qu'est-ce que je pourrais commencer à mettre en place immédiatement?

À qui est-ce que je devrais parler?

Qu'est-ce qu'il faudrait que je fasse?

Où est-ce qu'il faudrait que j'aille?

Quels choix pourrais-je faire aujourd'hui pour commencer à créer ma propre réalité financière?

DEUXIÈME PARTIE : QUE L'ARGENT VIENNE À MOI!
Chapitre 4 : dix choses qui vont faire venir l'argent à toi (encore et encore)

1. Pose des questions qui invitent l'argent

2. Sache exactement de combien d'argent tu as besoin pour vivre, joyeusement

3. Aie de l'argent

4. Reconnais-toi

5. Fais ce que tu aimes et qui t'apporte de la joie

6. Sois conscient de ce que tu penses, dis et fais

7. Ne sois pas attaché au résultat

8. Arrête de croire au succès, à l'échec, aux besoins et aux désirs

9. Sois dans le laisser-être

10. Sois prêt à être hors contrôle

Chapitre 5 : pose des questions qui invitent l'argent

Les questions sont l'invitation à recevoir; c'est ce qui permet à l'argent de se manifester. Si tu ne demandes pas, tu ne peux pas recevoir.

Si tu poses une question qui commence par « Pourquoi » ou « Comment », la plupart du temps, ce n'est pas vraiment une question. Si tu cherches une réponse particulière (ou si tu peux déjà prédire une réponse à la question) — tu sais quoi ? Tu n'es pas en train de poser une question !

Voici des exemples de questions qui vont inviter l'argent.

- Qu'est-ce qui pourrait se présenter de manière plus grande que ce que j'ai pu imaginer?
- Qu'est-ce que j'ai choisi de créer avec cela et quels autres choix ai-je?
- Qu'est-ce qui est juste à mon sujet que je ne vois pas?
- Que puis-je être ou faire de différent chaque jour afin de devenir plus conscient des choix, des possibilités et des contributions qui sont à ma disposition à chaque instant?

Commence à demander de l'argent, maintenant!

L'objectif est d'être plus à l'aise pour demander de l'argent. Et si demander de l'argent était vraiment amusant pour toi? À quel point est-ce que tu pourrais t'amuser à demander que l'argent se présente de toutes sortes de façons?

OUTIL : ENTRAÎNE-TOI À DEMANDER DE L'ARGENT

- Mets-toi devant le miroir et demande : «Puis-je avoir l'argent maintenant s'il te plaît?» Répète-le, encore et encore.
- Lorsque tu as un client duquel tu attends de l'argent ou si quelqu'un te doit de l'argent sur une facture, demande-leur : «Comment aimeriez-vous régler?»

Pour inviter l'argent, utilise des questions tous les jours

Continue à poser des questions. Peu importe ce qui se présente, demande plus, demande plus grand. Et si poser des questions devenait tellement naturel pour toi que tu devenais une invitation sur pattes invincible pour les possibilités avec l'argent?

- Quoi d'autre est possible?

- Comment est-ce que ça devient encore mieux que ça? (à poser quand des bonnes ou des mauvaises choses se présentent)

- Comment est-ce que j'aimerais que soit ma réalité financière?

- Que devrais-je être ou faire de différent afin de créer cela?

- Que puis-je être ou faire de différent maintenant afin de générer plus d'argent immédiatement?

- Sur quoi puis-je porter mon attention aujourd'hui qui va augmenter mes flux d'argent?

- Que puis-je ajouter à ma vie maintenant afin de créer plus de revenus et de création immédiatement?

- Qui ou quoi d'autre pourrait contribuer à ce que j'aie plus d'argent dans ma vie?

- Où puis-je utiliser mon argent pour qu'il me rapporte plus?

- Si l'argent n'était pas le problème, que choisirais-je?

- Si je choisissais juste pour moi, juste pour m'amuser, qu'est-ce que je choisirais?

- Qui d'autre? Quoi d'autre? Où d'autre?

- Puis-je avoir l'argent maintenant s'il te plaît?

Chapitre 6 : sache exactement de combien d'argent tu as besoin pour vivre, joyeusement!

Il faut que tu saches exactement combien ta vie te coûte pour vivre joyeusement; sinon tu ne pourras pas appliquer tous ces merveilleux outils de manière efficace parce que tu n'auras pas la clarté dont tu as besoin pour avancer.

- Regarde précisément combien ta vie te coûte. Si tu as un business, fais la même chose pour ton business.

- Note toutes tes dépenses et frais. Si tu as un compte de profits et pertes ou une sorte de bilan de ton comptable, utilise-le pour déterminer ce que ton business et ta vie te coûtent chaque mois.

- Fais la somme de toutes tes dettes actuelles. Si tes dettes s'élèvent à moins de 20 000 $, divise le montant par 12 et ajoute-le à ton coût de vie mensuel. Si tes dettes s'élèvent à plus de 20 000 $, divise par 24 ou plus si tu le souhaites. Inclus le montant dans ta liste.

- Note combien te coûtent tes loisirs et les choses que tu aimes faire.

- Calcule la somme totale.

- Ajoute 10 % pour ton compte des 10 %

- Et puis, ajoute 20 % de plus, juste pour le plaisir. Parce qu'il s'agit de s'amuser dans la vie !

- Regarde la somme totale. C'est le montant réel dont tu as besoin pour vivre tous les mois.

- Pose des questions. Exige que cette somme d'argent se présente et encore plus.

- Fais cet exercice tous les six à douze mois, car à mesure que ta vie change, tes dépenses, tes désirs et tes besoins financiers vont également changer

- Que faudrait-il pour créer cela et plus, avec aisance totale ?

- Quoi d'autre puis-je ajouter à ma vie ?

- Quoi d'autre puis-je créer ?

OUTIL #1 POUR AVOIR DE L'ARGENT : LE COMPTE DES 10 %

Mets 10 % de tout ce que tu gagnes de côté.

Tu les mets de côté afin de t'honorer. Rappelle-toi, ce n'est pas logique ni linéaire. Énergétiquement, l'univers commence aussi à être une contribution pour toi et tu commences à avoir de l'argent qui se présente dans les endroits les plus aléatoires.

OUTIL #2 POUR AVOIR DE L'ARGENT : AIE DE L'ARGENT SUR TOI

Aie sur toi autant d'argent liquide qu'une personne riche aurait sur elle.

Qu'est-ce que cela crée pour toi lorsqu'à chaque fois que tu ouvres ton portefeuille, tu vois beaucoup d'argent dedans ? Cela contribue-t-il à un sentiment de richesse ? Est-ce amusant ? Essaye et tu verras.

Si tu as un point de vue là-dessus parce que tu penses que tu vas perdre ton argent ou te le faire voler, pose la question : « Combien d'argent ai-je besoin d'avoir sur moi afin d'être prêt à en être conscient à tout moment ? »

OUTIL #3 POUR AVOIR DE L'ARGENT : ACHÈTE DES CHOSES DE VALEUR INTRINSÈQUE

Après leur achat, les articles de valeur intrinsèque gardent ou augmentent leur valeur.

Des choses comme l'or, l'argent, le platine, les antiquités, les objets rares ont une valeur intrinsèque.

Envisage d'acheter des actifs liquides (objets de valeur facile à vendre) qui ont aussi une beauté esthétique qui ajoutent à ta vie et qui contribueront à créer un sentiment de richesse et de luxe dans ta vie tout en ayant une valeur monétaire

---

OUTIL : RENSEIGNE-TOI SUR LES ARTICLES DE VALEUR ET SUR CE QUI CRÉE UN SENTIMENT DE RICHESSE POUR TOI

▸ Renseigne-toi sur les choses de valeur qui seraient amusantes pour toi d'avoir dans ta vie. Est-ce amusant pour toi d'avoir de l'argent ainsi que des actifs liquides? Combien d'argent aurais-tu besoin d'avoir dans ta vie pour avoir un plus grand sentiment de paix et d'abondance avec l'argent? Quoi d'autre pourrais-tu ajouter à ta vie pour créer un sentiment d'esthétisme, d'abondance, de luxe et de richesse qui élargit toutes les facettes de ta vie?

Chapitre 8 : reconnais-toi

Tu peux commencer à te reconnaître plus efficacement de trois façons :

- Reconnais la valeur de toi
- Reconnais ce qui est facile pour toi de faire et d'être
- Reconnais ce que tu crées

N'attends pas que les autres reconnaissent ta valeur

Attends-tu que les autres te reconnaissent pour enfin savoir que ce que tu as à offrir a de la valeur?

Et si tu reconnaissais toi-même ta valeur, peu importe ce que les autres pensent?

OUTIL : NOTE LA GRATITUDE QUE TU AS POUR TOI

▸ Achète un cahier et note les choses pour lesquelles tu es reconnaissant envers toi-même — ajoute au moins trois choses différentes chaque jour. Exige de percevoir, savoir, être et recevoir la grandeur de toi avec plus d'aisance. Engage-toi envers toi-même, et sois là pour toi tout au long de ce processus.

QUESTIONS

- Qu'est-ce qui est merveilleux à mon sujet que je n'ai jamais reconnu ?
- Qu'est-ce que j'ai refusé de reconnaître à mon sujet qui, si je le reconnaissais, rendrait ma vie plus aisée et plus joyeuse ?

Qu'est-ce qui est facile pour toi et que tu n'as jamais reconnu ?

Qu'est-ce qui est facile à faire pour toi ? Qu'est-ce que tu trouves facile et dont tu penses que cela n'a pas de valeur ?

OUTIL : NOTE CE QUI EST FACILE POUR TOI D'ÊTRE ET DE FAIRE

▸ Commence à écrire les choses que tu trouves faciles et examine-les bien. Perçois l'énergie de comment c'est de faire ces choses qui sont faciles. Reconnais à quel point tu es brillant !

▸ Demande que cette énergie apparaisse dans tous les domaines où tu as décidé que ce n'était pas si facile. Si tu prends conscience de cette énergie et que tu lui demandes de croître dans ta vie, elle peut et va le faire.

> · Que puis-je reconnaître d'autre à mon sujet que je pensais ne pas avoir de valeur?

Est-ce que tu reconnais tes créations ou est-ce que tu les rejettes?

Combien de choses crées-tu réellement dans ta vie que tu rejettes? Et si tu pouvais être totalement présent à tout ce qui se passe et tout ce qui est créé dans ta vie et recevoir tout cela, avec gratitude? Note l'énergie et le sens de la possibilité qui seraient créés dans ta vie avec une reconnaissance telle que : «J'ai créé quelque chose de vraiment génial aujourd'hui.»

> · Que faudrait-il pour que je reçoive vraiment cet argent dans ma vie, et que j'éprouve une gratitude totale pour cet argent, et pour moi?
> · Où d'autre puis-je reconnaître ma capacité à créer?
> · Et si j'appréciais vraiment ma création?
> · À quel point puis-je m'amuser et que puis-je maintenant créer d'autre?

Chapitre 9 : fais ce que tu aimes

Lorsque tu inclus plus de ce que tu aimes faire, tu vas continuellement inviter l'argent à venir jouer.

Qu'est-ce que tu aimes faire ?

Commence à regarder les choses que tu aimes faire.

OUTIL : FAIS UNE LISTE DE TOUT CE QUE TU AIMES FAIRE

- Sors un bloc-notes et commence à écrire tout ce que tu aimes faire.
- Continue à y ajouter des choses au cours des jours et des semaines prochaines.
- Ensuite, regarde cette liste — fais-tu assez de choses que tu aimes ?
- Pose des questions

QUESTIONS

- Avec lequel de ces éléments pourrais-je créer immédiatement des sources de revenus ? (Vois si une chose — ou plusieurs — te sautent aux yeux. Et si tu commençais par ces choses-là ?)
- Qu'est-ce qu'il faudrait que je fasse, à qui est-ce qu'il faudrait que je parle et où est-ce qu'il faudrait que j'aille pour commencer à créer tout de suite cela comme une réalité ?
- Et à quel point est-ce que je pourrais m'amuser à créer ça ?

QU'EST-CE QUE TU PEUX AJOUTER D'AUTRE ?

Tu n'es pas obligé d'être sur une seule voie. Tu peux avoir plusieurs sources et plusieurs voies en cours. Et si tu pouvais en créer autant que tu voulais ? Il n'y a aucune limite au montant des sources de revenus que tu peux demander. Comment sais-tu lesquelles sont appropriées ? Si c'est amusant pour toi, c'est approprié.

Ajouter à ta vie créera plus de ce que tu désires tandis que retirer des choses de ta vie va faire le contraire.

Si tu commences à ajouter plus de choses à ta vie, surtout si tu crées avec les choses que tu aimes, l'ennui et le débordement commencent à disparaître.

- Prends un projet ou une partie de ta vie dans lesquels tu as tendance à te sentir dépassé et entraîne-toi à avoir une vue d'ensemble. Regarde ça et demande :
- Quelqu'un d'autre pourrait-il contribuer à cela ?
- Quelqu'un d'autre pourrait-il ajouter quelque chose à cela ?
- Quelqu'un d'autre pourrait-il faire ça mieux que moi ?
- Que puis-je ajouter à ma vie pour avoir de la clarté et de l'aisance avec tout cela et plus ?

QUESTIONS

- Si tu souhaites avoir plus de clients dans ton business ou si tu t'ennuies dans ce que tu fais, pose la question : « Que puis-je ajouter d'autre ici ? »
- Si tu te sens débordé, demande : « Que puis-je ajouter ? Quoi d'autre puis-je créer ? »

Crées-tu différemment des autres ?

Les gens projettent sur toi qu'il faut que tu finisses une chose avant d'en commencer une autre.

Mais est-ce vrai pour toi ? Si tu ne jugeais pas que la façon dont tu crées était incorrecte, à quel point est-ce que tu pourrais t'amuser davantage à créer plus dans ta vie ?

- Qu'est-ce qui fonctionne pour moi ?
- Est-ce plus amusant d'avoir plein de choses différentes en cours ?
- Si je pouvais créer mon argent et ma vie comme je le désire, qu'est-ce que je choisirais ?

Chapitre 10 : sois conscient de ce que tu dis, penses et fais

Commence à être attentif à tout ce que tu dis et aux pensées qui te viennent à l'esprit, surtout celles que tu as tendance à tenir automatiquement pour vraies sans les remettre en question. Et si elles n'étaient pas vraies du tout ?

Souhaiter ou créer.

Combien de fois as-tu mis des choses sur une liste de vœux, en espérant qu'elles apparaissent, mais sans rien entreprendre pour les créer ?

L'engagement est la volonté de consacrer ton temps et ton énergie à quelque chose que tu exiges qui se présente.

OUTIL : NE FAIS PAS DE LISTE DE VŒUX, MAIS UNE LISTE DE CRÉATIONS

Plutôt que de faire une liste de vœux, fais une liste de ce que tu désires créer dans ta vie et dans ta réalité financière. Pose des questions. Et choisis.

- Qu'est-ce que je souhaite, plutôt que de m'engager dans la création ?
- En étant brutalement honnête, à quel point suis-je engagé envers ma vie actuellement ? 10 % ou moins ? 15 % ou moins ? 20 % ?
- Suis-je prêt à m'engager à 100 % envers ma vie ?
- Suis-je prêt à m'engager envers la création des choses que je désire ?
- Qu'est-ce qu'il faudrait pour créer ceci ?
- Que dois-je mettre en œuvre pour que cela se produise ?

Choisir par incréments de 10 secondes

Imagine tous tes choix ayant une durée de vie de 10 secondes. Si tu souhaites continuer d'une certaine façon, il te suffit de renouveler le choix — mais il faut que tu continues à consciemment renouveler ce choix toutes les 10 secondes. Tu as donc intérêt à être sûr que c'est quelque chose que tu désires vraiment avoir ! Et si le choix pouvait vraiment être aussi simple que ça ? Si tu choisis quelque chose et que ça ne marche pas, tu n'as pas besoin de perdre du temps à te juger et à te faire des reproches pour avoir fait ce choix. Il faut juste que tu fasses un nouveau choix.

OUTIL : VIS 10 SECONDES PAR 10 SECONDES

- Entraîne-toi à choisir par incréments de 10 secondes.
- Commence avec des petites choses (te lever, t'asseoir, préparer une tasse de thé, cueillir une fleur, etc.)
- Sois complètement présent à chaque choix. Apprécie chaque choix. Ne rends pas le choix significatif, bon, mauvais ou important.

- Comment est-ce que ton corps se sent? Qu'est-ce qui se passe pour toi?
- Et si, chaque fois que tu faisais un choix, tu te faisais le cadeau de savoir qu'il n'est pas gravé dans le marbre?

Chapitre 11 : ne sois pas attaché au résultat

Lorsque tu fais des choix dans la vie, à quel point es-tu attaché au résultat avant même de commencer? Et si la forme sous laquelle tu as décidé que ça doit se présenter était une limitation? Ne sois pas attaché au résultat et demande à prendre conscience des choix qui vont agrandir ta vie. Laisse-toi percevoir l'énergie de ce que chaque choix créerait. Suis l'énergie de ce qui est plus expansif, même si cela ne te paraît avoir aucun sens logique ou cognitif.

OUTIL : DEMANDE À RECEVOIR L'ÉNERGIE DE CE QUE TON CHOIX VA CRÉER

- Lorsque tu fais face à un choix entre plusieurs options, pose ces deux questions :
- Si je choisis ceci, à quoi ressemblera ma vie dans cinq ans?
- Si je ne choisis pas ça, à quoi ressemblera ma vie dans cinq ans?

Immerge-toi

Et si, chaque fois que tu envisageais quelque chose et que tu n'étais pas sûr de ce choix, tu te donnais du temps pour t'adonner à ce choix, pour t'immerger dans ce choix?

S'adonner à quelque chose signifie «succomber ou se livrer au plaisir de quelque chose»

> ### OUTIL : IMMERGE-TOI DANS PLUSIEURS CHOIX

> Prends quelque chose que tu n'es pas sûr de vouloir choisir. Joue-le à fond pendant trois jours. Lorsque tu t'immerges dans le choix de quelque chose, tu as une prise de conscience beaucoup plus grande de l'énergie qui serait créée ou générée par ce choix. Pendant les trois jours suivants, joue à fond de ne pas faire ce choix. Lequel des deux est plus léger pour toi?

QUESTIONS

Si je n'avais pas de règles, de règlements ni de points de référence, qu'est-ce que je créerais?

Chapitre 12 : arrête de croire au succès, à l'échec, aux nécessités et aux besoins

Tu réussis déjà, et si tu veux changer des choses dans ta vie, tu peux tout simplement le faire. En quoi as-tu déjà réussi sans l'avoir reconnu?

Tomber et échouer

L'échec n'existe pas. C'est juste ton point de vue. Un choix qui n'a pas fonctionné comme tu l'avais prévu n'est pas un échec ou une erreur. C'est juste différent de ce que tu pensais.

▶ Entraîne-toi à créer de la conscience dans ton monde. Il ne s'agit pas de bien ou mal faire les choses. Qu'est-ce que tu aimerais choisir?

- Qu'as-tu décidé qu'il fallait que tu fasses correctement?
- As-tu décidé qu'il fallait que ton business/ta relation/ton monde financier soit bien?
- As-tu décidé qu'il fallait que tu prennes la bonne décision?
- As-tu décidé qu'il fallait que tu évites les mauvaises décisions, ou que tu évites de tomber et d'échouer?
- Et si tu savais que le choix crée la prise de conscience?
- En quoi est-ce que ce choix pourrait être une contribution pour toi dont tu n'es pas encore conscient?

Et si le moment était venu d'être aussi différent que tu l'es réellement ?

Et si tu n'étais ni un échec ni une erreur, juste différent?

▶ Écris ce que tu crois être tes échecs dans la vie. Une fois que tu les as écrits, regarde la liste, et pour chaque chose, pose la question : «Si je ne jugeais pas ça comme un échec, quelle contribution pourrais-je en recevoir?» et puis : «Quelle prise de conscience cela a-t-il créé dans ma vie que je n'aurais pas autrement?» Écris ce qui te vient à l'esprit. Sors du jugement de ton choix et demande à prendre conscience de la contribution, du changement et de la prise de conscience qu'il a créés pour toi.

- Écris ce que tu penses être tes «défauts personnels». Regarde la liste des choses que tu juges comme étant des défauts à ton sujet. Pose la question : «Si j'arrêtais de considérer cela comme un défaut, quelle force est-ce que cela serait?»

Je n'ai pas besoin ni ne veux d'argent — et toi non plus !

Est-ce que tu savais que dans tout dictionnaire antérieur à 1946, le mot «vouloir» avait 27 définitions qui signifient «manquer» et une seule qui signifie «désirer»? Chaque fois que tu dis «je veux», tu dis en réalité «je manque»!

OUTIL : JE NE VEUX PAS D'ARGENT

- Entraîne-toi à dire : «Je ne veux pas d'argent», à voix haute, au moins 10 fois de suite. Est-ce que tu commences à te sentir plus léger? Cette légèreté que tu ressens est la reconnaissance de ce qui est vrai pour toi. Parce qu'en vérité, tu ne manques de rien.

Nécessité et choix

Nous adorons croire que nous avons besoin de choses. Et si tout n'était vraiment qu'un choix?

QUESTIONS

- Qu'est-ce que j'ai décidé qui était une nécessité?
- Est-ce réellement une nécessité? Ou est-ce que c'est un choix?
- Quelles nécessités puis-je reconnaître qui sont des choix?
- Et si c'était un choix que je pouvais faire, joyeusement?
- Qu'est-ce que j'aimerais créer?

Chapitre 13 : sois dans le laisser-être

Le laisser-être, c'est quand tu es comme un rocher dans la rivière. Tous les points de vue de ce monde sur l'argent te passent à côté, mais ils ne t'emportent pas avec eux. Le laisser-être n'est pas l'acceptation. Ce n'est pas essayer de faire croire que tout va bien. Tu peux poser tes limites. Tu peux choisir ce qui marche pour toi.

Lorsque les gens jugent, ce n'est pas toi qu'ils jugent; ce sont les jugements qu'ils ont d'eux-mêmes au sujet de ce qu'ils n'ont pas été prêts à créer.

OUTIL : QUEL EST TON JUGEMENT DE TOI ?

▸ Si tu te surprends à juger quelqu'un, demande-toi quel jugement tu as de toi en lien avec cette personne. Vois si ça devient plus léger. Le jugement n'est pas réel et le laisser-être crée des possibilités.

QUESTIONS

· Qu'est-ce qu'il faudrait pour que je sois prêt à recevoir les jugements (bons et mauvais) que les autres portent sur moi ?

· Et si j'étais prêt à recevoir tout ça avec aisance ?

Es-tu prêt à être dans le laisser-être de toi-même ?

La plupart des jugements que nous portons sur nous-mêmes, 99 % d'entre eux, sont ceux que nous avons pris des gens autour de nous. Ils ne sont ni réels ni vrais.

- Lorsque tu te juges, reconnais : «En ce moment, je choisis de me juger. Je vais me faire plaisir avec ça pendant une minute et ensuite je vais choisir d'arrêter de me juger.»
- Tu peux choisir de te juger, et tu peux choisir d'arrêter de te juger.
- Lorsque tu es prêt à t'arrêter de te juger, pose des questions.

QUESTIONS

- Qu'est-ce qui est juste à mon sujet que je ne perçois pas?
- Et si rien de tout ce que j'ai jamais été ou fait n'était mal?
- Et si rien chez moi n'était un défaut?
- Quel cadeau serait-ce vraiment dans ma vie si j'étais dans le laisser-être total de moi?
- Quelle bienveillance puis-je être à mon égard aujourd'hui en ne me jugeant pas?

N'essaye pas de changer les gens.

La seule personne que tu puisses changer, c'est toi-même, personne d'autre. Si tu essayes de faire en sorte que les gens choisissent ce que tu veux qu'ils choisissent, ils vont finir par développer une résistance contre toi et te détester à cause de ça. Laisse les autres choisir ce qu'ils choisissent et continue de choisir ce que tu choisis.

QUESTIONS

- Est-ce que je juge les choix de mon partenaire, de ma famille, de mes amis?
- Quel laisser-être puis-je être pour eux et leur choix?
- Qu'est-ce que j'aimerais choisir pour moi que je n'ai pas encore choisi?

Chapitre 14 : sois prêt à être hors contrôle

À quel montant as-tu réduit l'argent dans ta vie afin de pouvoir le contrôler?

Et si tu pouvais créer ta vie, ton business et tes différentes sources de revenus en élargissant ta conscience et en lâchant prise avec ce que tu essayais de contrôler?

Et si tu pouvais brillamment créer à partir du chaos ?

Te souviens-tu que la création de l'argent n'est pas linéaire? Tu n'es pas linéaire non plus! Et si tu pouvais créer de la façon que tu désires et requiers, même si cela paraît complètement chaotique aux yeux des autres. Et si tu arrêtais d'essayer de contrôler ta vie et commençais tout simplement à la créer? Souviens-toi, tu n'es pas seul dans l'univers, l'univers va contribuer à créer tout ce que tu désires, alors demande davantage.

OUTIL : ABANDONNE LE CONTRÔLE ET LÂCHE PRISE

▸ Pendant la semaine qui vient, essaye de lâcher les rênes de tout ce à quoi tu t'accroches fermement. Lâche les choses que tu as essayé de contrôler et vois si quelque chose de nouveau peut apparaître. Pose des tonnes de questions.

QUESTIONS

- Quelles questions faut-il que je pose pour créer tout cela avec aisance?
- Qui ou quoi d'autre puis-je ajouter à mon business et ma vie?
- Qu'est-ce qu'il faudrait pour que ce soit facile?
- Qu'est-ce qui requiert mon attention aujourd'hui?
- Sur quoi faut-il que je travaille pour créer cela?

Et si créer du cash-flow, c'était vraiment juste jouer avec les possibilités ?

OUTIL : SOIS CONSCIENT DE TES LIQUIDITÉS ET POSE DES QUESTIONS

Regarde le cash-flow que tu as ou que tu n'as pas actuellement. Prends le temps de lui donner ton attention et pose chaque jour davantage de questions. Commence à t'instruire au sujet de l'argent.

QUESTIONS

- Qu'est-ce qu'il faudrait pour avoir des flux de trésorerie continus dans ma vie ?
- Combien de sources de revenu et de création est-ce que je peux créer ?
- Avec quoi est-ce que j'ai envie de jouer ?
- Qu'est-ce qui m'apporte de la joie ?
- De quoi suis-je curieux ?
- Qu'existe-t-il d'autre en ce qui concerne l'argent et qui serait amusant pour moi de découvrir ?

DEUX AUTRES OUTILS D'ACCESS CONSCIOUSNESS QUE TU PEUX UTILISER POUR TOUT EXPONENTIALISER

La différence qu'Access Consciousness a créée dans ma vie est exponentielle.

Access Consciousness est une énorme boîte à outils pour créer des changements dans ta vie, pour finalement changer ta façon de fonctionner afin que rien ne soit limité et qu'il y ait de plus en plus d'espace pour choisir tout ce que tu désires.

Ce ne sont pas seulement les questions, les concepts et les outils qu'offre Access Consciousness qui te permettent vraiment de changer les choses, c'est le déblayage de l'*énergie sous-jacente* de tous les points de vue, conclusions et jugements qui rendent les choses dans nos vies immobiles et immuables. Si nous étions capables de tout régler avec notre esprit logique, nous aurions tout ce que nous avons toujours souhaité ; ce sont les points de vue insensés qui nous enferment. La formule de déblayage a pour fonction de changer tout cela et plus encore.

Pour déblayer et changer l'énergie sous-jacente, il existe deux outils que je te recommande vivement d'utiliser en conjonction avec les autres outils de ce livre : la formule de déblayage d'Access Consciousness® et les Access Bars®.

La formule de déblayage est un processus verbal que tu peux ajouter à tes questions et qui déblaye l'énergie de l'endroit où tu te sens actuellement limité ou coincé. Les Access Bars sont un processus corporel pratique qui te permet de dissiper la composante bloquée des pensées, des sentiments et des émotions qui sont enfermés dans ton corps et tes points de vue (ta vie).

Il y a des années, quand je cherchais à changer un aspect de ma vie, j'ai lu beaucoup de livres et quand je lisais les histoires des gens, cela m'énervait plus qu'autre chose, parce que je me disais : «OK, c'est génial, mais comment est-ce que je peux faire ça ? Comment est-ce que je peux changer ça ?» Ce livre est différent. Il y a mes histoires, il y a des questions et des outils et il y a également des processus à faire avec la formule de déblayage. Cela a tout changé pour moi. Je voudrais que tu saches que ces outils existent et que tu peux changer n'importe quel domaine de ta vie que tu *penses* ne pas fonctionner pour toi. C'est totalement ton choix.

LA FORMULE DE DÉBLAYAGE D'ACCESS CONSCIOUSNESS®

La formule de déblayage est l'un des outils fondamentaux d'Access Consciousness que je décrirais comme de la «magie» en action. Il s'agit essentiellement de l'énergie. Lorsque tu poses une question et que tu utilises ensuite la formule de déblayage, tu changes, détruis et décrées tous les endroits où tu as créé un point de vue qui t'empêche d'avoir, d'être ou de choisir quelque chose de différent.

La formule de déblayage est fondamentalement conçue pour changer tous ces endroits où tu as des pensées, des sentiments, des émotions, des limitations, des jugements et des conclusions qui ne devraient pas exister ainsi que pour créer plus de jeu et de joie afin que quelque chose de différent se présente et qu'il y ait une plus grande prise de conscience pour que tu aies plus de possibilités à ta disposition.

La formule de déblayage complète est : *Right and wrong, good and bad, POD and POC, all 9, shorts, boys and beyonds®.*

C'est une expression abrégée pour toutes les différentes sortes d'énergies que tu déblayes. La beauté de la formule de déblayage, c'est que tu n'es pas obligé de la comprendre, ni même de te rappeler de la formule entière. Tu peux juste dire : «POD et POC» ou «Tous ces trucs» ou même «Cette énergie de ce livre étrange que je viens de lire.» Parce qu'il s'agit de l'énergie et pas des mots; ça marchera quand même.

Tu trouveras ci-dessous une explication abrégée des mots de la formule de déblayage. Si tu souhaites en savoir plus, rends-toi sur www.theclearingstatement.com

RIGHT AND WRONG, GOOD AND BAD

Cette partie de la formule est un raccourci pour : «Qu'est-ce que j'ai décidé qui est juste, bon, parfait et correct à ce sujet? Qu'est-ce que j'ai décidé qui est faux, méchant, vicieux, terrible, mal et horrible à ce sujet?»

POD & POC

POD représente le point de destruction des pensées, des sentiments et des émotions qui précèdent immédiatement les décisions de verrouiller ce jugement, ce point de vue ou cette énergie, et toutes les manières dont tu t'es détruit pour maintenir en existence le jugement, le point de vue ou l'énergie en question. POC représente le point de création des pensées, des sentiments et des émotions qui précèdent immédiatement ta décision de verrouiller l'énergie pour la maintenir en place.

«POD et POC» est aussi une manière abrégée de dire la formule de déblayage.

Quand tu «POD et POC» quelque chose, c'est comme retirer une carte du bas d'un château de cartes. Tout s'écroule.

All 9

«All 9» représente les neuf manières différentes dont tu as créé cette chose comme une limitation dans ta vie. Ce sont les couches de pensées, de sentiments, d'émotions et de points de vue qui créent la limitation comme solide et réelle.

Shorts

«Shorts» est la version raccourcie d'une série de questions qui inclut : Qu'est-ce qui est significatif à ce sujet? Qu'est-ce qui n'a pas de sens? Quelle en est la punition? Quelle en est la récompense?

Boys

Nous avons ce point de vue que si nous continuons à peler les différentes couches d'un oignon, nous allons arriver au cœur du problème, mais combien de fois réalises-tu que tu n'y arrives jamais vraiment? «Boys» représente des structures énergétiques appelées « sphères nucléées » que nous confondons avec des oignons que nous pensons devoir éplucher. Les sphères nucléées sont comme les bulles des pipes à bulles des enfants. Nous essayons de les faire éclater en pensant que cela va régler le problème, mais c'est l'enfant qui crée les bulles en soufflant dans la pipe. Retire le gamin, les bulles s'arrêtent. C'est l'énergie qui est appelée collectivement « boys ».

Beyonds

Ce sont des sentiments ou des sensations que tu as qui font arrêter ton cœur de battre, qui te coupent le souffle ou qui arrêtent ta volonté de considérer les possibilités. C'est ce qui se passe lorsque tu es en état de choc, comme lorsque tu reçois une grosse facture de téléphone imprévue. En général, ce sont des sentiments et des sensations, rarement des émotions et jamais des pensées.

COMMENT FONCTIONNE LA FORMULE DE DÉBLAYAGE

La première fois que j'ai entendu la formule de déblayage, j'étais à une soirée d'introduction d'Access Consciousness, et quand j'ai entendu le facilitateur de la classe dire la formule, je me suis dit : « De quoi parle-t-il ? Je n'ai aucune idée de ce que c'est ! » Mais ce que j'ai remarqué, c'est que le lendemain matin, quand je me suis réveillée, les choses avaient changé pour moi.

J'avais ordonné ma vie : je me levais à 6 h 30, j'étais à la salle de sport à 7 h (et il fallait que j'aille faire de la musculation, sinon j'allais passer la journée à me juger) et au bureau avant 9 h, je travaillais du lundi au vendredi et je restais tard au bureau à faire des choses et d'autres. Tout devait avoir une certaine forme. Et je pensais que ça ne changerait jamais.

Le matin après la soirée d'introduction, j'ai réalisé, assise dans mon lit : «Oh, je ne me suis même pas levée pour aller à la salle de sport», et j'ai ressenti cette impression d'espace, et je ne savais toujours pas ce qui s'était passé.

Le facilitateur de la soirée précédente m'a appelé et a dit : «Hé, j'appelle juste pour voir comment tu vas», et j'ai dit : «Qu'est-ce que tu m'as fait hier soir ?» Il a dit : «Qu'est-ce que tu veux dire?» Je lui ai expliqué que c'était comme si toute ma vie venait de changer. Tout ce que j'avais décidé qu'il fallait que je fasse n'était plus pertinent. C'était comme s'il y avait maintenant une possibilité différente disponible, et je n'avais aucune idée de ce que c'était. Mais ce qui était joyeux, c'était que je n'avais pas l'impression de devoir chercher à savoir ce que c'était. Il y avait une sensation de jeu dans mon monde dont je n'avais plus fait l'expérience depuis que j'étais enfant.

Ce que je savais, c'est que, peu importe de quoi avait parlé ce facilitateur dans cette classe d'introduction d'Access, ça avait marché. Et j'en désirais davantage. Je lui ai immédiatement demandé : «Alors, qu'est-ce que tu fais ensuite? Quand est la prochaine classe?» Il m'a dit ce que la prochaine classe était, mais c'était au moment de Noël, donc personne n'allait vouloir participer à une classe à cette période de l'année. Je lui ai demandé : «De combien de personnes as-tu besoin pour faire cette classe?» Et il a dit : «Quatre». J'ai dit : «Je m'en occupe.» En trois jours, j'avais trouvé quatre personnes pour venir à la classe et nous l'avons faite entre Noël et le Nouvel An.

C'était l'exigence dans mon monde d'avoir plus de ça — peu importe ce que c'était — *maintenant*. J'avais été en recherche pendant tant d'années — en suivant la route de la spiritualité, en passant par la drogue, en voyageant partout dans le monde; je cherchais quelque chose de plus. Je cherchais ce que c'était dans tous les aspects. Plus tard j'ai réalisé que cela me montrait moi. J'avais toujours regardé ailleurs, en dehors de moi, comme si c'était en dehors de moi qu'était la source du changement et ce que je commençais à réaliser, c'est que c'est moi qui suis la source du changement.

COMMENT SE SERVIR DE LA FORMULE DE DÉBLAYAGE

Pour utiliser la formule de déblayage, tu poses d'abord une question. Lorsque tu poses une question, cela fait remonter une énergie. Il se peut aussi — ou pas — que cela fasse remonter des pensées, des sentiments ou des émotions particuliers. Tu demandes ensuite de déblayer cette énergie qui apparaît en utilisant la formule de déblayage. Par exemple :

«Quels jugements ai-je au sujet de la création de l'argent?» Tout cela (c'est-à-dire toute l'énergie qui remonte), je le détruis et le décrée maintenant. Right and wrong, good and bad, POD and POC, all 9, shorts, boys and beyonds®.

Dans une classe, le facilitateur te pose une question et te demande ensuite : «Serais-tu prêt à détruire et à décréer tout ce qui remonte?» Et ensuite, tu utilises la formule de déblayage. La raison pour laquelle nous le faisons comme ça, c'est parce que c'est toi qui décides à quel point tu lâches prise et tu es prêt à changer. La formule de déblayage n'effacera pas ce qui fonctionne pour toi ou que tu ne souhaites pas changer. Cela ne fera que déblayer ce que tu es prêt à lâcher et que tu désires lâcher.

À la fin de ce chapitre, j'ai inclus une liste de processus (questions avec la formule de déblayage) que tu peux utiliser. L'idée est de les utiliser encore et encore pour continuer à déblayer de plus en plus d'énergie afin d'obtenir plus d'aisance, d'espace et de choix dans ce domaine.

ACCESS BARS®

Les Access Bars sont 32 points sur ta tête qui, lorsqu'on les touche légèrement, dissipent les pensées, les sentiments et les émotions que tu as au sujet de thèmes comme la guérison, la tristesse, la joie, la sexualité, le corps, le vieillissement, la créativité, le contrôle, l'argent, pour n'en nommer que quelques-uns. Je suis sûre que tu n'as aucun point de vue sur aucun de ces sujets, n'est-ce pas?

Je te suggère fortement de recevoir les Bars. Cela permet à ton corps d'être inclus dans le changement que tu crées. Et plus tu inclus ton corps dans le processus de changement de ta vie, plus le changement sera joyeux et aisé.

La première fois que j'ai reçu le processus des Bars, cela m'a créé un espace où je ne semblais pas avoir de point de vue arrêté sur quoi que ce soit. Il y avait plus d'espace pour choisir quelque chose de différent. Plus tu reçois tes Bars, plus cet espace s'agrandit.

Une autre manière d'utiliser les Bars pour t'aider à changer les choses est de parler de ce qui remonte pour toi au sujet de l'argent, pendant que tu actives la barre Argent. Cela commence à effacer ce que tu as décidé que l'argent est; tous les points de vue que tu as adoptés au sujet de l'argent, tous les points de vue de ta famille, de tes amis, de ta culture, de l'endroit où tu es né et ainsi de suite; et tu commences à créer ta propre réalité financière.

Cherche un praticien ou même participe à une classe de Bars. C'est un stage d'une journée et tu passes la journée à donner et recevoir les Bars — tu les reçois et les donnes deux fois. Tu te sentiras complètement différent en sortant.

Pour plus d'informations, tu peux aller sur le site
www.bars.accessconsciousness.com

LES PROCESSUS SUR L'ARGENT D'ACCESS CONSCIOUSNESS

La liste suivante présente les processus sur l'argent que tu peux exécuter pour effacer l'énergie qui t'empêche d'avoir plus de possibilités. Plus tu exécutes ces processus, plus tu as de changement. Ils sont également disponibles en audio (tu peux les télécharger gratuitement sur le site Web www.gettingoutofdebtjoyfully.com/bookGIFT), que tu peux mettre en boucle sur ton lecteur mp3 ou ton téléphone. Tu peux même la passer à un volume presque inaudible pendant ton sommeil. Ils agiront encore plus dynamiquement sans ton esprit cognitif. Amuse-toi! Rappelle-toi : sortir de l'endettement joyeusement!

Que signifie l'argent pour toi? Tout cela, vas-tu le détruire et le décréer? Right and wrong, good and bad, POD and POC, all 9, shorts, boys and beyonds.®

Qu'as-tu décidé et conclu qui était juste au sujet de l'argent? Tout cela, vas-tu le détruire et le décréer? Right and wrong, good and bad, POD and POC, all 9, shorts, boys and beyonds.®

Qu'as-tu décidé et conclu qui était faux au sujet de l'argent? Tout cela, vas-tu le détruire et le décréer? Right and wrong, good and bad, POD and POC, all 9, shorts, boys and beyonds.®

Prends le montant d'argent que tu gagnes actuellement, multiplie-le par 2 et perçois l'énergie. Tout ce qui ne permet pas que cela se présente, vas-tu le détruire et le décréer? Right and wrong, good and bad, POD and POC, all 9, shorts, boys and beyonds.®

Maintenant, prends le montant d'argent que tu gagnes actuellement, multiplie-le par 5 et perçois l'énergie. Tout ce qui ne permet pas que cela se présente, vas-tu le détruire et le décréer? Right and wrong, good and bad, POD and POC, all 9, shorts, boys and beyonds.®

Maintenant, multiplie-le par 10. Tout cela, vas-tu le détruire et le décréer? Right and wrong, good and bad, POD and POC, all 9, shorts, boys and beyonds.®

Maintenant, par 50. Tu gagnes maintenant 50 fois ce que tu gagnes actuellement. Tous les jugements, projections, séparations, tout ce que tu as décidé et conclu qui pourrait se produire, vas-tu le détruire et le décréer? Right and wrong, good and bad, POD and POC, all 9, shorts, boys and beyonds.®

Maintenant, par 100. Tout cela, vas-tu le détruire et le décréer? Right and wrong, good and bad, POD and POC, all 9, shorts, boys and beyonds.®

Quelle énergie dois-je être ou faire aujourd'hui pour générer immédiatement plus d'argent? Tout cela, un dieulliard de fois (le dieulliard est une nombre que seul Dieu connaît), vas-tu le détruire et le décréer? Right and wrong, good and bad, POD and POC, all 9, shorts, boys and beyonds.®

Où est-ce que tu te limites et limites ce que tu peux créer parce que tu en as fait une histoire d'argent au lieu de t'amuser? Tout cela, un dieulliard de fois, vas-tu le détruire et le décréer? Right and wrong, good and bad, POD and POC, all 9, shorts, boys and beyonds.®

Quelle énergie, espace et conscience génératifs mon corps et moi pouvons-nous être qui permettrait à chaque jour d'être une célébration de la vie? Tout cela, un dieulliard de fois, vas-tu le détruire et le décréer? Right and wrong, good and bad, POD and POC, all 9, shorts, boys and beyonds.®

Qu'est-ce que tu prouves avec l'argent? Qu'est-ce que tu prouves sans argent? Tout cela, un dieulliard de fois, vas-tu le détruire et le décréer? Right and wrong, good and bad, POD and POC, all 9, shorts, boys and beyonds.®

Quelle création de l'argent utilises-tu pour valider les réalités des autres et invalider les tiennes ? Tout cela, un dieulliard de fois, vas-tu le détruire et le décréer ? Right and wrong, good and bad, POD and POC, all 9, shorts, boys and beyonds.®

Qu'as-tu décidé au sujet de l'argent que, si tu ne le décidais pas au sujet de l'argent, cela créerait une réalité et un flux de trésorerie totalement différents ? Tout cela, un dieulliard de fois, vas-tu le détruire et le décréer ? Right and wrong, good and bad, POD and POC, all 9, shorts, boys and beyonds.®

Qu'est-ce que tu aimes dans le fait de détester l'argent ? Qu'est-ce que tu détestes au sujet de ton amour de l'argent ? Tout cela, un dieulliard de fois, vas-tu le détruire et le décréer ? Right and wrong, good and bad, POD and POC, all 9, shorts, boys and beyonds.®

Qu'est-ce que tu as contre le fait d'être riche et prospère ? Tout cela, un dieulliard de fois, vas-tu le détruire et le décréer ? Right and wrong, good and bad, POD and POC, all 9, shorts, boys and beyonds.®

Qu'as-tu décidé que l'argent était qu'il n'est pas et qui t'empêche de gagner beaucoup d'argent ? Tout cela, un dieulliard de fois, vas-tu le détruire et le décréer ? Right and wrong, good and bad, POD and POC, all 9, shorts, boys and beyonds.®

Quels secrets as-tu avec l'argent ? Quels sont tes secrets sombres et profonds ? Tout cela, un dieulliard de fois, vas-tu le détruire et le décréer ? Right and wrong, good and bad, POD and POC, all 9, shorts, boys and beyonds.®

Es-tu prêt à travailler assez dur pour être milliardaire ? Tout cela, un dieulliard de fois, vas-tu le détruire et le décréer ? Right and wrong, good and bad, POD and POC, all 9, shorts, boys and beyonds.®

Quel jugement as-tu au sujet de l'argent, du profit, du business et du succès ? Tout cela, un dieulliard de fois, vas-tu le détruire et le décréer ?

Right and wrong, good and bad, POD and POC, all 9, shorts, boys and beyonds.®

Partout où tu as décidé que des tonnes d'argent sont inconcevables, vas-tu le détruire et le décréer? Tout cela, un dieulliard de fois, vas-tu le détruire et le décréer? Right and wrong, good and bad, POD and POC, all 9, shorts, boys and beyonds.®

Quelle énergie, espace et conscience ton corps et toi pourriez-vous être pour vous permettre d'avoir trop d'argent et jamais assez? Tout cela, un dieulliard de fois, vas-tu le détruire et le décréer? Right and wrong, good and bad, POD and POC, all 9, shorts, boys and beyonds.®

Combien d'entre vous créent à partir de «pas d'argent» et font de l'argent la source de la création plutôt que d'être, EUX, la source de création? Tout cela, un dieulliard de fois, vas-tu le détruire et le décréer? Right and wrong, good and bad, POD and POC, all 9, shorts, boys and beyonds.®

Que sais-tu au sujet de l'investissement que tu as refusé de reconnaître que si tu le reconnaissais, cela te créerait plus d'argent que ce dont tu as rêvé? Tout cela, un dieulliard de fois, vas-tu le détruire et le décréer? Right and wrong, good and bad, POD and POC, all 9, shorts, boys and beyonds.®

Combien de sources de revenus différentes peux-tu créer? Avec quelles autres sources de revenus pourrais-tu jouer? Où n'as-tu pas laissé apparaître les sources de revenus d'origine d'inconnue qui pourraient générer plus d'argent que tu as cru possible? Tout cela, un dieulliard de fois, vas-tu le détruire et le décréer? Right and wrong, good and bad, POD and POC, all 9, shorts, boys and beyonds.®

Qu'est-ce que tu n'es pas prêt à utiliser pour augmenter l'argent, les flux monétaires et les sources de revenu? Tout cela, un dieulliard de fois, vas-tu le détruire et le décréer? Right and wrong, good and bad, POD and POC, all 9, shorts, boys and beyonds.®

Qu'est-ce que tu laisses tomber afin de créer le manque d'argent que tu choisis? Tout cela, un dieulliard de fois, vas-tu le détruire et le décréer? Right and wrong, good and bad, POD and POC, all 9, shorts, boys and beyonds.®

Qu'as-tu rendu de si vital au sujet de ne jamais, jamais, jamais, jamais, jamais avoir de l'argent qui maintient la cohérence de non-changement, non-création, non-plaisir, non-bonheur? Tout cela, un dieulliard de fois, vas-tu le détruire et le décréer? Right and wrong, good and bad, POD and POC, all 9, shorts, boys and beyonds.®

Quel enthousiasme refuses-tu que tu pourrais vraiment choisir qui, si tu le choisissais, créerait plus d'argent que tu n'as jamais cru possible? Tout cela, vas-tu le détruire et le décréer? Right and wrong, good and bad, POD and POC, all 9, shorts, boys and beyonds.®

Qui ou quoi refuses-tu de perdre qui, si tu les perdais, te permettrait d'avoir trop d'argent? Tout cela, vas-tu le détruire et le décréer? Right and wrong, good and bad, POD and POC, all 9, shorts, boys and beyonds.®

Que refuses-tu d'être que tu pourrais être qui, si tu l'étais, changerait toute ta réalité financière? Tout cela, vas-tu le détruire et le décréer? Right and wrong, good and bad, POD and POC, all 9, shorts, boys and beyonds.®

Quel niveau d'enthousiasme et de joie de vivre refuses-tu qui, si tu ne le refusais pas, changerait toute ta réalité financière? Tout cela, vas-tu le détruire et le décréer? Right and wrong, good and bad, POD and POC, all 9, shorts, boys and beyonds.®

Qu'as-tu refusé de recevoir qui, si tu le recevais, créerait les flux d'argent et les flux de devises que tu sais que tu mérites? Tout ce qui ne permet pas que cela se présente, vas-tu le détruire et le décréer? Right and wrong, good and bad, POD and POC, all 9, shorts, boys and beyonds.®

Combien de doute utilises-tu pour créer le manque d'argent que tu choisis? Tout cela, vas-tu le détruire et le décréer? Right and wrong, good and bad, POD and POC, all 9, shorts, boys and beyonds.®

Qu'as-tu créé avec ta vie que tu n'as pas été prêt à reconnaître qui, si tu l'avais reconnu, pourrait créer beaucoup plus? Tout cela, vas-tu le détruire et le décréer? Right and wrong, good and bad, POD and POC, all 9, shorts, boys and beyonds.®

Qu'est-ce que tu es maintenant capable de créer que tu as refusé de percevoir, savoir, être et recevoir, qui, si tu le choisissais, se traduirait par moins de travail, plus d'argent et plus de changements dans le monde? Tout cela, vas-tu le détruire et le décréer? Right and wrong, good and bad, POD and POC, all 9, shorts, boys and beyonds.®

HISTOIRES DE CHANGEMENT

Quatrième partie

Histoires de changement

Simone Milasas

HISTOIRES DE CHANGEMENT

Parfois, lorsque tu lis comment quelqu'un a changé sa réalité avec l'argent, il peut être facile de penser : «Oh, c'était différent pour eux, c'était plus facile pour eux, ça ne marchera probablement pas pour moi.»

Peu importe ton origine, ton âge, que tu aies de l'argent, beaucoup d'argent ou pas du tout — ta situation financière n'a pas à ressembler à ce qu'elle était autrefois ni à ce qu'elle est aujourd'hui ; elle peut changer et elle peut devenir plus grande.

J'ai autour de moi beaucoup de gens formidables et incroyables qui n'ont pas toujours été dans la même situation financière que celle dans laquelle ils sont maintenant et j'ai été ravie de pouvoir les interviewer pour partager avec toi leurs histoires.

Toutes ces personnes ont grandi ou vécu dans des situations financières difficiles et avaient des points de vue limités au sujet de l'argent — et elles ont changé cela. J'espère que leur histoire t'inspirera et t'aidera à savoir que changer l'endettement et les points de vue autour de l'argent n'a pas à être significatif, c'est juste quelque chose dans ta vie que tu peux changer.

Note : les interviews suivantes sont des transcriptions révisées. Les interviews intégrales ont été diffusées sur l'émission de radio The Joy of Business. Tu peux les écouter dans nos archives sur http://accessjoyofbusiness.com/radio-show/

INTERVIEW AVEC CHRISTOPHER HUGHES

De l'émission de radio en ligne de Joy of Business : «Sortir de l'endettement joyeusement avec Christopher Hughes» diffusée le 27 juillet 2016.

À quoi ressemblait ta vie quand tu avais des dettes? Comment fonctionnais-tu quand tu n'avais pas d'argent? Quels étaient tes principaux points de vue?

À l'époque, la façon dont je fonctionnais et mes points de vue principaux autour de l'argent étaient que c'était trop dur; que je n'avais pas les opportunités que d'autres avaient ou qu'il n'y en avait pas assez pour que ça marche.

Je pensais qu'il n'y avait pas assez d'argent et pas assez de gens susceptibles de m'aider avec ce que je voulais faire ou que les gens ne s'intéressaient pas assez à mes produits et aux services que j'offrais ou d'autres raisons x, y, z.

Était-ce étroitement lié à tous les endroits où tu n'étais pas prêt à voir la valeur de toi ou la valeur de l'argent?

Eh bien, oui et non. C'était la valeur de moi, mais j'avais aussi fait de ma situation la raison pour laquelle je n'avais pas l'argent dont j'avais besoin. Et le peu que j'avais était parfois irréel. Non seulement j'avais des dettes, mais je me retrouvais aussi dans des situations du genre : «Waouh, je n'ai presque plus d'essence et je n'ai plus que 50 centimes. Mmmm, je vais ralentir pour utiliser le moins d'essence possible pour être sûr au moins d'arriver jusqu'à la maison»

Par exemple, si j'avais les moyens d'acheter du thon, je me demandais : «Que puis-je faire avec une boîte de thon pour la rendre intéressante ce soir?» Mais tout ça, c'était des projections des raisons de ma situation. C'est vraiment drôle, parce que je n'ai jamais vraiment fait ça avec quoi que ce soit d'autre dans ma vie auparavant. Quand quelque chose ne marchait pas, j'avais plutôt tendance à me donner tort, mais avec l'argent, pour une raison que j'ignore, je disais toujours que c'était la faute du scénario dans lequel j'étais, de la situation dans laquelle je me trouvais ou des circonstances qui m'entouraient. À l'époque, c'était comme ça que je voyais les choses.

Donc, ce n'était pas de ta faute? C'était comme si le fait de ne pas avoir d'argent était la faute des autres? Ou est-ce que c'était juste la façon dont tu avais été élevé?

Exactement. Il a fallu que je commence à en avoir vraiment marre et à être vraiment frustré et énervé de ne pas avoir d'argent pour dire: «Attends une minute. Pourquoi est-ce que je choisis cela? Pourquoi est-ce que je mets ça sur le dos du scénario et de la situation?» En passant par les classes Access Consciousness et en regardant le scénario de très près, je me suis rendu compte de la chose suivante: «Oh, c'était vraiment la façon dont ma mère vivait.» Elle avait toutes les raisons du monde. Elle s'était mariée à l'âge de 16 ans parce qu'elle était enceinte et à 25 ans, elle avait trois enfants. L'aîné avait 9 ans. Elle n'avait pas fait d'études après le lycée. Et mon père était un homme assez violent. Je me souviens quand elle est venue me chercher après mon dernier jour d'école maternelle et que nous nous sommes rendus dans une autre ville pour nous cacher, tellement il était violent. Et elle travaillait dans un magasin 7/11 pendant la journée et passait ses soirées à étudier afin de pouvoir se construire petit à petit. Mais elle avait beaucoup de points de vue. Le scénario dans lequel j'ai été élevé était que ton sort dans la vie était de lutter et d'être un dur à cuire. C'était les cartes qu'on t'avait données, pas ce que tu créais.

Y a-t-il quelque chose dont tu te rappelles précisément où tu as créé l'énergie de l'évitement, de l'ignorance ou de quelque chose qui continue à perpétuer l'endettement?

Mon truc était de toujours voyager; j'étais un voyageur. Je suis né dans une petite ville au Canada, mais j'en suis parti le plus tôt possible parce que c'est ce que tout le monde faisait, sauf si tu étais enceinte, comme ma mère. Donc, je voyageais toujours et je me réinventais sans cesse et je déménageais à l'autre bout du pays pour y passer 4 ans, puis je partais en Asie pendant plusieurs années et je déménageais ici et là. Et je n'ai jamais vraiment dû m'établir nulle part ou m'engager à construire une vie où que je sois.

Alors, oui, j'ai reçu beaucoup de courrier disant : « Nous allons couper ce service » ou : « Vous n'avez pas fait telle chose » et cela ne m'a jamais frappé comme ayant un impact sur ma vie, parce que je ne m'étais pas vraiment engagé à être là de toute façon ; je me disais juste : « Oh bien. » Je n'avais que des voitures pourries ; c'étaient les seules que je pouvais me payer et c'étaient les pires bombes que tu aies jamais vues.

Une fois, l'une d'entre elles est tombée en panne, je me suis juste dit « Oh » ; j'ai pris la monnaie qui traînait là, je l'ai mise dans ma poche et je suis parti en laissant la voiture sur le bord de la route. Parce que c'était comme ça. Je n'étais pas vraiment prêt à m'engager à avoir une vie où je prendrais soin de moi, où je m'occuperais de ces choses, où je couvrirais toutes ces dépenses et où je m'honorerais moi-même, non seulement en couvrant mes dépenses, mais en ayant aussi davantage pour moi.

En fait, c'était vraiment marrant ; il faut que je vous raconte le reste de l'histoire en m'éloignant de cette bombe. Je n'ai pas pris que la monnaie qui traînait dans la voiture. À l'époque, je vivais sur la Sunshine Coast dans le Queensland, qui est à environ 2 heures de Brisbane, là où la voiture est morte. À Brisbane, j'avais acheté un cadeau de Noël pour Brendon, le partenaire de Simone, donc j'ai pris l'argent et le cadeau avec moi — c'était un set de casseroles parce qu'il commençait à faire de la cuisine — je me suis servi de l'argent pour prendre un train de Brisbane à la Sunshine Coast, et je n'avais plus rien quand je suis arrivé là-bas. La gare était à 35-45 minutes de là où j'habitais et je me suis dit : « Je ne sais pas comment rentrer chez moi. » Je n'avais pas d'argent.

Alors, comment es-tu rentré chez toi ?

« J'avais tellement peu d'argent que j'ai dû appeler tous les gens que je connaissais pour trouver quelqu'un qui pourrait me ramener chez moi. »

Récemment, tu as fait un tour en Tesla pour la première fois. Quand tu en es sorti, tu as dit : « OK, je crois que je veux une nouvelle voiture. Je crois qu'il est temps de passer au niveau supérieur. » Actuellement, une Tesla coûte environ 220 000 AUD. Quand tu regardes quelque chose comme ça dans ta vie… où est-ce que ce genre de chose aurait été dans ton univers il y a des années ? Quel était ton point de vue ? Et quel est ton point de vue maintenant ?

Il y a des années (et ça ne fait pas si longtemps que ça), ça aurait été : « Oh, mon dieu. N'y pense même pas. » Mais j'aurais eu la même réaction avec une voiture qui coûte 50 000 $. Donc, imaginer une voiture à 220 000 $ était juste ridicule et absurde et ce n'était même pas la peine d'y penser, ni de la regarder ni même de passer à côté. Plus maintenant. Maintenant, je dirais : « OK. Pour me créer cela, il faudra un peu de négociations et de réorganisation des choses et il faut que je voie ce que je peux obtenir en termes de financement, mais c'est sans doute gérable. »

Récemment, je suis allé dans un magasin et j'ai acheté trois chemises magnifiques à 500 $ la pièce. Une fois de plus, à l'époque où j'avais des dettes, j'aurais dit : « Waouh, qu'est-ce que tu fais ? » Mais j'ai acheté toutes les chemises qui étaient de ma taille. J'en aurais acheté plus s'ils en avaient eu plus de ma taille. C'était un point de vue et un paradigme tellement différents. C'était du genre : « Ouais. Pourquoi pas ? » C'est une des choses les plus importantes que j'ai remarquées depuis que je n'ai plus de dettes ; il y a cette très grande partie de ma vie où je ne fonctionne plus à partir d'une limitation.

Quelles parties de ta vie as-tu changées pour créer cela ? Quelle demande est-ce qu'il a fallu que tu fasses ? Quels outils as-tu utilisés pour changer cela afin de ne plus fonctionner à partir d'une limitation ?

Il y a eu plusieurs choses. Il y a cet outil d'Access Consciousness que Gary Douglas m'a donné, qui est le compte des 10 %, où, pour chaque dollar qui vient dans ta vie, tu prends 10 % et tu les mets de côté comme une façon de t'honorer ; tu ne les dépenses jamais, tu ne les utilises pas pour payer des factures, tu ne les utilises pas pour quoi que ce soit. Mais c'était difficile pour moi. Je n'arrivais pas à me dire que si cette enveloppe rouge arrivait, disant : « Nous allons couper votre électricité », je n'utiliserais pas mes 10 % pour cela. Donc ce que j'ai fait, c'est que j'ai commencé à acheter de l'argent (le métal) pour m'obliger à avoir de l'argent.

L'argent est une marchandise négociable en bourse. Il y a un prix au comptant quotidien de marché. C'est une devise. Donc avec mes 10 %, j'achetais des choses qui avaient une valeur monétaire, mais que je ne pouvais pas utiliser pour payer une facture. Oui, c'est possible d'échanger ces choses contre de l'argent liquide ou quelque chose dans le genre et il se peut que je perde de l'argent ou que j'en gagne dans l'opération, mais ce n'est vraiment pas pratique. Et le temps qui aurait été nécessaire pour liquider un article avant de payer une facture était suffisant pour que je puisse me dire : « Non, attends. J'aimerais vraiment avoir ça dans ma vie. » Et, ce qui était aussi cool pour moi, parce qu'avec mes 10 % parfois, j'achetais une cuillère pour 40 $ et parfois j'achetais un kilo d'argent, ce qui est aujourd'hui quelque chose comme 900 $. Et au bout d'un certain temps, ces petits et ces grands incréments ont vraiment commencé à s'accumuler. Il y a un ou deux ans, je me souviens avoir fait une demande de prêt immobilier et je ne savais pas si j'allais être éligible et si la banque allait vraiment vouloir me prêter de l'argent ou pas. Nous avons fait le tour de la maison en additionnant tout l'argent et l'or et autre, et nous avions près de 150 000 $ rien qu'en argent.

Là-dessus, la banque a dit : « Oui, nous allons vous prêter de l'argent. Vous êtes riche en actifs. » Et je suis me suis dit : « Oh. C'est nouveau. » Donc, ce compte des 10 % a probablement été la chose la plus importante pour moi ; me forcer à avoir de l'argent, parce que dans ma vie, j'ai toujours été doué pour en créer, mais pas très doué pour en avoir.

As-tu commencé ton compte des 10 % tout de suite, ou quel était ton point de vue sur cet outil au départ ?

Pour être totalement honnête, non, je n'ai pas commencé tout de suite. Cela faisait, oh, environ 10 ans que je participais aux classes d'Access Consciousness et j'avais des points de vue majeurs sur les 10 %, parce que je me disais : « Peu importe. » Parce qu'une facture arrivait et je me disais : « Ce n'est pas possible que d'avoir cet argent sur un compte en banque crée davantage alors que j'ai cette énorme facture que je ne sais pas comment payer. »

Gary Douglas dit toujours : « Demande et tu recevras. Demande à ce que l'argent se présente. Ne dépense pas tes 10 %. C'est une façon de t'honorer toi. Demande à ce que l'argent se présente. » Et moi, je n'arrêtais pas de me mettre en deuxième position après les factures ; je rendais les factures plus importantes que moi et je les payais en premier. Et quand j'ai commencé à acheter ces « instruments financiers » — l'argent, les antiquités, etc. — comme je les appelle, qui n'étaient pas immédiatement liquides, c'était plus difficile [de les dépenser] ; et cette énergie de la richesse s'est lentement immiscée dans ma vie. Et maintenant, je regarde ma maison et je dis : « Mmm. Tout a beaucoup de valeur. »

Mon mari et moi, nous regardions l'autre jour une vente aux enchères de la collection d'une dame ; des peintures, de l'argent, des bijoux et des meubles qu'elle avait collectionnés au cours de sa vie et qui étaient vendus aux enchères. Et nous avons regardé nos affaires et nous avons dit : « Nous sommes au milieu de la trentaine et nous avons de plus belles choses ! » Des choses qui ont plus de valeur. Ce n'était pas un jugement, mais ça nous a fait réaliser : « Waouh. Nous accumulons très rapidement de la richesse ! » Et il ne s'agit pas de faire des économies et ce n'est pas non plus une question d'argent; il s'agit de la joie que cela nous apporte. Et ça a vraiment commencé avec ce compte des 10 %.

Pour chaque dollar qui vient dans ta vie, que tu gagnes, prends 10 % et mets-les de côté en honneur de toi. Si tu veux acheter de l'or, de l'argent et des choses dont tu sais qu'elles ne vont pas perdre leur valeur, c'est bien. Fonce. Ou, si tu es un peu plus discipliné que moi, aie juste cet argent, sur un compte, de côté, dans un tiroir à chaussettes ou un autre endroit; tu as de l'argent. Parce que c'était la partie difficile pour moi.

Quand tu racontes ces histoires de comment tu es passé de pas d'argent à avoir de l'argent — de laisser ta voiture sur le bord de la route à 150 000 $ en argent dans ta maison... il n'y a pas si longtemps que tu avais ces jours de pauvreté.

Si tu fais réellement le calcul, cela fait probablement 4 ans. Donc, 4 ans pour passer de ça à regarder dans ma maison; non seulement j'ai une maison, oui j'ai un emprunt, mais nous avons une maison, et deux voitures et des tas d'antiquités de valeur et une boîte de pierres précieuses dans la maison et un tas d'argent et un tas d'or et c'est un autre monde.

Qu'est-ce qui t'a donné envie de sortir de l'endettement?

J'ai réalisé à un moment donné qu'en ayant des dettes et en ne me permettant pas d'avoir de l'argent, je limitais sérieusement ce que je pouvais créer dans le monde. Le changement qui a été possible pour moi d'inspirer chez les autres et, je veux dire, ce n'était pas d'avoir une belle voiture, une maison et un style de vie, c'était plus de réaliser que je pouvais influencer le monde et le changer si j'avais les ressources pour le faire.

Y a-t-il quelqu'un qui t'a inspiré pour créer ce changement?

Toi, Simone, tu as été une grande inspiration pour moi pour créer ce changement. Tu es mon amie depuis 10 ans. La générosité que je t'ai vue être avec les gens, non pas en essayant de les rendre comme toi ni à partir d'une supériorité qui dit : «je suis meilleure que vous, je vais prendre soin de vous», mais à partir de l'énergie du «royaume de nous», où tout le monde contribue vraiment à tout le monde et à ce que chacun essaye de construire. Je ne veux pas utiliser le mot «soutien», mais ce que je te vois faire, c'est que l'argent n'a jamais été une motivation pour toi ; oui, c'est fun, mais c'est ce que tu peux faire avec qui est vraiment inspirant.

J'ai aussi une bonne relation avec Gary Douglas et il fait partie de ces gens qui ne fonctionnent pas avec l'argent de la façon dont on nous a dit de fonctionner ; tu sais, dans les films, dans les médias, dans la façon dont cette réalité te dit que tu es censé être avec l'argent. J'ai vu une possibilité différente avec l'argent qui m'a fait dire : «Oh ! Je veux ça.» Il ne s'agit pas de porter des grosses bagues, il s'agit de ce que je peux créer.

Maintenant que tu as réellement de l'argent, comment décrirais-tu ton point de vue sur l'argent ?

Il y a certaines choses qui me viennent immédiatement à l'esprit. Maintenant, l'argent est juste amusant. L'argent, c'est comme... — waouh, quand je dis ça, j'entends déjà les gens qui écoutent dire, «Ah, c'est si facile pour toi !»

À une époque je prenais des cours de yoga, et je n'ai jamais été une personne naturellement souple physiquement. Et je me souviens avoir dit à mon professeur de yoga : «Je n'arrive pas à faire ce mouvement. Je n'arrive pas à me pencher comme ça.» Et elle m'a dit : «C'est de la tension. Tu devrais lâcher prise.» Et j'avais envie de lui donner un coup de poing dans la figure ou de l'étrangler avec son collant ; désolé pour l'image. Mais, ce que l'argent est maintenant, c'est... Je me suis rendu compte que c'est vraiment juste un point de vue qui crée d'en avoir ou de ne pas en avoir, ou c'est un peu comme si tu veux avoir une relation amoureuse et que tu n'en as pas. Une fois que tu en as une, tu réalises :

« Oh, attends. Ce n'est pas l'impossibilité, le fantasme et le rêve que j'avais inventés. » Une fois que tu as de l'argent, ce n'est pas comme si tu n'avais plus jamais de problèmes dans ta vie.

En tout cas, ta vie devient plus grande — si tu es prêt à ce qu'elle grandisse ; les options, les possibilités, les portes qui s'ouvrent à toi si tu le veux bien, peuvent grandir, si c'est ce que tu choisis. Maintenant, je réalise que l'argent n'a jamais été la réponse. Il y a tellement de gens sans argent ou avec des dettes qui disent : « Si seulement j'avais de l'argent et un partenaire et, et, et... » Tu as construit cette liste de choses que tu aimerais avoir comme si elles étaient la réponse et qu'elles allaient complètement créer ta vie. Mais ce n'est pas le cas du tout. L'argent est juste un carburant ; c'est juste un outil qui t'emmène là où tu vas. C'est comme ça que je l'apprécie maintenant, et moins j'ai de points de vue à son sujet et plus j'en fais une création amusante, plus c'est facile.

Alors, quoi d'autre, à ton avis, a changé le plus avec ton point de vue actuel sur l'argent ? Quelle partie de cette énergie est-ce que les gens pourraient changer, ou quel outil est-ce qu'ils peuvent utiliser pour les aider à changer leur point de vue sur l'argent ?

Le meilleur conseil ou outil que je puisse donner est probablement, en fait, que l'argent n'est jamais le problème ; ce n'est jamais l'argent lui-même qui crée le problème, c'est le manque ou le drame que tu as dans ta vie. Il y en a beaucoup. C'est un peu comme, tu sais, un de tes films préférés ; et un des miens, c'est Auntie Mame avec Rosalind Russell, où elle dit : « L'univers est un banquet, mais la plupart des pauvres pigeons sont là à mourir de faim. »

C'est là. Il n'y a pas vraiment une somme d'argent limitée dans l'univers. J'ai un business d'antiquités, et c'est un secteur dans lequel la plupart des gens opèrent à partir du manque. Ils ont le point de vue que le secteur est en train de mourir ; que les gens ne désirent plus ce que nous avons.

J'ai des meubles anciens, des bijoux, de l'argent, des peintures, de l'art chinois, de l'art africain, etc. Et quand l'occasion s'est présentée, je me suis dit : «Oh mon dieu. Je ne peux rien imaginer de plus ennuyeux!» Et, ça a été tout, sauf ennuyeux. Dans ce secteur, je fais des affaires avec énormément d'antiquaires, notamment en Australie. Beaucoup d'entre eux fonctionnent à partir de ce manque incroyable; qu'il n'y a pas assez d'argent, que les gens ne sont pas intéressés, que cela devient trop dur, que les maisons de ventes aux enchères font de la concurrence aux détaillants et les empêchent d'obtenir les prix qu'ils veulent. Tout ça n'est vraiment qu'un point de vue.

Si tu veux un outil pour changer ta situation : ton point de vue crée ta réalité. Pose-toi la question et regarde ça de près : «Quel est mon point de vue au sujet de l'argent?» Quel est ton point de vue sur toi en ce qui concerne l'argent? Regarde bien ces choses-là, commence à te poser ces questions et suis ça. Il y a un livre fabuleux d'Access Consciousness qui s'appelle «Comment devenir l'argent». Je crois qu'il coûte à peu près 30 $, sauf si ça a changé, mais c'est un manuel fabuleux dans lequel tu peux te poser ces questions et tu peux totalement changer toute ta situation financière, changer la direction à 180 degrés, juste en investissant 30 $. Et pourquoi pas? Je veux dire, tout ce que le livre peut faire, c'est aider.

Lorsque tu veux faire ou avoir quelque chose pour lequel tu n'as pas assez d'argent, que fais-tu? Quels outils utilises-tu pour le créer ou comment abordes-tu cette situation?

Aha. Bonne question. J'aime cette question parce que, peu importe combien d'argent tu as ou n'as pas, tu peux toujours continuer à en demander et en chercher davantage. Il ne s'agit donc pas nécessairement d'avoir des dettes ou de ne pas avoir assez d'argent. Par exemple, pour moi maintenant, acheter cette Tesla à 220 000 $ dont nous avons parlé tout à l'heure exigerait que je fasse un peu de jonglage, de réorganisation ou de création pour y arriver. Donc, en ce qui concerne les outils que j'utiliserais pour faire cela, l'un des meilleurs conseils que j'ai jamais reçus au sujet de l'argent et des finances, c'est d'être très clair sur ce que ma vie me coûte. Assieds-toi avec un papier et un crayon et note toutes tes dépenses. Donc, tu as ton loyer, tu as ta facture de téléphone, tu as «J'aime aller boire un verre»; pas seulement les dépenses de base, mais tout ce que tu dépenses vraiment dans ta vie.

J'ai fait ça une fois dans une société dans laquelle je venais de démarrer, j'ai demandé à la comptable de m'apporter une copie du compte des résultats et je me suis assise avec elle et j'ai tout examiné afin de comprendre exactement où allait l'argent de l'organisation. Et cela a créé une telle prise de conscience pour moi sur la situation financière du business. Alors, à quel point es-tu clair sur ta propre situation financière? Je donne beaucoup de séminaires sur les ventes et le marketing et je suis venu ici, à Copenhague, faire une classe avec toi Simone, et ça a été un tel cadeau pour moi, mais le conseil que j'ai aussi donné en classe était que les gens soient vraiment clairs au sujet de leur situation financière dans leurs business et dans leur vie.

En marketing, il y a un vieux dicton qui dit : «50 % de mon budget publicitaire est gaspillé. Je ne sais juste pas quels 50 %.» Et, avec les finances, c'est la même chose. Il est surprenant de constater combien de gens ne savent pas combien d'argent ils gagnent par mois ni combien ils dépensent. Donc, si je voulais créer de l'argent pour arriver quelque part, il me faudrait d'abord connaître l'état des choses et savoir où j'en suis et ce qu'il va falloir que je crée pour y arriver. Il ne s'agit pas de déterminer les étapes a, b, c, d de façon linéaire, mais de savoir : «Où suis-je maintenant et quelle est ma cible?» Pour moi, avoir une cible est très utile. Mettons que j'aie des objectifs particuliers — comme l'ouverture d'un deuxième magasin; c'est l'une des choses que je suis en train de considérer pour mon business — j'examine ce que cela va coûter, je demande que cela se manifeste et je suis l'énergie qui permet que cela se produise. Une fois de plus, il ne s'agit pas d'étapes vraiment linéaires de la façon dont je vais le faire ni de mettre en place un régime de terreur dans la boutique pour que tout le monde atteigne l'objectif de vente. Il s'agit plutôt de dire : «D'accord, maintenant j'ai la prise de conscience... qu'est-ce qu'il va falloir pour créer cela?»

Christopher, peux-tu m'en dire un peu plus sur ce que tu fais et où les gens peuvent te trouver? Parce que je sais que tu fais des classes extraordinaires qui s'appellent «The Elegance of Living» (L'élégance de vivre).

Je facilite une série de classes qui s'appellent «L'élégance de vivre», qui touchent à différents aspects de la richesse et de la façon de vivre avec ce que j'aime appeler les pièges de l'argent; bien que «piège» semble être un mot chargé, je pense que c'est quand même un peu amusant. Je parle aussi des antiquités et de l'art et de comment ils peuvent ajouter à ta vie et à ta richesse. Mon partenaire et moi, on a démarré ça avec de la monnaie qu'on avait dans un bocal à la maison, on avait 500 $ et on est allé aux enchères et on a acheté un tas de choses qu'on a revendu et 500 $ sont rapidement devenus 3 000 $ qui sont devenus 9 000 $; c'était une micro-économie que nous avons démarrée et qui est maintenant devenue quelque chose d'énorme. Donc c'est ça que j'enseigne dans «L'élégance de vivre» et j'enseigne aussi la vente, le marketing ou en fait, je facilite, plutôt que d'enseigner. J'ai un site Internet www.theeleganceofliving.com et aussi www.theantiqueguild. com.au, si tu souhaites me contacter et me poser des questions.

Alors, y a-t-il un autre outil ou une question ou quelque chose comme ça que tu aimerais donner aux gens, qu'ils pourraient prendre et avec lequel ils pourraient commencer à changer leur réalité financière aujourd'hui?

Pour beaucoup de gens, je pense que la question est la suivante : si tu es comme moi, il y a quelque chose au sujet de l'argent ou de ton savoir au sujet l'argent que tu évites. Pour moi, c'était ça. Et si cela résonne pour toi ne serait-ce qu'un peu, alors je commencerais à me poser la question : «Qu'est-ce que j'évite au sujet de l'argent?» «Qu'est-ce que j'évite de savoir sur l'argent?» Car partout où je faisais l'autruche en mettant ma tête dans le sable, je limitais ma vie autour de l'argent. C'est une question que je commencerais à me poser : «Qu'est-ce que j'évite à ce sujet?» Auparavant, quand j'avais des dettes, je vous entendais, toi, Simone, et d'autres personnes, dire la même chose et ça me mettait tellement en colère : vous disiez : «C'est tellement plus difficile de ne pas gagner d'argent que de gagner de l'argent». Et je me suis rendu compte que, si je rends ça plus difficile, j'évite évidemment ce qui m'est présenté sur un plateau! Alors qu'est-ce que tu évites au sujet d'avoir et de gagner de l'argent? Pose-toi la question. Il ne s'agit pas d'avoir raison ou tort. Pose-toi simplement la question. Là où tu te trouves maintenant n'est pas un tort.

INTERVIEW AVEC CHUTISA BOWMAN ET STEVE BOWMAN

De l'émission de radio en ligne de Joy of Business : «Sortir de l'endettement joyeusement avec Chutisa & Steve Bowman» diffusée le 22 août 2016.

Steve, j'aimerais que tu me donnes un petit aperçu de la façon dont c'était avec l'argent pour toi quand tu étais petit. Comment est-ce que c'était pour toi? Est-ce qu'on t'a formé au sujet de l'argent? Est-ce qu'on t'a instruit à ce sujet? Est-ce que c'était caché? Ignoré? Ou est-ce que c'était quelque chose qui était vraiment transparent et dont on parlait?

Steve :

Tu sais, c'est la première fois que quelqu'un me pose cette question. C'est la toute première fois que je vais y répondre. Alors, quand j'étais petit, ma mère était mère célibataire avec trois enfants, et nous avions un père assez violent qui nous a poursuivis pendant 15 ou 20 ans. Le sujet de l'argent n'était absolument jamais abordé. Mais il ne se présentait jamais ni de manière positive ni de manière négative. Il ne se présentait jamais dans un jugement ou une possibilité. Il ne se présentait pas du tout. Donc, je suppose qu'en y pensant maintenant, j'ai grandi sans jamais savoir quel était le point de vue de qui que ce soit sur l'argent.

Donc, lorsque nous avons commencé à regarder les choses... j'ai toujours su, depuis mon plus jeune âge, avant même de rencontrer Chutisa, et nous nous sommes rencontrés quand nous avions 16 ans. Premier petit ami et petite amie, et puis nous nous sommes mariés et nous le sommes maintenant depuis plus de 40 ans. Donc, le truc, c'est que nous avons toujours eu un point de vue différent sur l'argent. Nous ne savions pas quels étaient les points de vue des autres sur l'argent, parce que nous avions grandi, ou plutôt j'avais grandi sans aucun de ces points de vue sur l'argent. Donc, ce que je trouve intéressant, c'est que, quand je regarde l'argent maintenant, je suis prêt à changer de point de vue à ce sujet, parce que je n'en ai jamais eu quand j'étais jeune.

S'il n'y avait pas de point de vue sur l'argent, positif ou négatif, les choses étaient-elles abordables ou bien disait-on : «Tu ne peux avoir ça qu'à Noël ou pour ton anniversaire.» ou est-ce qu'il y avait de l'argent à disposition?

Steve :

Ce qui est intéressant, c'est que lorsque je regarde ma famille, ma sœur, par exemple, a pris le point de vue que l'argent était toujours le problème de quelqu'un d'autre, pas le sien. Maintenant, nous avons grandi dans la même famille, mais on entend ou voit toujours les choses de manière différente. Donc, ce que je dirais que j'ai appris au fil des ans, c'est que c'est ton propre point de vue qui compte. Pas celui de quelqu'un d'autre. Donc, tu peux accuser tes parents, tu peux accuser la société, mais ce n'est qu'une excuse pour ne pas changer ton point de vue au sujet de l'argent. Donc, l'une des choses que nous avons réalisées, par exemple, c'est que j'ai grandi sans argent. Et, quand j'ai rencontré Chutisa, les choses ont commencé à changer parce que nous avons commencé à créer notre vie ensemble. Et, par exemple, nous sommes allés aux États-Unis et nous y sommes restés. Nous y avons vécu pendant deux ans, et nous vivions là-bas avec 2 dollars par jour. Comment appellent-ils ces repas? Des repas cinéma? Des plateaux télé (TV Dinner)! Des repas congelés! Deux dollars par soir, les plateaux télé – ou repas congelés. Nous avons vécu comme ça pendant environ un an, un an et demi. Mais nous avons toujours su que nous pouvions créer de l'argent et nous l'avons fait pendant que nous étions là-bas. Ce que cela nous a donné, c'est le savoir que nous pouvons réellement créer. Donc, l'argent ne faisait pas partie de l'équation. Le fait que nous étions capables de créer en faisait partie.

Tu as dit que lorsque tu as rencontré Chutisa, tu as pris plus conscience de ce que tu pouvais créer. Penses-tu que c'est le fait d'avoir quelqu'un d'autre à tes côtés qui n'a aucun point de vue sur ce qu'est la création ou comment c'est pour toi d'être avec une autre personne qui crée?

Steve :

Encore une question qui ne m'a jamais été posée! Alors, un des trucs extraordinaires quand tu es avec quelqu'un qui a toujours été créatif — elle ne *fait* pas de la création, elle *est* créative — c'est que ça fait ressortir la créativité en toi, en moi; ça la fait ressortir en moi. Alors, nous avons toujours créé notre vie à partir de la façon dont nous voulions que nos vies soient et ce qui est intéressant, c'est que ça a toujours aussi inclus l'argent. Ce que je vais dire maintenant, c'est que l'un des plus grands cadeaux que chacun puisse faire à sa vie, et c'est ce nous avons appris au cours des dernières années, c'est qu'il n'est jamais trop tard. Il n'est jamais trop tard pour réellement créer sa vie; il n'est jamais trop tard pour créer un changement, il n'est jamais trop tard pour vraiment changer ta réalité financière. Chaque année, nous demandons : que pouvons-nous encore changer, que pouvons-nous encore changer, que pouvons-nous encore changer ? Il y a trois semaines à peine, nous avons totalement changé notre vie du point de vue de notre réalité financière de plein de manières différentes. Donc, l'élément clé dans tout cela, c'est que si nous avions eu un point de vue sur ce que l'argent aurait dû ou n'aurait pas dû être, nous n'aurions pas pu faire ce changement. Ce que nous constatons, c'est que lorsque nous commençons à examiner un point de vue sur l'argent ou sur la dette, quel qu'il soit, si nous sommes prêts à le changer, tout le reste change. C'est ce que nous constatons chaque année. Cela n'arrive pas qu'une seule fois ; ça arrive tout le temps.

Je me souviens quand je vivais à Londres et que je n'avais presque pas d'argent et que j'avais au moins 50 recettes à faire avec des nouilles en deux minutes. Je n'avais pas le point de vue que j'étais pauvre. Je n'avais pas le point de vue qu'il me manquait quoi que ce soit. J'étais juste prête à être consciente du fait que, si je ne dépensais pas d'argent pour acheter beaucoup de types de nourriture différents ou de la nourriture chère, j'en aurais plus pour voyager. Parce qu'à cette époque, voyager était une priorité absolue pour moi. Donc, ma question est la suivante : quand tu vivais avec 2 $ par jour avec tes plateaux télé, quelle était ta mentalité ? Quel était le point de vue que tu avais ?

Steve :

Le point de vue, pour nous, était que nous étions prêts à faire tout ce qui était nécessaire pour vraiment créer davantage. Donc, je suivais deux Masters à Washington DC et Chutisa a créé ex nihilo une entreprise de mode qui a très bien marché et dont tout le monde parlait à New York ; tout ça pendant que nous vivions avec 2 $ par jour en mangeant des repas congelés ; et c'était parce que nous ne nous sommes jamais considérés comme pauvres ; nous savions ce qui créait. Nous devions créer. Et elle était absolument incroyable pendant les deux années où nous étions là-bas. Elle travaillait 23 heures par jour pour créer et elle a réellement créé une entreprise de mode qui a eu un succès énorme ; ce qui ne s'était jamais vu. Et je passais deux diplômes de master en même temps, ce qui est aussi complètement inouï, mais nous n'y pensions pas plus que ça ; c'était comme ça que nous choisissions de créer notre vie.

Chutisa, j'aimerais savoir, comment a été ton éducation par rapport à l'argent ? Est-ce qu'on t'a formée à ce sujet ? Est-ce qu'on t'a instruite à ce sujet ou a-t-il été ignoré ou est-ce que tu n'avais pas le droit d'en parler ? Quelle était l'ambiance générale dans ta famille ? Et puis, tu as grandi en Thaïlande ?

Chutisa :

Oui. J'ai grandi dans une famille qu'on peut qualifier de très aristocrate. Donc, parler d'argent signifie que tu te vantes ou que tu es odieux, alors il ne faut pas trop parler d'argent. Mais mon père est ce qu'on appelle la brebis galeuse de la famille ; il faisait tout ce que tu n'es pas censé faire dans une famille aristocrate ; il a été fortement jugé. Il se considérait comme un entrepreneur, et à ce moment-là, il y a 60 ou 70 ans, il n'y avait pas d'entrepreneurs. Donc, il a été jugé comme un preneur de risque qui faisait des choses terribles avec l'argent. J'ai donc fait l'expérience du jugement qui était projeté sur lui et bien sûr sur notre famille, parce que nous avions un père qui faisait des choses contre la société et contre la culture qui [croyait] qu'il devait travailler, gagner de l'argent et faire les choses correctement. Mais il a essayé de créer une entreprise qui n'a pas eu beaucoup de succès. Donc, ce genre d'angoisse au sujet de l'argent était bien là. Même si nous avions de l'argent, il y avait une grande inquiétude à ce sujet.

Quand tu parles de « choses terribles », est-ce que c'était juste un jugement parce que c'était différent ? Dans quel genre de choses a-t-il été impliqué dont tu étais consciente ?

Chutisa :

Il fait partie de ces gens qui ont de grandes visions. Par exemple, si certains veulent faire du commerce de détail, mon père, lui, envisage de construire tout un centre commercial. Si quelqu'un pensait à faire quelque chose, par exemple construire un garage, lui, il construisait un aéroport ; c'est ça qu'il faisait. Il était capable d'amener les gens à investir dans toutes sortes de choses. Et j'ai réalisé qu'il y a deux choses : il y a la capacité de parler d'argent et d'inspirer les gens à donner et à investir. Mais il faut aussi avoir la capacité de générer ; la capacité de faire. Il faut que tu sois capable de faire en sorte que les choses se passent. C'est le chemin qu'il aurait dû prendre pour réussir.

Je sais que Steve voulait ajouter quelque chose ici, à propos du père de sa belle épouse, comment il était et ce qu'il semble avoir été. Steve ?

Steve :

Eh bien, c'est intéressant ce qui se passe quand beaucoup de gens jugent quelque chose parce que cela ne correspond pas à leur réalité ; cela ne correspond pas à la réalité d'une famille aristocrate. Il a été brutalement jugé par la plupart des gens de sa famille. Pourtant, lors de ses funérailles — il s'est trouvé que nous étions là quand il est décédé — il y avait des membres haut placés du gouvernement et des personnalités un peu mystérieuses. Ils étaient à l'enterrement pour lui rendre hommage, parce qu'il avait créé des choses avec eux et les avait aussi protégés. C'était donc un homme dont nous ne connaîtrons jamais qu'une partie de l'histoire. Mais parce qu'il a été si violemment jugé par sa famille, ce n'est qu'il y a 10 ou 15 ans que nous avons commencé à prendre conscience du fait qu'il a peut-être fait des choses dont nous n'avions pas connaissance et qui ont créé un énorme changement dans le monde. Donc, la chose que nous retirons de cela est que le jugement a tué toute cette possibilité.

Chutisa :

Et ce jugement est très vrai pour moi parce que je n'étais pas... jusqu'à ce que Gary Douglas, le fondateur d'Access Consciousness, me fasse réaliser que je suis très prudente et que je ne suis vraiment pas quelqu'un qui prend des risques financiers, et je vois le lien avec le fait que mon père était un preneur de risques et qu'il n'était pas très prudent avec l'argent ; donc tout ce qui était grand et énorme était l'inverse de ce que je choisissais. Alors je ne choisissais rien d'aussi grand ou énorme que ça, parce que j'avais cette idée que ce n'était pas responsable et que c'était un risque financier, jusqu'à ce que Gary me montre que je n'étais pas quelqu'un qui prend des risques, et tout a changé dans notre univers. Maintenant, je suis prête à aborder de plus gros projets.

C'est intéressant que tu dises que tu n'es pas quelqu'un qui prend des risques, Chutisa. Quand je pense à l'histoire que Steve vient de raconter à propos de vous à New York, vous nourrissant de plateaux télé à 2 $ par jour, et toi qui démarrais cette grande marque de mode à partir de rien, pour moi, cela représente vraiment un risque. Alors, comment le vois-tu ?

Chutisa :

Quelqu'un qui prend des risques avec l'argent. Particulièrement avec l'argent de quelqu'un d'autre ; je ne prends jamais de risques avec l'argent de quelqu'un d'autre. En te parlant maintenant, j'ai réalisé que je prends des risques avec mon argent ; mais je ne le ferais pas avec l'argent de quelqu'un d'autre. Et c'est lié au jugement de…, quand tu es un entrepreneur d'envergure et que tu veux créer un grand succès dans le monde, il faut être capable d'utiliser l'argent des autres, n'est-ce pas ? Donc, si tu n'es pas capable de prendre des risques avec l'argent des autres, tu seras toujours prudent. Et tu vas juste faire en sorte de rester petit.

Quels conseils donneriez-vous aux gens [par rapport à la prise de risque avec l'argent des autres] ? Quelles autres informations avez-vous à ce sujet ?

Steve :

L'une des prémisses de cette conversation est comment sortir de l'endettement, et comment le faire avec joie, joyeusement. Et l'une des choses que nous avons constatées, c'est que nous avons eu des investisseurs dans des entreprises et que les entreprises ont décidé de fermer, alors nous avons remboursé tous les investisseurs, même si nous n'avions pas à le faire. La chose pour nous, derrière cela, c'est que nous sommes prêts à tout risquer. Nous, Chutisa et moi sommes prêts à risquer n'importe quoi. Mais, nous ne sommes pas prêts à risquer quoi que ce soit pour les autres. Et c'est encore une limitation. Ce n'est pas bien ou mal, mais c'est une limitation. Cependant, nous avons également vu d'autres gens qui s'en foutaient complètement; ils se foutaient de ce que les autres leur avaient donné et de ce qu'ils allaient en faire. Je pense que le truc dans tout cela, c'est d'être conscient quand des gens sont prêts à investir dans ton business, être conscient et être prêt à honorer ce qui doit se passer. Je veux dire, c'est juste notre point de vue. Donc, ce qui rend les choses plus faciles pour nous, c'est que nous savons que nous pouvons créer de l'argent à partir de rien, constamment, et nous le faisons. Sachant cela, comment pouvons-nous avoir des dettes?

Est-ce que tu peux en dire un peu plus à ce sujet : créer de l'argent à partir de rien, constamment.

Steve :

Eh bien, il y a tellement de façons de créer de l'abondance. Et ceci est une autre conversation — la différence entre l'abondance et la richesse. Ce que nous avons appris dans notre vie, même récemment, il y a quelques semaines, en ayant tout le temps ces révélations, n'oublie pas, il n'est jamais trop tard! Donc, créer de l'argent à partir de rien est juste une façon de voir les choses, il y a tellement d'argent dans le monde, il y a tellement de possibilités. Elles nous interpellent en criant et en nous disant de les regarder, mais la plupart du temps, nous refusons de les voir. Ce que nous avons constaté dans notre vie, c'est que nous faisons maintenant tellement de choses différentes que nous avons refusé de voir pendant 5, 10 ou 15 ans. Et maintenant nous les faisons, une fois que nous avons dépassé nos points de vue, tout à coup nos business sont devenus plus grands. J'ai une très grande entreprise d'audit; une entreprise de conseil. J'avais le point de vue que c'était moi le bien de valeur, n'est-ce pas? Il y a deux choses qui ne vont pas dans cette histoire. Numéro un : de valeur. Numéro deux : bien. Donc, dès que Chutisa et moi avons commencé à explorer cela et à dire : «Eh bien, que se passerait-il si nous créions le business d'une manière différente de sorte que je ne sois pas le bien de valeur dans ce business-là? À quoi cela ressemblerait-il?» Et, continuer à faire ce que j'aime faire. Et cela a ensuite créé d'autres business. Donc, maintenant nous sommes en ligne. Nous avons une gamme de produits différents. Il y a d'autres personnes impliquées. Une fois que je suis allé au-delà du point de vue que j'en avais marre d'avoir du personnel — j'avais 300 employés à un moment donné, j'en avais marre — une fois que j'ai dépassé le point de vue que je ne voulais pas avoir plus de personnel, le business a recommencé à croître. Une fois que j'ai dépassé le point de vue que j'avais besoin de personnel, le business a recommencé à croître.

Donc, l'idée ici est de dépasser ton point de vue?

Steve :

Exactement.

Où peut-on trouver plus d'information sur ce que vous créez?

Steve :

Eh bien, il y a plusieurs choses. Nous avons un site Internet, www. consciousgovernance.com. Il y en a un autre, www. befrabjous.com qui est un blog contenant toutes sortes de choses incroyables.

Le mot frabjous vient de «Alice de l'autre côté du miroir». C'est un dicton de Lewis Carol qui signifie incroyablement joyeux. Alors sois ça! Et tu y trouveras des trucs chouettes que Chutisa a écrits. Il y a aussi le luxproject.com. Il y a nomorebusinessasusual.com. Il y a aussi strategicawareness.com. En cas de doute, fais une recherche Google sur Chutisa Bowman et tu trouveras tous les sites Internet, parce que c'est beaucoup plus facile que de faire une recherche Google sur Steven Bowman.

Steve, tu as dit que vous continuiez à vous former sur l'argent. Et tu as parlé de la différence entre l'abondance et la richesse. Peux-tu parler de cette différence ?

Steve :

Ce qui se passe, c'est que nous regardons constamment les points de vue que nous avons sur absolument tout. Par exemple, j'avais un point de vue, pendant de nombreuses années, qui a fonctionné pour nous, jusqu'à un certain point, qui était que notre business d'audit et de conseil nous fournissait la trésorerie avec laquelle nous pouvions générer et créer d'autres types d'investissements. Malheureusement, et j'ai réalisé ça il y a seulement trois ou quatre semaines, ce point de vue m'empêchait de regarder d'autres sources génératrices d'abondance, parce que je me concentrais sur la trésorerie. Et pendant environ trois ou quatre ans, j'étais convaincu que c'était bien, cette trésorerie. Dès que Chutisa et moi avons eu cette conversation : «Et si l'abondance était plus que juste des flux de trésorerie ? Et s'il y avait différentes façons de voir les flux de trésorerie ? Et s'il y avait des choses à créer qui pourraient créer des flux de trésorerie sans que ce soient des flux de trésorerie, de sorte que nous pourrions faire des flux de trésorerie sans être obligés de décider que ce sont des flux de trésorerie ? » Et ça a tout changé et depuis ce moment, il y a trois semaines, nous avons créé deux nouveaux business qui ont déjà commencé à créer un flux d'argent différent; parce que je ne l'appelle plus flux de trésorerie maintenant.

Comment décrirais-tu maintenant la différence entre la trésorerie, la richesse et l'abondance ?

Steve :

D'abord, ce sont tous des points de vue. L'abondance pour nous, en ce moment — et cela change tout le temps — est la volonté de créer et de générer à partir de cette création. Maintenant, nous allons inviter Chutisa dans un instant, car elle est très érudite au sujet de l'abondance. La trésorerie peut être très séduisante, mais elle peut également détourner ton attention du jeu créatif. Donc, oui, ça peut être important, mais ce n'est pas non plus une fin en soi. Et je pense que j'avais mal identifié les flux de trésorerie comme étant une fin en soi.

Chutisa, comment vois-tu la différence entre abondance, richesse, cash-flow, etc. ?

Chutisa :

Déjà, le mot « cash-flow » a toujours eu une énergie bizarre pour moi. Comme l'a dit Steve, il m'a fallu jusqu'à il y a environ trois semaines quand je lui ai dit : « La trésorerie crée presque le non-choix. Si tu t'arrêtes de travailler, ou de faire tout ça, tu arrêtes le flux d'argent. Alors, et si on regardait la création d'actifs comme un revenu génératif créatif, un revenu génératif ? » Et, quand tu parles de revenus génératifs, cela continue de générer plus de revenus, n'est-ce pas ? Alors, c'est une énergie différente que celle du « cash-flow ». Parce je relie la trésorerie à quelque chose de linéaire. Nous sommes des « baby boomers ». La plupart des gens de cette époque, nos collègues, partent à la retraite, et Steve dit souvent : « Je ne prendrai jamais ma retraite. Je vais travailler pour toujours » Perçois-tu cela ? Il se prépare déjà à travailler pour toujours, n'est-ce pas ? Alors, j'ai dit : « Eh bien, c'est un choix différent par rapport à "nous avons tellement de richesses génératrices que nous choisirons de travailler, d'être la contribution pour faire du monde un meilleur endroit pour toujours." C'est autre chose que de dire : "je ne vais jamais m'arrêter de travailler afin d'avoir du cash-flow" ».

Le cash-flow... il n'y a pas beaucoup de choix là-dedans : « il faut avoir du cash-flow ». Mais si vous avez une richesse générative, cela continue à se générer.

Steve :

La clé pour cela est de te renseigner au sujet de toutes ces possibilités. Maintenant, dès que je dis, instruis-toi au sujet de ces possibilités, j'entends déjà les « Beurk » qui arrivent dans l'univers des gens. S'instruire peut être aussi simple que d'aller sur Google et de faire une recherche sur YouTube sur la façon dont je peux faire tel ou tel truc. Même si tu fais une recherche Google sur quelque chose comme : « Qu'est-ce que la fortune ? », « Comment les riches s'enrichissent-ils ? » et que tu lis au travers de tes propres points de vue et que tu choisis une ou deux choses qui ont vraiment du sens pour toi. Parce que ça, c'est au moins un début. Nous avons découvert il y a trois semaines qu'il y avait des zones de richesse que nous n'avions jamais considérées auparavant, mais elles ont toujours été là, à nous interpeler haut et fort, mais nous avons refusé de voir ce qu'elles étaient. Et dès que nous avons réalisé ce que ces choses étaient, nous avons commencé à les mettre en action et tout à coup, nous gagnons maintenant 1 000 $ par jour, 2 000 $ par jour dans des domaines que nous aurions toujours pu faire, mais nous n'y avions jamais pensé. C'est au-delà et au-dessus de tout ce que nous faisons d'autre.

Chutisa, qu'as-tu à ajouter au sujet de se former à l'argent ? Qu'est-ce que tu proposerais aux gens pour qu'ils commencent à se former eux-mêmes ?

Chutisa :

Je pense que la question clé est, quand tu entends les mots « se former soi-même », ce n'est pas comme s'il fallait que tu suives un cours de base de planification financière ou quelque chose comme ça ou que tu passes un diplôme en comptabilité. Il s'agit plutôt de trouver quelque chose d'amusant pour toi et d'apprendre tout ce que tu peux au sujet de cette chose particulière. Par exemple, si tu aimes les bijoux, apprends tout sur les bijoux. Ou alors les antiquités, ou l'or, ou l'argent ; il te suffit de commencer avec une chose qui est fun pour toi et d'apprendre tout ce que tu peux à ce sujet et d'être dans la question : «Que faudrait-il pour que je gagne de l'argent avec ça?» Tu peux acheter et revendre ou tu peux faire du design. Tu peux faire toutes sortes de choses. Être avec une chose qui te fait vibrer et apprendre tout ce que tu peux à ce sujet peut être une énorme formation financière. Renseigne-toi, puis ajoute quelque chose. Continue à ajouter.

Je me demandais si vous pouviez parler de la façon dont vous voyez la différence entre les dettes et la démystification du jugement que la plupart des gens ont au sujet des dettes et être endetté ?

Chutisa :

Eh bien, la chose que les gens appellent des mauvaises dettes c'est quand ils utilisent l'argent des autres, comme l'argent de la banque, pour acheter des biens de consommation, et les biens n'augmentent pas vraiment en valeur et ne produisent pas d'argent pour eux. Tu peux créer une bonne dette en prenant de l'argent, en obtenant un prêt de la banque pour un taux d'intérêt de 5 % par exemple, et en utilisant cet argent pour générer 20 à 25 % d'intérêt. C'est donc une meilleure façon d'utiliser la dette ; la bonne dette.

Steve :

Le truc avec l'endettement, c'est toujours que si tu utilises l'argent des autres, qui est la définition de la dette, pour créer un actif qui va ensuite créer des revenus pour toi, alors pourquoi appellerais-tu ça une dette ? Si tu utilises une dette, c'est de l'argent que tu dois à d'autres personnes, pour créer quelque chose que tu vas consommer, et ce n'est pas un actif qui créera de l'argent pour toi, alors ça, c'est la dette qu'il te faut éviter. Encore une fois, il faut se débarrasser de toutes les choses que tu consommes en utilisant l'argent des autres et au lieu de ça, regarder comment tu peux utiliser l'argent des autres pour créer des actifs qui créent ensuite de l'argent.

Pour les gens qui pensent : «Comment cela peut-il s'appliquer à moi ? J'ai un prêt étudiant, et j'ai toutes ces dettes qui se sont accumulées», qu'est-ce que tu conseilles ? Quelles questions, quels outils de base, juste pour que les gens commencent à changer cela, pour commencer à sortir de cette folie de penser que c'est leur vie, qu'il n'y a rien qui puisse changer ?

Steve :

Il n'est jamais trop tard pour commencer avec tout ça. Et il n'est jamais trop tard, que tu aies 20, 30, 40, 50, 60, 70 ou 80 ans. Cela n'a pas d'importance. Parce qu'à chaque fois que tu changes, cela change aussi ta vie. Donc, quelques conseils pratiques à ce sujet. Ce n'est pas un conseil financier, d'ailleurs. Ceci est juste un conseil pratique. C'est de voir comment tu peux réduire la quantité de remboursement de crédits à la consommation que tu as. Considère tes cartes de crédit comme des moyens d'acheter réellement des actifs qui vont créer des revenus. Maintenant, quels sont ces actifs qui génèrent des revenus? Fais une recherche Google en tapant : «où sont les actifs qui génèrent des revenus?» Et commence à considérer ceux qui t'amusent. Et commence à regarder comment tu peux utiliser une partie de l'argent que tu crées d'une autre manière, pour générer ensuite certains de ces actifs; même si ce n'est que 1 000 $ par mois, ou 500 $ par mois. C'est plus que quelqu'un qui ne gagne pas 500 $ par mois. Commence; et c'est absolument la meilleure façon de commencer, juste de commencer.

L'exemple de la cuillère en argent est génial. Si tu veux acheter une cuillère en argent, renseigne-toi sur le prix de l'argent. Achète la cuillère à un prix inférieur et, par conséquent, tu pourras toujours, si tu le souhaites, faire fondre cette cuillère en argent et gagner plus d'argent que ce que tu as payé pour la cuillère.

L'une des choses qui nous ont vraiment étonnés au fil des décennies, c'est que si tu te renseignes sur quoi que ce soit, cela signifie que tu vas en savoir plus que 99,99 % des gens. Tu vois, les gens ne savent que ce qu'ils savent, et si tu en sais un peu plus, alors tu peux immédiatement voir la valeur de choses, ce que les autres ne verront pas. Donc, en utilisant la cuillère en argent. Lis un peu sur l'argent. Va sur Internet. Suis un petit cours d'une demi-heure sur YouTube, gratuitement, sur «Comment évaluer l'argent?» Puis fais une autre recherche en tapant : «Où puis-je acheter une cuillère en argent?», achète une cuillère en argent en dessous de la valeur de l'argent fondu. Puis fais une autre recherche qui dit : «Où puis-je faire fondre de l'argent?» Tu le fais fondre. Et tu as 20 % de plus qu'avant. Maintenant, imagine-toi faire ça trois fois par semaine!

Est-ce que c'est mal que j'aie dit : «Oh non, ne fais pas fondre le bel argent»? Steve, mais c'est moi qui te l'achèterai pour que tu ne le fasses pas fondre; il y a toujours un client quelque part!

Je vous ai souvent entendu parler du profit, de la maximisation des profits.

Steve :

Eh bien, l'un des problèmes que nous constatons toujours est que beaucoup de gens préfèrent avoir 100 % de rien plutôt que 20 % de quelque chose. Et si tu as le point de vue que tu veux maximiser le profit que tu veux obtenir de quelque chose, tu ne vas tout simplement pas le faire, parce que tu cherches toujours le meilleur moment pour le vendre, au meilleur prix. Et si tu étais vraiment à l'aise en sachant que tu viens de créer 25 % de plus que ce que tu avais lorsque tu as démarré? Et si tu faisais cela constamment, constamment, constamment? Combien penses-tu que tu pourrais générer en un an, si tout ce que tu touchais, tu étais ensuite capable de le revendre pour 25 % de plus? Pas 300 % de plus, pas 500 % de plus, mais 25 % de plus? La plupart des gens préfèrent attendre 3 ans et vendre quelque chose pour le double de son prix plutôt que de vendre quelque chose pour 25 % de plus, 10 fois par an.

Steve, y a-t-il autre chose que tu aimerais offrir à tout le monde ?

Steve :

Je voudrais juste inviter tous ceux qui écoutent ou lisent ceci à commencer à regarder ce qui est disponible gratuitement au sujet la création et la génération de richesses. Et à choisir juste une chose. Si tu choisissais une chose, tu serais en avance sur 99 % de la population. Et c'est l'un des grands cadeaux quand tu sors de l'endettement, c'est que tu changes ton point de vue. Il s'agit de sortir de l'endettement. Et s'il ne s'agissait pas de sortir de l'endettement ? Et s'il s'agissait de générer des actifs ?

Chutisa, autre chose que tu aimerais ajouter ?

Chutisa :

Mets de côté un pourcentage de tes revenus. Peu importe combien, ça va s'accumuler. Et utilise simplement cet argent pour acheter des actifs qui généreront plus de revenus pour toi. Alors, commence petit. Garde-le. Mets-le de côté et n'utilise cet argent que pour acheter des actifs générateurs. Si tu aimes les cuillères en argent, mets de l'argent de côté et achète juste une cuillère en argent quand tu as les moyens d'acheter une cuillère en argent. Et cela en soi sera plus génératif pour toi et pour ta vie.

INTERVIEW AVEC BRENDON WATT

De l'émission de radio en ligne de Joy of Business : «Sortir de l'endettement joyeusement avec Brendon Watt» diffusée le 29 août 2016.

Comment as-tu grandi avec l'argent ? Comment était ta vie de famille par rapport à l'argent ? Est-ce que vous en parliez, ou plutôt pas, était-ce caché, pas caché, en aviez-vous, ou n'en aviez-vous pas ? Comment est-ce que c'était pour toi ?

Quand j'étais petit, je me souviens que je demandais souvent à mes parents : «Combien est-ce que ça a coûté ?» Et ils disaient : «Ce ne sont pas tes affaires.» Et je demandais : «Combien est-ce que ça a coûté ?» À chaque fois que je demandais quelque chose au sujet de l'argent, ils répondaient toujours : «Ce ne sont pas tes affaires. Tu n'as pas besoin de le savoir.» Donc, quand j'étais petit, je pensais que l'argent était quelque chose à éviter, quelque chose qui n'existait pas, et au début de ma vie adulte, c'était souvent un problème. Je me souviens que je recevais des factures d'électricité, de téléphone ou autre et je ne les ouvrais pas, parce que je me disais que si je ne les ouvrais pas, je ne verrais pas que je devais de l'argent. Comme ça, je pouvais faire comme si elles n'existaient pas et les éviter. Ou, si un numéro privé apparaissait sur mon téléphone portable, si je n'y répondais pas, alors je ne pouvais certainement pas devoir de l'argent, parce que je n'en savais rien. Alors j'évitais ça, encore et encore, jusqu'au moment où je devais une certaine somme, j'avais des dettes et le moment était vraiment venu de faire quelque chose.

Peux-tu nous parler de ce que cela a créé pour toi ? De quoi es-tu conscient maintenant dont tu n'étais pas conscient à l'époque ?

Je me souviens d'une fois, quand je partageais un appartement avec un de mes amis, il était absent à ce moment-là et les factures d'électricité ont dû arriver, mais évidemment je n'ouvrais pas le courrier et le courant a été coupé. J'ai donc branché un câble d'alimentation à l'un des points d'alimentation extérieurs; c'était un immeuble, et il y avait des points d'alimentation extérieurs qui n'avaient rien à voir avec l'appartement. Et j'ai relié ce câble à l'alimentation de notre appartement et j'ai tout branché. Je ne pensais pas que c'était un problème, je me suis juste dit : «Super, j'ai de nouveau de l'électricité». Et mon ami est rentré de ce voyage et il m'a regardé en disant : «Qu'est-ce que tu fais ?» Et j'ai dit : «Eh bien, l'électricité a été coupée et je n'ai pas d'argent pour payer la facture. » Et je pensais que c'était complètement normal. J'avais grandi dans la pauvreté et la pauvreté était une chose réelle pour moi. C'était juste comme… ce n'était pas mal, ce n'était ni bien ni mal, c'était juste : « Je n'ai pas d'argent, alors qu'est-ce que je vais faire d'autre ? Bien sûr que je vais m'alimenter en électricité de l'extérieur. » Mais c'est comme ça que c'était pour moi.

Donc, tu es devenu créatif.

Ouais. Il fallait bien que j'aie de l'électricité. Il fallait que je trouve un moyen que le frigo reste froid et les lumières allumées. Mais c'était comme ça pour moi. Je ne remarquais même pas que j'avais des dettes ; j'étais inculte à ce point au sujet de l'argent. La dette n'existait pas pour moi. C'était juste : « Je n'ai pas d'argent. » Mais je me souviens de l'époque où nous… Simone et moi avons emménagé dans la première maison que nous avions achetée ensemble, et nous parlions un jour et j'ai dit : « Oh, au fait, j'ai une dette fiscale de 200 000 $. » Et elle a dit : « Quoi ? » Et puis elle a dit : « Eh bien, ce n'est pas rien, ça. » Et même à ce moment-là, je me suis dit : « Vraiment ? C'est un problème que j'aie des dettes ? » Mais encore une fois, je n'avais pas réalisé que l'endettement était une mauvaise chose, ou quoi que ce soit ; c'était juste de l'argent et l'argent ne signifiait rien. Je n'ai jamais été éduqué là-dessus, donc, je n'avais aucun respect pour cela.

Oui, je me souviens avoir eu cette conversation avec toi et je me suis dit : « Nous avons acheté une maison ensemble, nous vivons ensemble, n'est-ce pas le genre de chose que tu dis à quelqu'un avant de faire ça ? Que tu as autant de dettes ? » Et toi, tu disais : « Oh ». Tu prenais ça tellement à la légère. Nous en avons bien rigolé.

Oui, mais c'est ce que l'argent était pour moi ; c'était juste : « Oh, j'ai oublié ça. » J'avais appris à tellement bien éviter l'argent que je le tenais à l'écart de moi d'une manière dont peu sont capables ; j'étais bon à ça !

Il y a quelque temps, tu m'as dit que, quand tu étais petit, les gens autour de toi se disputaient au sujet de l'argent. Je me souviens que tu as dit que tu ne voulais jamais avoir de l'argent, que tu ne voulais jamais avoir à faire quoi que ce soit avec l'argent, parce que l'argent était équivalent à un certain niveau d'abus et de violence. Peux-tu parler un peu de ça?

Oui exactement. Tu sais, je vois ça chez beaucoup de gens. Avec les relations, par exemple, si quelqu'un a connu une relation abusive pendant son enfance, soit il a une relation abusive pour essayer de comprendre ça et de faire mieux que ses parents, soit, avec l'argent par exemple, si l'argent était quelque chose au sujet duquel tes parents se disputaient, alors pourquoi souhaiterais-tu en avoir? Tu sais, parce que pour moi, j'ai fait de mon mieux pour rendre mes parents heureux. Je me demandais toujours ce que je pouvais faire pour les rendre heureux. Et ils se disputaient au sujet de l'argent tout le temps, alors évidemment à ce sujet-là, je ne pouvais rien faire pour les rendre heureux, mais ce n'était pas cognitif. C'était quelque chose que j'avais décidé, du genre : «Eh bien, si c'est comme ça, l'argent, alors pourquoi voudrais-je en avoir?»

Tu as aussi parlé du bonheur. Quand tu étais petit, le bonheur était-il égal à l'argent, l'argent égal au bonheur? Ou est-ce que ça n'avait pas d'importance? Comment est-ce que ça marche?

Eh bien, pour moi, le bonheur n'avait rien à voir avec l'argent. La façon dont je définissais le bonheur, c'était d'être seul ou de faire quelque chose qui me rendait heureux. Quels enfants vois-tu créer leur vie et leur bonheur basés sur l'argent? Ils ne disent pas : «Je gagne 10 $ aujourd'hui, alors je suis heureux.» Ils disent : «J'ai passé une bonne journée aujourd'hui, alors je suis heureux». Mais en tant qu'adultes, il semblerait qu'on dise : «Je n'ai pas gagné d'argent aujourd'hui, alors je suis stupide» ou «J'ai eu une journée de merde» ou autre chose. «Je ne peux pas être heureux, à cause de l'argent». Alors, combien de personnes ont décidé que l'argent équivalait au bonheur? Parce que ce n'est pas le cas. Je veux dire, j'ai cru ça, moi aussi. Une fois de plus, quand j'étais plus jeune, je me disais : «Si je pouvais gagner plus d'argent, je pourrais être plus heureux», mais une fois que j'ai commencé à gagner de l'argent, j'ai réalisé que ce n'était pas important. Le bonheur était un choix que je devais faire et cela n'avait rien à voir avec l'argent, rien du tout.

Peux-tu dire qu'il y a eu un moment particulier dans ta vie où cette prise de conscience a commencé?

Eh bien, je t'ai rencontrée et j'ai rencontré Gary et Dain et j'ai rencontré beaucoup d'autres personnes qui sont maintenant des amis proches, et beaucoup d'entre eux ont créé beaucoup d'argent, et ce n'est pas que ça a créé le bonheur pour eux, ou pour moi maintenant, c'est plutôt les choix que l'argent te donne. Comme pour nous, par exemple, j'aime voyager en classe business et j'aime porter de beaux vêtements et j'aime manger de bonnes choses, et j'aime tous ces trucs; ça me rend heureux, et ça rend mon corps heureux, mais c'est aussi un choix que je dois faire pour avoir ça. Ce n'est pas juste : «Eh bien, si j'avais 1 000 $ là maintenant, je serais plus heureux». Parce que, si tu me donnais 1 000 $ là maintenant, cela ne créerait pas de bonheur. Cela créerait : «Oh, j'ai 1 000 $ là maintenant. Super.»

Tu as parlé du choix. Cet argent te donne plus de choix. Par exemple, tu voyages en classe économique, tu voyages en business, ou...

Eh bien, qu'est-ce qui va te rendre plus heureux? Économie ou business?

Qu'est-ce qui va faire plus plaisir à ton corps? Certainement business ou première!

Ou un jet privé.

Ou un jet privé, nous avons pris quelques jets privés ces derniers mois; ce qui a été très amusant. Donc, nous parlons de choix. As-tu l'impression que tu avais le choix avec l'argent quand tu étais petit, ou pas? Comment était-ce pour toi?

D'abord, je ne savais pas ce qu'était le choix. Pour moi, quand j'étais petit, le choix était de regarder ce que tout le monde choisissait et de penser : «D'accord, est-ce que c'est ce que je devrais choisir? Est-ce que c'est ça que je devrais choisir? Est-ce que c'est ça que je devrais choisir?» Pas : «Que puis-je choisir et quels choix ai-je à ma disposition là maintenant?» Il ne s'agissait jamais de ça. C'était regarder ce que je pouvais choisir pour quelqu'un d'autre ou contre quelqu'un d'autre. Donc, l'apprentissage du choix était probablement l'une des premières étapes pour être capable de créer une réalité financière différente. Et à propos de l'endettement aussi. Il a fallu que je regarde ça et que je dise : «D'accord, j'ai des dettes. Cela ne va pas disparaître.» Donc, ça fait 30 ou 40 ans que je les fuis. Elles sont là maintenant et elles frappent à ma porte. Et encore. Et encore. Il faut que j'ouvre la porte et que je regarde ça. Et c'est ce que j'ai fait; c'était, c'était il y a juste deux ans. C'était il y a deux ans que j'ai commencé à me rendre compte du montant des dettes que j'avais accumulées et à dire : «Maintenant, d'accord, alors quels choix dois-je faire pour sortir de ça?»

Comment c'était, la première fois que tu as pris ta vie financière en main et que tu savais que c'était à toi de la changer; que tu étais celui qui devait faire des choix autres?

J'ai eu la chance d'avoir beaucoup de bons amis autour de moi avec lesquels je pouvais parler et dire : «J'en suis là». Mais je me suis aussi entouré de gens qui avaient de l'argent; donc je me suis instruit. Je me suis dit : «Si je veux m'en sortir...», la première chose qui m'est venue à l'esprit était : «Il va falloir que je m'instruise au sujet de l'argent.» Donc, je passais du temps avec des gens qui s'y connaissaient en matière d'argent. Je regardais la chaîne des finances. Ou je lisais des choses au sujet de gens qui ont créé des formations sur l'argent, et qui sont instruits au sujet de l'argent. Et il s'agissait juste de m'instruire, et ensuite j'ai pu dire : «Si je veux sortir de mes dettes, il faut que je fasse ceci,

ceci et cela. Quels sont mes choix? Qu'est-ce que j'ai besoin de choisir ici?» Et ensuite : «Qu'est-ce qui est le plus léger?» Et foncer. Et c'est ce que j'ai fait et, c'était il y a à peu près deux ans et ça a complètement changé. Je veux dire, je n'ai plus de dettes maintenant, à part des prêts immobiliers et des choses qui me font gagner de l'argent.

Raconte-moi comment c'était quand tu allais chez le comptable avant et comment c'est maintenant. Tu ne te sentais jamais bien en sortant, et maintenant tu adores avoir des réunions avec notre comptable pour parler de finances ou pour planifier les impôts. Quelle est la différence dans la création?

Eh bien, la différence est que je n'évite plus l'argent. Avec le point de vue qu'il fallait que j'évite les dettes et que j'évite l'argent, alors comment aurais-je pu parler avec un comptable? Ce n'est pas facile de parler avec un comptable quand tu as un point de vue que l'argent est nul et, pour moi, c'était de dépasser ça et de changer ce point de vue que j'avais sur l'argent. Maintenant, quand nous avons un rendez-vous avec notre comptable, je me dis : «Qu'est-ce qu'on fait maintenant? Que pouvons-nous faire avec ça? Que pouvons-nous faire avec ça? Et comment pouvons-nous mettre ça là? Et comment pouvons-nous faire une économie d'impôt ici?» C'est juste excitant, parce que c'est excitant de créer et qu'il ne s'agit pas de créer plus de dettes. Maintenant, il s'agit de créer un avenir et de la prospérité.

Alors, comment as-tu changé ton point de vue, Brendon? Peux-tu nous donner, par exemple, trois outils ou questions?

Mon outil numéro un serait le compte des 10 %. Clairement. Numéro un. Si tu peux faire ça, tu seras libéré de tes dettes. Et, la raison est que, si tu peux mettre de côté 10 % de tout ce que tu gagnes, tout de suite; si tu gagnes mille dollars par semaine, avant d'aller payer tes factures ou quoi que ce soit, tu mets 100 $ dans un compte bancaire séparé, ou garde-les en espèces dans ton tiroir ou ton coffre-fort ou autre et n'y touche pas. Si tu gagnes 1 000 $ par semaine, donc c'est 100 $, dans trois ans, combien d'argent auras-tu? Tu auras 15 600 $. Donc, si tu as 15 600 $ sur un compte séparé, auras-tu l'impression d'avoir de l'argent ou de ne pas en avoir? Auras-tu l'impression d'être capable de créer de l'argent ou de ne pas en être capable? Moi, je l'ai sans doute fait cinq fois, j'avais à chaque fois 2 ou 3 000 $ et puis je les dépensais. Alors, je t'ai dit, à toi, Simone : «Ça ne fonctionne pas. Je veux vraiment faire ça. Je veux vraiment changer ma situation financière.» Mais c'était la demande que j'avais aussi. «Peux-tu garder cet argent pour moi? Peux-tu garder mes 10 %?»

Et tu m'as dit : «Ne me les rends pas, même si je te le demande».

Et je pense que je te l'ai demandé quelques fois.

Oui. Et j'ai dit : «Non.» Et tu as dit : «Quoi?»

J'ai dit : «Mince!» Alors, c'était sans doute il y a deux ou trois ans et je n'ai pas touché mes 10 % depuis. Donc ils ont augmenté, augmenté, augmenté. Et maintenant, j'ai une certaine somme d'argent à la banque, donc je n'ai pas l'impression de ne pas avoir d'argent.

Est-ce que je peux te demander quelle somme d'argent il a fallu que tu aies sur ton compte des 10 % pour avoir cette sensation que tu as de l'argent?

Je pense qu'au début c'était à peu près 10 000 $. Et puis je suis arrivé à cette somme-là et c'est passé à 30 000 $. Et puis à 50 000 $. Mais une fois que tu arrives à certaines sommes, c'est comme, «Oh OK. J'ai de l'argent. Quoi d'autre maintenant?» Donc, ça, c'était mon premier truc. Et c'est mon conseil numéro un pour sortir de l'endettement. Ensuite, l'autre chose à faire serait de noter tes dépenses; toutes tes dépenses. Je veux dire, nous faisons les nôtres tous les trois ou quatre mois, et on a mis les cadeaux de Noël sur la liste; comme un coût mensuel. Nous savons que quand il s'agit de Noël, il se peut que nous dépensions 1 000 $, 2 000 $, 3 000 $ en cadeaux de Noël, pour le repas de Noël ou pour accueillir la famille, tu sais, c'est un coût.

Je me souviens qu'une année nous avons réalisé que nous avions dépensé 8 000 $ à Noël. Donc, au lieu de dire : «Oh, 8 000 $ à Noël», nous l'avons divisé par 12...

Et nous l'avons rajouté à nos coûts mensuels.

Est-ce que tu peux nous en dire plus sur la façon dont tu calcules les dépenses mensuelles ?

Donc, si tu es de la vieille école, note-les sur une feuille de papier. Si tu es de la nouvelle école, tableur Excel ; que je déteste, parce que je ne sais pas m'en servir. Simone est juste... oh, je peux copier-coller mieux que qui que ce soit ! Mais, fais-le d'une certaine façon et dis : «Voiture : immatriculation, essence», et autre... «Maison : location ou prêt.» Ensuite, il y a l'eau, l'électricité, les enfants, l'école, les vêtements. Et puis il y a toi. Il y a tes vêtements, et tout le reste ; il faut que tu notes chaque chose pour laquelle tu dépenses de l'argent, parce que c'est ce que te coûte ta vie. C'est ce dont ton corps a besoin. Alors, note tout ça, par mois ou par semaine, comme tu veux, puis regarde ça et par exemple si tu gagnes 1 000 $ par semaine, et quand tu notes tes dépenses, tu arrives à 1 500 $, est-ce que ça va vraiment marcher ? Il te manque 500 $. Plutôt que de paniquer et de dire : «OK, il faut que je réduise mes dépenses. Il faut que je fasse des restrictions dans ma façon de vivre ma vie. Il faut que j'arrête de m'amuser autant. Je ne peux plus sortir au restaurant» dis : «D'accord, alors qu'est-ce que je dois maintenant ajouter à ma vie pour créer ces 500 $ et plus ?» Regarde ce que tu peux ajouter à ta vie, plutôt que ce que tu peux supprimer.

La première fois que tu as fait ça, te rappelles-tu du montant et de ce que cela représentait pour toi ?

Non. Je n'ai aucune idée. Mais je pense que c'était... Honnêtement, je ne saurais pas te dire le montant, mais ça n'était pas beaucoup. Je me souviens que c'était clairement plus que ce que je gagnais ; beaucoup plus que ce que je gagnais. C'est pour ça que j'avais des dettes, parce que je n'étais pas du tout au clair sur ce que me coûtait ma vie. Par exemple, si j'avais gagné 1 000 $ par semaine, alors en faisant la liste de mes coûts, je tombais sur 2 500 $. Je continuais à avoir de plus en plus de dettes sans savoir pourquoi. Je pensais juste que c'était une mauvaise gestion, ou l'univers... Dieu me détestait, «Dieu. Pourquoi est-ce que tu ne m'aimes pas?!» Mais je n'étais pas renseigné, alors quand j'ai fait ce calcul, je me suis dit : «Oh. C'est pour ça que je m'endette. C'est parce que je ne gagne pas assez d'argent pour couvrir mes dépenses.» Alors ça a créé une clarté absolue pour moi. J'ai dit : «D'accord, cool. Il faut que je gagne entre 1 000 et 1 500 $ de plus par semaine.» Donc tu as le choix. Soit tu supprimes toutes ces choses de ta vie que tu aimes faire, ou bien tu dis : «D'accord, qu'est-ce que j'ai besoin d'ajouter à ma vie aujourd'hui qui peut me faire gagner plus d'argent? Que puis-je créer d'autre? Quelles autres sources de revenus?»

Quels autres outils et questions as-tu utilisés pour changer ton endettement et générer de l'argent?

Les questions sont très précieuses. Il faut que tu poses des questions, parce que l'univers fournira. Ce n'est pas quelque chose de linéaire. Pour moi, j'ai grandi avec ça comme si c'était quelque chose de linéaire, mais une fois que j'ai commencé à poser des questions, j'ai réalisé que je pouvais demander quelque chose et ça commençait à apparaître. Pose la question : «Que faudrait-il pour que cela se présente?» Et aie confiance en toi que cela va se présenter. Fais confiance à l'univers que cela se présentera. Parce que c'est comme ça que c'était pour moi. Je savais que ma vie allait changer et je savais que si je posais des questions et que je commençais à faire des choix différents, elle changerait. Je ne savais pas comment, mais elle a changé.

Pose aussi la question : «Qu'est-ce que je déteste à propos de l'argent?» «Qu'est-ce que j'aime dans le fait de ne pas avoir d'argent?» C'est peut-être provocateur parce que tu vas sans doute dire : «Mais je ne déteste pas l'argent. Je l'aime, mais je n'en ai pas.» Si tu n'en as pas, c'est que tu ne l'aimes pas. Et ça, c'était le truc au sujet duquel il a fallu que je sois brutalement honnête avec moi-même et que je dise : «Waouh, il y a quelque chose là que je n'aime pas au sujet d'avoir de l'argent.» Alors, pose-toi cette question et sois prêt à regarder ça et à reconnaître : «Waouh. C'est un point de vue étrange. Que faudrait-il pour que je change cela?»

Une autre question à poser est : «Qu'est-ce que je ne suis pas prêt à faire pour l'argent?» parce que beaucoup de gens ont un nombre de choses qu'ils sont prêts à faire pour l'argent, mais si tu veux vraiment avoir tout l'argent du monde et créer tout et avoir tout ce que tu désires, tu dois être prêt à faire tout ce qui est nécessaire, peu importe ce que c'est. Ça, c'était l'une des choses que j'ai comprises. Et une autre chose était que, il faut que j'aie ce niveau d'exigence dans mon monde. Si je veux changer ma vie à ce point-là et avoir de l'argent de cette façon et avoir tout ce que je désire, il va vraiment falloir que je fasse tout ce qui est nécessaire, peu importe ce que c'est. Ce que je vois chez beaucoup de gens, c'est qu'ils ne sont pas prêts à faire ce qui est nécessaire.

Donc, en parlant de faire tout ce qui est nécessaire pour créer quelque chose… La première fois que tu es allé en Amérique, tu as voyagé en classe économique. La première fois que tu es allé en Italie d'Australie, ce qui est vraiment un long voyage, tu as voyagé en classe économique. Et maintenant tu voyages en jet privé. Pensais-tu que c'était possible?

J'ai toujours su que c'était possible. Mais ce qui est drôle, c'est que le premier voyage que j'ai fait en Amérique, c'était pour une classe de 7 jours au Costa Rica. J'avais 10 000 $ d'économies sur mon compte. Et je me suis dit : «Je vais aller en Amérique et je vais voyager en business et je vais aller à cette classe», et je regardais les billets en classe business et l'aller-retour allait me coûter 6 000 $; donc j'avais ce qu'il fallait pour les billets et pour la classe. Et je me suis dit : «Cool.» Et puis j'ai regardé ça et je me suis dit : «Pourquoi est-ce que je ferais ce choix? J'ai 10 000 $ là maintenant. Je pourrais prendre un billet en classe économie pour 1 000 $, faire la classe et il me resterait 5000 $ pour faire autre chose, créer davantage ou avoir un peu plus de liberté avec l'argent. » Parce qu'une chose que je sais au sujet de l'argent, c'est que, quand tu en as, tu as plus de liberté pour en créer davantage. Avec de l'argent, je peux créer plus que sans. Alors j'ai regardé ça et j'ai dit : « Waouh. C'est fou ! » J'avais ce point de vue bizarre que si j'avais l'air d'avoir de l'argent, je gagnerais plus d'argent. Ou que, si je pouvais voyager en classe business, alors je pourrais me comporter comme si j'étais riche pendant 13 heures, ou quelque chose comme ça. Pour moi, c'était : « D'accord, il faut que je sois un petit peu plus pragmatique là, avec, premièrement, la façon dont je regarde l'argent et, deuxièmement, la façon dont je le dépense. »

Mais tu avais le choix en fait. Tu aurais pu choisir de dépenser tout ton argent et de voyager en classe affaires et pourtant tu as choisi quelque chose de différent.

J'ai fait beaucoup de voyages en classe économique quand j'ai commencé. Je savais que je voulais voyager en classe affaires, et je rentrais dans l'avion et je voyais ces gens en classe affaires et je ne me disais pas : « Oh, regarde ces gens ; ces riches ». Je n'étais pas comme ça. Je rentrais dans l'avion et je me disais : « J'aurai ça. Quoi qu'il faille. Qu'est-ce qu'il va falloir pour que j'aie ça ? » Et j'allais m'asseoir sur mon siège. Et je profitais du vol. J'ai commencé à collectionner des miles avec différentes compagnies aériennes et je me faisais surclasser. Et puis je disais : « C'est génial ! C'est ce à quoi je voudrais que ma vie ressemble. Qu'est-ce qui va être nécessaire pour ça ? » Au final, c'était ça, je l'ai exigé et j'ai posé des questions et c'est ce qu'il a fallu pour que ça commence à arriver.

D'où est-ce que tu vois venir l'argent ? Et comment le vois-tu apparaître ? Qu'est-ce qui a changé pour toi au cours des deux dernières années, depuis que tu as changé ton point de vue au sujet de l'argent ?

Eh bien, la première chose, comme tu viens de le dire, c'est changer son point de vue sur l'argent. Parce que ton point de vue crée ta réalité. Clairement. C'est comme ça. Si tu as le point de vue que tu gagnes 20 $

de l'heure et que tu travailles 40 heures par semaine, ça fait 800 $, c'est tout ce que tu vas gagner. C'est tout. Si tu dis que c'est ce que tu as, c'est ce que tu fais, alors c'est comme ça. Parce que dès que tu arrives à la conclusion que c'est l'argent que tu gagnes, c'est ça qui apparaît dans ta vie. Mais si tu dis : «OK, cool. J'ai un boulot de 40 heures. Je gagne 20 $ de l'heure. C'est 800 $ par semaine. C'est génial. C'est mon pain et mon beurre. Cela couvre mon loyer, ma nourriture et autre. Maintenant, quoi d'autre est possible? Que puis-je créer d'autre? Quelles autres sources de revenus puis-je avoir?» Et, encore une fois, c'est une question. Tout le temps, si tu commences à poser des questions, si quand tu te lèves le matin, la première chose que tu fais est de changer ton point de vue, plutôt que de dire : «Je dois aller au travail», si tu fonctionnais à partir de «Génial. Je vais travailler et quoi d'autre est possible?» Je te garantis que, si tu es sincère avec cette question et avec le point de vue que tu as autour de ça, tu vas créer ta vie autrement et tu vas créer des flux monétaires autrement, quoi que cela requière ; je te garantis que dans six mois, tu auras une réalité financière différente ; je le garantis !

Quand je t'ai rencontré pour la première fois, tu étais carreleur — ce qu'on appelle un homme de métier en Australie — et tu avais une société avec un associé. Peux-tu nous en dire un peu plus sur la façon dont tu as fini par créer autant de sources de revenus? Et ce que je vois que tu crées aussi dans ta vie, il n'y a pas de fin à ça ; il n'y a pas de limite au nombre de sources de revenus que tu as. Peux-tu nous parler un peu plus de ça?

Eh bien, la première chose que j'ai regardée c'était que j'avais l'habitude de travailler très dur, 5 jours par semaine, ou 5 jours et demi, ou 6 jours par semaine, et puis je disais : «Oh cool, dimanche» et je m'allongeais et je regardais la télévision ou je buvais de la bière ou quelque chose comme ça. Je me souviens, quand je t'ai rencontrée, je faisais la même chose, mais à un moment, j'ai commencé à regarder ça et j'ai commencé à regarder ma vie et à regarder si j'en avais assez dans ma vie et si j'étais vraiment heureux avec ce que je créais, et j'ai réalisé que ce n'était pas le cas. Je m'ennuyais à mort. Alors j'ai posé la question : « D'accord, que puis-je ajouter d'autre à ma vie ? » Et c'est la question que je pose maintenant : est-ce que je désire vraiment aller faire... ? Nous avons de l'argent. Je pourrais littéralement rentrer chez moi et me détendre. Je pourrais juste rentrer à la maison, faire du jet-ski et me détendre. Cela fonctionnerait-il pour moi ? Jamais de la vie. J'ai besoin de faire beaucoup de choses. Si je crée ma vie, je suis heureux. Si je suis assis à ne rien faire, je ne le suis pas. C'est génial d'aller faire du jet-ski ou autre chose, et ça ne me suffit pas. Je savais qu'avoir un boulot classique, au bureau de 9 h à 17 h, ne me suffisait pas. Je savais que traîner et boire de la bière le dimanche ne me suffisait pas. Ce qui ne veut pas dire que ce n'est pas pour toi, mais si ce n'est pas le cas, alors il faut que tu regardes ça. La première question est : « Que puis-je ajouter à ma vie ? » C'est la question que je pose tous les jours : « Que puis-je ajouter à ma vie aujourd'hui ? » Plutôt que de dire : « Je suis trop occupé » ou « Je ne peux rien faire d'autre. » C'est un mensonge. Avance. Et quand tu commences à dire : « Je suis trop occupé » ou « Je ne veux pas faire ça », pose la question : « Est-ce vraiment mon point de vue ? Ou celui de quelqu'un d'autre ? »

Une chose que nous avons ajoutée à notre vie, c'est un portefeuille d'actions. Quel était ton point de vue au début et qu'est-ce qu'il a fallu que tu changes pour créer un portefeuille d'actions fructueux, très fructueux ?

Le marché de la bourse m'excite parce qu'il y a quelque chose dans ce truc de gagner de l'argent si rapidement qui m'excite terriblement. Je veux dire, je me souviens que j'allais à la TAB quand j'avais 11 ou 12 ans, qui est l'endroit où tu paries sur des chevaux en Australie. Mon père me donnait 1 000 $ en liquide et une liste de chevaux sur lesquels il voulait que je mise cet argent. J'allais là-bas, je misais l'argent et puis j'allais chercher ses gains. Soit il perdrait tout et était un connard abusif, soit il me renvoyait là-bas et je récupérais 3 ou 4 mille dollars et je me disais : « Oh, c'est facile. » Donc il y avait ce truc par rapport à gagner de l'argent rapidement qui m'amusait. Et c'était la même chose avec les actions : «Waouh, c'est possible de gagner de l'argent aussi rapidement, juste en utilisant sa conscience ?» Et c'est ça que j'aime avec les actions, c'est comme : «Si j'achète cela, est-ce que cela va me rapporter de l'argent ? Oui ? Non ? Oui ? Oui ? OK, cool, achetons-le.»

En fait nous avions ce portefeuille d'actions qui a tellement bien marché que nous avons fini par vendre un certain nombre d'actions pour acheter une maison sur la rivière à Noosa, dans le Queensland ; ce qui n'est pas peu cher.

Nous avons acheté ces actions ; très basses. C'était des actions cotées en cents et nous en avons acheté beaucoup. En fait, nous en avons acheté quand elles étaient élevées et nous en avons acheté quand elles étaient basses, mais nous en avons acheté beaucoup quand elles étaient basses et récemment elles ont beaucoup augmenté, parce que nous savions que ça arriverait. Nous avons continué à en acheter, encore et encore. Tout le monde nous disait : «Vous êtes fous. Vous êtes fous. Vous êtes fous.» Nos comptables nous le disaient. Nos amis nous le disaient. La famille nous le disait : «Ne faites pas ça. Vous mettez tous vos œufs dans le même panier.» Qu'avons-nous fait? Nous avons continué à en acheter. Pourquoi? Parce que nous savions qu'elles augmenteraient. Donc, ce que je veux dire c'est, et si tu faisais ce que tu sais qui va créer ta réalité financière, au lieu de faire ce que les autres te disent?

Donc, par exemple, tu vas aller voir ton comptable et il va te dire : «Eh bien, vous devriez faire ça parce que c'est sûr», ou vous devriez faire ça ou ça. Que sais-tu au sujet de l'argent que personne d'autre ne sait? Ou qu'est-ce que tu sais au sujet de l'argent que tu n'es pas prêt à reconnaître? Et si tu te posais la question suivante : «Qu'est-ce que je sais au sujet de l'argent que je ne suis pas prêt à reconnaître?» Et ensuite : «D'accord, alors que dois-je faire pour mettre ça en action? Univers, tu m'as donné cette prise de conscience de ce que j'ai besoin de savoir au sujet de l'argent, que se passe-t-il maintenant?» Pose la question : «Qu'est-ce qu'il va falloir pour que cela se manifeste?» «Que dois-je faire ? » « À qui est-ce qu'il faut que je parle ? » « Qu'est-ce que j'ai besoin de mettre en place pour que cela porte ses fruits ? » Il faut que tu fasses ces demandes auprès de toi-même. C'est ce qu'il va falloir que tu fasses si tu veux que ta vie change.

Une des choses que j'ai apprise avec Access, c'est que je sais des choses. Je n'ai pas besoin de réfléchir aux choses pour les savoir. Je n'ai pas besoin de lire un livre pour les savoir. Je les sais tout simplement. Donc, si je pose des questions et que je demande : « OK, alors qu'est-ce que je sais là à ce sujet ? » et quelque chose me vient à l'esprit, « OK, cool », et ensuite je vais dans cette direction. Plutôt que de dire : « Eh bien, unetelle m'a dit de faire ça, alors je vais le faire. Ensuite, ils ont dit de faire ça, alors je vais le faire. » Non. Pose des questions aux gens afin d'obtenir des informations, pas des réponses.

Brendon, je te suis très, très reconnaissante d'être venu te joindre à nous aujourd'hui. Y a-t-il autre chose que tu aimerais ajouter avant de terminer ?

Une autre chose que je veux dire est : l'argent suit la joie. La joie ne suit pas l'argent. Si tu es prêt à avoir de la joie dans ta vie à tous les niveaux, y compris l'argent, l'argent va suivre la joie. Si tu organises une fête et que tu invites l'argent et que tu dis qu'il n'y aura pas de boissons, pas de danse, pas de rires, pas de plaisir, crois-tu que l'argent va vouloir venir à cette fête ? Alors, et si la soirée à laquelle tu invitais l'argent était du genre : « Hé, amusons-nous ensemble. » Si l'argent était une énergie et que tu étais prêt à l'inviter à s'amuser, aurais-tu plus dans ta vie ou moins ?

INTERVIEW AVEC GARY DOUGLAS

De l'émission de radio en ligne de Joy of Business : «Sortir de l'endettement joyeusement avec Gary Douglas» diffusée le 5 septembre 2016.

Gary, tu es l'une des personnes les plus inspirantes que j'ai jamais rencontrées quand il s'agit de la façon dont tu regardes l'argent, le point de vue que tu avais sur l'argent, celui que tu as maintenant, le fait que tu es toujours prêt à le changer et, bien sûr, tu es le fondateur d'Access Consciousness. Donc, tous les outils dont nous parlons ici viennent de toi et tu m'as aidée moi, mais aussi des centaines de milliers de personnes à changer leur point de vue sur l'argent. Donc, merci pour ça.

Merci. Et, j'ai dû changer mes points de vue sur l'argent afin d'être capable de faire ça.

Peux-tu nous raconter un peu comment tu as grandi ? Comment était ta vie de famille ? Aviez-vous de l'argent ; as-tu été instruit ? Comment c'était pour toi ?

J'ai grandi à l'époque de la série télévisée «Leave it to Beaver»; rien de très sexy donc. C'est-à-dire que tu as le droit de parler des choses, mais pas vraiment de les faire. J'ai grandi dans une famille de la classe moyenne, moyenne, moyenne, moyenne, moyenne, moyenne, moyenne et lorsqu'un meuble n'était plus en état, on s'en débarrassait et on rachetait le même pour le mettre exactement au même endroit et rien ne changeait jamais; c'était toujours pareil. On utilisait un tapis jusqu'à ce qu'il soit filé et ensuite on l'échangeait contre un nouveau. Et on ne le retournait pas, on ne le changeait pas et ne le touchait pas; tout était mis au même endroit et restait au même endroit. Et une fois, quand j'étais petit, ma mère m'a dit, et elle l'a dit devant moi en présence de quelqu'un d'autre : «Je ne pense pas que Gary aura de l'argent parce qu'il donnera tout à ses amis.» Parce que je recevais 50 cents d'argent de poche et je les prenais pour aller acheter du gâteau, du coca et d'autres choses à mes amis; à l'époque, c'était vraiment pas cher. On pouvait acheter une bande dessinée pour un nickel (cinq cents). Cela donne une idée de la différence. Donc, 50 cents, c'était beaucoup d'argent à l'époque. J'avais 50 cents et j'allais le dépenser pour acheter du gâteau et du coca pour mes amis et moi, et ce qui m'intéressait, c'était de prendre du bon temps. Et ma mère me disait : «Tu n'auras jamais plus d'argent si tu n'es pas sérieux et si tu continues à dépenser ton argent pour les autres». Je disais : «Mais c'est amusant!»

Qu'est-ce qu'elle essayait de t'apprendre à l'époque? Est-ce qu'il s'agissait de faire des économies?

Il s'agissait toujours de faire des économies pour les mauvais jours, mais elle et mon père avaient grandi pendant la dépression, alors leur point de vue était qu'il ne fallait pas dépenser d'argent, qu'il fallait prendre soin de l'argent qu'on avait, qu'il fallait toujours réduire les coûts autant que possible et ne jamais dépasser les limites pour tout; on ne choisissait jamais rien de plus grand que ça. Ce qui est marrant, c'est que mon père était un peu joueur, alors en 1942, quand je suis né, nous vivions dans un endroit qui s'appelait Pacific Beach à San Diego, et au bout de la rue se trouvait un petit village qui s'appelait La Hoyer; qui est maintenant l'une des zones les plus chères de San Diego. Mon père a eu l'opportunité d'acheter un terrain dans ce qui est maintenant le centre-ville de La Hoyer pour 600 $, et ils avaient 600 $ d'économies, mais ma mère ne l'a pas laissé faire. Elle disait toujours : «Non, non. Il faut que tu attendes qu'on ait plus d'argent.» Il fallait toujours attendre, avec tout. Elle croyait qu'il fallait attendre avant de créer.

Alors, comment se déroulait un dîner classique chez les Douglas : aviez-vous le droit de parler d'argent à table?

Non, non. Il ne faut pas parler d'argent. C'est grossier! On ne parle pas d'argent. Ce qui est marrant, c'est que les gens qui ont de l'argent, leur point de vue est : «On ne parle pas d'argent parce que c'est vulgaire», n'est-ce pas? Pourquoi est-ce que c'est grossier si on est pauvre et vulgaire si on est riche? Je ne comprends pas. Aucun des deux n'est bien. C'était tellement intéressant de voir ma famille faire ça. Ma mère préparait des salades pour nous… elle mettait un morceau de laitue au fond de l'assiette et ensuite elle mettait une tranche d'ananas dedans, mais elle découpait un petit morceau de chaque tranche pour les comprimer ensemble, et ensuite elle mettait une cuillère de mayonnaise et ensuite elle râpait du fromage par-dessus, et c'était notre salade. Et elle prenait une petite boîte de conserve dans laquelle il y avait trois tranches d'ananas et elle en faisait quatre salades en prenant un morceau de chacune des trois tranches, afin d'avoir quatre salades, pour que nous ayons quelque chose à manger. Je n'arrêtais pas de me demander : «Pourquoi?» Et puis elle me faisait manger du brocoli et je disais : «Mais je n'en veux pas.» Et elle disait : «Il y a des enfants en Chine qui meurent de faim. Tu manges tout.» Et j'ai dit : «Est-ce que je peux leur envoyer?» Je me suis fait engueuler pour ça!

Quand tu étais petit et que tu étais baigné dans cette énergie de prudence… tu disais que tes parents ont vécu la dépression; avec tout ça autour de toi, as-tu quelque part adhéré à leur point de vue? Ou est-ce que tu as toujours su que tu étais différent? Comment est-ce que c'était pour toi?

L'une des choses intéressantes était qu'à Noël, nous allions nous promener dans les quartiers riches de la ville pour regarder les beaux sapins de Noël; parce qu'il y avait des vitrines et des sapins fabuleux. Et on se promenait et on les regardait. De nos jours, on irait se promener pour voir les installations lumineuses des gens. On dirait : «Waouh. C'est incroyable qu'ils puissent faire ça.» Et je disais : «Est-ce qu'on peut avoir un sapin comme ça? Est-ce qu'on peut avoir une maison comme ça?» Et ils disaient : «Non chéri. Ces gens riches ne sont pas heureux de toute façon.» Dans ma tête, je me disais : «Est-ce que je peux essayer?»

Donc, quand tu étais petit, est-ce que l'entente générale était qu'il ne s'agissait pas d'avoir de l'argent pour être heureux?

Oh, l'argent ne t'apportait pas le bonheur. Tu sais, ma mère disait : «L'argent n'achète pas le bonheur.» Je demandais : «Qu'est-ce que ça achète? J'aimerais savoir ce que je peux acheter.» Et elle disait : «Tu n'as pas les moyens. Tu n'as pas les moyens. Tu n'as pas les moyens.» Il s'agissait toujours de ce que nous ne pouvions pas nous payer. Il ne s'agissait pas de ce que nous pouvions nous payer. Et pour le divertissement, parce que mes parents étaient si pauvres, le divertissement, le samedi et le dimanche, était de sortir et de regarder des maisons de riches; portes ouvertes. J'entrais dans une maison et je disais : «Oh, j'aime cette maison. Est-ce qu'on peut avoir celle-là?» «Non.» «J'aime cette maison. Est-ce qu'on peut avoir celle...?» «Non.» «J'aime...» «Non.» «Pourquoi est-ce qu'on les regarde?» Si on ne peut pas les avoir, pourquoi les regarder? Et mon point de vue est devenu : pourquoi regarder ce que tu ne peux pas avoir, à moins de trouver un moyen de l'avoir?

Es-tu né avec ton propre point de vue sur l'argent? Quand est-ce que tu as commencé à changer ton point de vue au sujet de l'argent et à savoir que tu étais différent?

D'abord, j'ai réalisé que je ne voulais pas vivre comme ça. J'avais une tante riche qui vivait à Santa Barbara et nous allions lui rendre visite. Elle avait de la porcelaine fine, des verres en cristal et elle avait des couverts en argenterie. Et tout cela était normal pour elle. Au lieu d'aller au supermarché pour acheter des pâtisseries qui coûtaient 1,79 $, elle se rendait dans une boulangerie et achetait six pâtisseries pour 6 $. Et je me disais : «Oh mon dieu. Je veux vivre comme ça!» Elle écoutait de l'opéra et avait une telle élégance de vie. J'ai fait la demande : «Tu sais quoi? Je veux avoir ce genre de vie. C'est comme ça que je veux vivre. Je veux avoir de la belle musique. Je veux avoir de beaux endroits dans lesquels vivre. Je veux avoir de belles choses dans lesquelles manger. Je veux avoir de beaux meubles.» Dans ma famille, si quelque chose n'était pas utilitaire, on n'en avait pas besoin.

Il y avait des choses pour lesquelles mes parents n'auraient jamais dépensé de l'argent et cela me surprenait à chaque fois. Quand j'étais jeune, il y avait deux films pour le prix d'un. Mes parents m'envoyaient au cinéma pour 25 cents et ça faisait guise de babysitting pour qu'ils puissent passer un bon moment sans moi. Ils m'envoyaient tout seul avec ma petite sœur, et c'était deux westerns. Et nous avions le droit à un petit sachet de pop-corn et un petit coca pour deux parce que c'était tout ce que nous pouvions nous permettre. Une fois par mois, on avait le droit à 10 cents de plus pour nous acheter des bonbons à la menthe.

Quand ta mère a dit que tu n'aurais jamais d'argent parce que tu le dépensais pour tes amis, j'ai l'impression que ce n'était pas tant une question de dépenser de l'argent, mais qu'il s'agissait plutôt de la générosité d'esprit à partir de laquelle tu fonctionnes... tu vas toujours donner tout ce que tu peux. Tu n'as aucune limite avec ça. Quelle importance accordes-tu à la générosité d'esprit pour quelqu'un qui veut vraiment créer plus d'argent dans sa vie? Quel effet a-t-elle?

J'ai remarqué que quand je donnais du gâteau et du coca à mes amis, premièrement, et c'était sans doute à cause du sucre, ils étaient plus heureux, et deuxièmement, ils me donnaient toujours des choses qu'ils avaient chez eux et qu'ils pensaient que j'aimerais bien. À l'époque, j'étais complètement fou de bandes dessinées. Alors ils me donnaient toujours les bandes dessinées qu'ils avaient déjà lues. Donc je n'avais pas besoin de dépenser mon argent pour acheter des bandes dessinées. Et je les avais quand même, mais je leur donnais du gâteau et ils me donnaient des bandes dessinées, et j'ai fini par avoir plus de bandes dessinées que si j'avais dépensé tout mon argent en bandes dessinées au lieu d'acheter du gâteau.

Gary, une chose dont tu parles dans Access est la différence entre donner et prendre et offrir et recevoir. Peux-tu en dire un peu plus à ce sujet?

J'ai remarqué que, si tu offres vraiment quelque chose sans attendre quoi que ce soit en retour, alors les choses viennent à toi d'endroits étranges et de façons différentes. Ce que j'ai remarqué quand j'offrais le gâteau à mes amis, c'est que je recevais des choses d'eux, mais je recevais aussi des cadeaux d'autres personnes. Je veux dire que j'avais des voisins, je te l'accorde, j'étais sans doute vraiment très mignon, vraiment, mais les voisins m'offraient des cadeaux tout le temps. Je faisais des choses pour eux, par exemple, si leur courrier arrivait chez nous par erreur, je le leur apportais ; des choses comme ça. Mais ils m'offraient toujours des petits cadeaux parce que j'étais si généreux avec mon temps, mon énergie et mon sourire. C'était tout ce que j'avais à offrir à l'époque ; j'étais un petit garçon, tu sais ? J'avais 8, 9 ans. Tu n'as pas grand-chose d'autre à offrir à cet âge-là. Et donc, si je donnais ce que je donnais parce que c'était ce que j'avais à offrir, les gens me donnaient plus que si je ne l'avais pas fait, et j'ai commencé à réaliser qu'il y avait autre chose que le point de vue de mes parents.

La seule fois où je voyais mon père s'inquiéter — il était toujours généreux — c'est quand il voyait quelqu'un qui n'avait pas assez à manger. Il lui donnait toujours à manger, même si nous fonctionnions comme si nous n'avions rien à manger. Mais chez nous, il y avait toujours un dessert. Il y avait toujours de la viande, des pommes de terre, une salade et un dessert ; et nous avions ça à chaque repas. Ma mère avait grandi dans une ferme, c'était son point de vue sur la vie.

Mon père avait grandi là où son père avait quitté sa mère et il sortait avec un fusil, il avait trouvé un moyen d'acheter un .22 et prenait ce fusil et sortait tirer sur des lapins pour nourrir toute sa famille. Et son père avait laissé sa femme et ses six enfants se débrouiller seuls, et il détestait son père. Il travaillait comme un malade, pour qu'on n'ait pas à se priver de nourriture ni à souffrir. Et je trouve que c'était assez incroyable parce que mon oncle est allé à l'université, ma tante est allée à l'université, mais pas mon père. Il était tellement occupé à nourrir sa famille, il n'a jamais fait d'études. Il était épuisé à la fin de la journée. Il était très athlétique et il était vraiment bon à ce genre de choses, mais il n'a jamais appris à créer de l'argent. La seule chose qu'il ait reçue de son père, c'était la prise de conscience qu'il faut prendre soin de sa famille et qu'il faut nourrir les gens. C'était la somme de son point de vue sur l'argent.

Donc, j'ai pris ce point de vue et c'est ce que j'ai voulu faire le plus avec ma propre famille. Mais j'ai aussi réalisé : «Attends une minute, j'ai réussi à créer plus d'argent en étant prêt à être généreux.» Et j'ai regardé mon père être généreux avec des gens qui n'avaient rien, et je les ai vus revenir vers mon père avec un don de gentillesse, de bienveillance et d'amour que je n'ai pas vu ailleurs. Mes parents étaient vraiment remarquables. Je suis vraiment heureux de les avoir eus comme parents. Ma mère était gentille. Mon père était gentil. Ils ne nous ont rien fait de terrible. Ils ne nous ont pas battus. Je pense que je me suis fait fouetter 3 fois dans ma vie. Ils ont essayé de prendre soin de nous et ils ont essayé de faire de leur mieux pour nous et ils voulaient que nous ayons une bonne vie. J'ai réalisé que la plupart des gens ne reconnaissent pas cela à propos de leurs parents. Ils voient ce que leurs parents ne leur ont pas donné. Ils ne voient pas ce que leurs parents leur ont donné. Et j'ai vraiment réalisé que mes parents faisaient de leur mieux avec ce qu'ils avaient. Alors quand je suis allé chez ma tante, je me suis dit : «Je veux vivre comme ça. Peu importe ce qu'il faut pour ça, je vais vivre comme ça.»

Ce que je vois, c'est que les gens n'arrêtent pas de prendre le point de vue que leurs parents, grands-parents ou les gens avec lesquels ils ont grandi avaient au sujet de l'argent plutôt que de poser des questions sur leur réalité financière. Je vois comment tu as embrassé ce qu'ils t'ont offert et comment tu as quand même créé ton propre point de vue ; tu as toujours créé ta propre perspective sur l'argent.

Oui, j'ai commencé très tôt à poser des questions. «Comment se fait-il que je ne puisse pas avoir ça?» «Pourquoi? Pourquoi? Pourquoi?» Comme le disait ma mère : «Pourrais-tu arrêter de poser des questions, s'il te plaît?» «D'accord. Pourquoi est-ce qu'on ne peut pas...» Je ne pouvais me taire que pendant environ 10 secondes et demie.

Rien n'a changé. Je suis toujours comme ça. Je pose toujours des questions. Et je posais toujours des questions à l'époque, parce que je regardais les choses et je me demandais : «Pourquoi est-ce que c'est comme ça?» Mes amis disaient : «Tu ne peux pas avoir ça. Tu ne peux pas faire ça.» Et je disais : «Pourquoi?» Et ils disaient : «Eh bien, parce que tu ne peux pas.» Je demandais : «Pourquoi pas? Il suffit de faire ça. Je l'ai fait.» Et ils disaient : «Ouais, mais tu ne peux pas le faire.»

Ma question était : «Pourquoi pas?» J'ai grandi à une époque où c'était toute une affaire de remettre en question l'autorité. Mais j'ai grandi à une époque plus grande où je remettais tout en question.

Quels sont les outils pragmatiques et pratiques que tu pourrais donner aux gens : des questions, tes questions ou outils préférés, pour commencer à créer leur propre perspective sur l'argent?

L'une des premières questions que j'ai trouvées pour moi quand j'étais petit, c'était : «OK. Qu'est-ce que je vais devoir faire pour obtenir l'argent dont j'ai besoin?» J'ai commencé à poser cette question. La seule chose que j'imagine, c'est que mes parents ont dû essayer de m'inculquer une éthique de travail, parce qu'ils travaillaient tous les deux en permanence, donc c'est sans doute ce qui s'est passé. Donc je me demandais : «Alors, que puis-je faire pour gagner de l'argent?» Et c'était du genre : «Ok. Tu peux tondre des pelouses.» Je n'étais pas très grand; j'étais tout maigre et j'allais chez les voisins et je leur demandais : «Est-ce que je peux tondre votre pelouse?» Et ils disaient : «Bien sûr. Combien est-ce que ça va nous coûter?» «Ce que vous voulez.» Et certains d'entre eux me donnaient un dollar et certains d'entre eux me donnaient 50 cents. Et je me disais : «Super, j'ai 50 cents. Super, j'ai un dollar.» Je ne regardais jamais ce que j'aurais dû avoir. Je n'avais pas cette réalité de conclusion que la plupart des gens ont : j'aurais dû gagner plus, j'aurais dû en avoir plus, j'ai besoin de plus. Je disais : «OK, j'ai ça. Et maintenant?»

Donc, plutôt à partir de la gratitude?

Oui. J'étais reconnaissant du fait que je recevais des choses, et j'ai remarqué cette gratitude quand je donnais du gâteau à mes amis; il y avait une gratitude en eux qui me donnait de l'énergie, à moi et à mon corps, que je ne ressentais pas à d'autres moments. Et je ne ressentais pas ça quand je voyais les gens travailler et faire des choses, et j'en avais vraiment envie.

L'autre chose dont tu parles et sur laquelle j'aimerais beaucoup avoir ton avis, c'est d'utiliser de l'argent pour élargir la réalité des gens. Quand est-ce que tu as commencé à prendre conscience de ça?

Ça, c'était en fait beaucoup plus tard dans ma vie, parce que j'étais littéralement passé de : «Oh oui, je suis hippie et je n'ai pas d'argent» à «OK, je vais être trafiquant de drogue et je vais avoir de l'argent.» Alors j'ai fait pousser du cannabis et j'avais beaucoup d'argent, mais ça ne me rendait pas plus heureux non plus. J'ai remarqué que les gens que je connaissais et qui faisaient beaucoup de trafic de drogue se retrouvaient en prison et je me suis dit : «Tu sais quoi, je ne vais pas prendre ce chemin. Donc, je pense que je vais arrêter.» J'ai travaillé pour plusieurs personnes et j'ai fait tout ce que je pouvais pour bien faire les choses, pour tout faire correctement, et chaque fois que j'étais généreux d'une façon étrange, quelque chose de magnifique se produisait dans ma vie. Je me souviens quand j'avais entre vingt et trente ans, j'ai travaillé dans une école d'équitation et je montais à cheval. Et il y avait une dame qui était riche comme Crésus, et elle avait un beau cheval pur-sang, et elle était élégante et avait une très belle voiture. Je gagnais cinq dollars par jour et j'étais logé et nourri. Et je la vois en pleurs devant le box de son cheval, assise sur une caisse, et je lui demande : «Qu'est-ce qui ne va pas?» «Je suis fauchée. Je n'ai pas d'argent. Je n'ai tellement plus d'argent, je ne sais pas ce que je vais faire.» J'ai dit : «Est-ce que je peux vous inviter à dîner?» Donc je l'ai emmenée dîner et nous sommes au restaurant et le dîner coûte 25 $; cinq jours de travail pour moi. Et, elle se lève pour aller aux toilettes et son chéquier glisse de son sac à main et tombe ouvert par terre, et il montre qu'elle a 47 000 $ sur son compte courant.

Je me suis dit : «Putain de merde! Quoi? Elle se sent fauchée parce qu'elle a moins de 50 000 $.» Un peu plus tard, nous avons discuté et je lui ai dit : «J'ai vu votre chéquier. Qu'est-ce qui vous fait penser que vous êtes fauchée?» «Chaque fois que j'ai moins de 50 000 $, je sais que je suis fauchée. Il faut que j'aie 50 000 $, sinon je suis fauchée.» J'ai dit : «OK, cool.» Et j'ai réalisé que pour moi, j'étais fauché si j'étais à découvert de 100 $.

Donc tout le monde a une perspective différente.

Oui.

Le livre que tu as écrit avec le Dr Dain Heer «L'argent n'est pas le problème, c'est vous» — tous les outils de ce livre m'ont littéralement sortie de l'endettement, parce que j'ai commencé à changer mon point de vue sur l'argent. Ce que je vois qui est tellement impératif, c'est qu'il faut changer son point de vue. Nous devons changer notre façon de voir l'argent, d'être avec l'argent et commencer à nous instruire en matière d'argent.

C'était la chose la plus importante. J'étais là avec cette dame qui avait 47 000 $ et un cheval d'une valeur de 20 000 $, et moi je ne pouvais presque rien me payer et je vivais dans une chambre dans un club-house et je gagnais 5 $ par jour, mais je faisais ce que j'aimais. J'ai réalisé qu'elle dépensait beaucoup d'argent pour faire ce qu'elle aimait. Je gagnais peu d'argent pour faire ce que j'aimais. Je me suis dit : «OK, alors qu'est-ce qu'il va falloir pour avoir une réalité différente?» J'ai commencé à me demander : «Comment est-ce que ce serait d'avoir une réalité différente?» Je voulais être comme elle, je voulais créer mon argent pour pouvoir en dépenser beaucoup pour m'amuser. Je veux m'amuser, mais je veux aussi avoir de l'argent, et c'est là que les choses ont commencé à changer pour moi. J'ai posé la question : « OK, tu sais quoi ? Il faut que ça change. » Et, je pense que c'est la chose à faire : de regarder ta situation et d'exiger : « OK, assez ! Cela doit changer. » Juste prendre position pour toi-même, parce que c'est ça que c'est : prendre position pour toi-même. Juste prendre ce point de vue. Et c'est ce que tu as fait, Simone, quand tu as dit : « Assez. Je me sors de ces dettes. » Tu prends position pour toi-même et le monde commence à s'adapter à ce dont tu as besoin. C'est remarquable.

Je t'ai entendu dire que le monde commence à s'adapter. Et c'est un des trucs que j'entendais au début et où je me disais : « Je n'ai aucune idée de ce dont tu parles. » Pour ceux qui entendent ça pour la première fois, peux-tu donner plus d'informations sur « le monde commence à s'adapter » ?

Le Dr Dain Heer et moi avons acheté un ranch récemment. Je suis allé au Japon et j'ai mangé du bœuf de Kobe pour la première fois et j'ai dit : « Oh, je veux en manger plus. Comment puis-je en avoir plus ? » Et quelqu'un m'a dit que ce type de bœuf n'était élevé qu'au Japon. Et puis j'ai découvert qu'il y en avait dans certains pays comme l'Australie, alors je me suis dit : « Je me demande si je peux les obtenir en Amérique ? » Alors un ami à moi est allé en ligne et il a trouvé un endroit en Amérique où on pouvait en trouver et il m'a trouvé sept bœufs. Et j'ai dit, « Waouh, j'adore ces vaches. Elles sont tellement jolies. » Ce sont de belles vaches noires. Elles sont gentilles et douces ; ce sont juste des bestioles incroyables ; quelque part, je déteste le fait que je les mange.

J'ai envoyé ce type acheter les vaches. Cinq jours plus tard, il m'a appelé et il m'a dit : « Je viens d'en trouver sept » ; et je venais d'en acheter sept. « Sept vaches de plus pour seulement 6 500 $. » Et j'ai dit : « C'est moins de 1 000 $ par vache. Je les prends. »

Ce que je vois, Gary, c'est que tu ne cesses de créer. Il ne s'agit pas pour toi des richesses et de la prospérité que cela crée, il s'agit de ce que tu peux créer.

Oui. Et je me suis dit que, dans le pire des cas, j'ai à manger pour huit ans. Tu sais, j'ai huit ans de bœuf…

Beaucoup de gens ne pensent pas qu'ils peuvent avoir des richesses, ils ne pensent pas qu'ils peuvent avoir de l'abondance. Je veux dire, je t'ai entendu parler de quand tu vivais dans une minuscule chambre avec ton fils et que vous n'aviez rien d'autre à manger que des cornflakes.

Ce n'était pas une chambre. C'était un placard. J'ai littéralement vécu dans un placard, chez quelqu'un, avec mon fils qui dormait à côté de moi sur un matelas en mousse. Mes vêtements étaient pendus d'un côté du placard et je vivais de l'autre côté et je n'avais pas d'argent et tout ce que je pouvais acheter était des cornflakes et du lait; parce que de toute façon mon fils ne mangeait que ça à l'époque. Je payais 50 $ par semaine pour vivre dans le placard de ces gens.

Alors, quelles demandes est-ce que tu as faites envers toi-même?

J'ai dit : «Tu sais quoi? Assez. Je ne vais plus vivre comme ça; plus jamais. Peu importe ce qu'il faut pour ça. Je vais gagner de l'argent. Je vais avoir de l'argent.» Tout de suite après, tout a changé. J'avais toujours aimé les antiquités, mais j'étais allé chez cette antiquaire pour vendre quelque chose que j'avais. Et j'ai dit : «Waouh, vous avez de jolies choses, mais une certaine réorganisation ferait du bien.» La femme m'a regardé et elle m'a dit : «Connaissez-vous quelqu'un qui puisse le faire?» J'ai dit : «Oui. Moi.» «Combien est-ce que vous prenez?» «Hm… 25 $ de l'heure.» C'était beaucoup plus que ce que je gagnais à l'époque, et je me suis dit, pourquoi pas? Elle a dit : «Si vous travaillez bien, je vous payerai 35 $» «OK.» Donc j'y suis allé j'ai réorganisé sa boutique et le lendemain elle a vendu cinq pièces qu'elle avait dans son magasin depuis deux ans et les deux personnes qui les ont achetées étaient des gens qui avaient été là plusieurs fois pendant ce temps-là. Ils ont dit : «Oh, c'est nouveau?» J'ai dit : «Oui!» Et ils ont dit : «Oh, je pense que ce sera parfait pour chez moi.» Ce que j'ai appris sur la publicité, c'est qu'il faut changer les choses de place pour que les gens les voient différemment. Parce qu'une autre lumière va créer un autre effet. Et regarde ta vie comme ça : «Qu'est-ce que je dois déplacer dans ma vie pour créer davantage ; pour mieux me vendre, pour créer plus d'argent, pour avoir plus de possibilités dans la vie?» C'est vraiment incroyable de voir cela se produire quand tu commences à te poser les questions suivantes : «Comment est-ce que je peux arranger ma vie et moi de façon à ce que différentes personnes me voient de manières différentes et veuillent acheter ce que j'ai à offrir et écouter ce que j'ai à dire?»

Donc, une fois de plus, il s'agit de changer sans cesse ton point de vue autour de l'argent. Et aussi, de faire ce que tu aimes. Parce que tu aimes travailler avec les antiquités. Tu aurais sans doute fait ce travail gratuitement.

Je l'avais fait gratuitement, c'est pour ça que je savais que je pouvais le faire.

Donc, tout au long de ta vie, tu as clairement gagné des sommes d'argent variées. Je vois beaucoup de gens cocher les cases : «Oh, j'ai ma maison maintenant — coché», et cocher cette case. Ou, «J'ai une voiture», et ils cochent cette case, et ils semblent s'arrêter de créer. Que peux-tu dire aux gens, ou quels outils peux-tu leur donner pour qu'ils n'aient pas cette limite?

L'essentiel est de regarder si tu as un but ou une cible. Si tu as un but et que tu l'atteins et que tu n'en prends pas conscience, alors tu fais des pas en arrière pour atteindre le but que tu penses ne pas avoir atteint. Donc, j'ai dit : «Attends un instant. Je ne vais pas me fixer de buts. Je vais avoir des cibles.» Donc, je me fixais une cible et dès que j'atteignais la cible, je pouvais toujours tirer une autre flèche et taper de nouveau dans le mille. Et je me suis dit : « Je veux être en mesure de changer tout le temps. » Changer est l'une des choses les plus importantes pour moi dans la vie et sans changement, il n'y a pas de création. Si tu veux vraiment créer ta vie, commence à changer.

Et avec ce changement, lorsque tu es constamment dans un espace de changement, l'argent se présente. L'abondance fait son apparition.

Je sais. C'est bizarre.

Est-ce que tu peux expliquer comment tu vois la différence entre la richesse et la prospérité ?

La prospérité, c'est accumuler des choses que d'autres personnes vont t'acheter pour une certaine somme d'argent. La richesse, c'est quand tu as assez d'argent pour en dépenser autant que tu veux.

Si tu veux vraiment avoir de la prospérité, il faut que tu t'entoures de choses dont la valeur augmente, quoi qu'il arrive. Si tu veux de la richesse, il faut juste que tu aies assez d'argent pour pouvoir dépenser et acheter ce que tu as décidé que tu voulais. Tous ceux que je connais qui ont choisi la richesse achètent plein de choses et tout d'un coup, ils n'ont plus envie de rien, parce qu'ils ne cherchent pas vraiment à créer de la prospérité, ils essayent de créer de la richesse.

Une fois que tu reconnais : « Attends un instant, la prospérité inclut des choses qui ont de la valeur pour les autres. Qu'est-ce qui est précieux pour quelqu'un d'autre, au point il voudrait te l'acheter ? » Et quand tu as ça dans ta vie, alors partout où tu vas, avec tout ce que tu fais, il s'agit de la prospérité de la vie, et non pas de la richesse et de ce que tu peux dépenser.

Donc, il s'agit de ne pas faire de la vie une question d'argent, c'est en fait ce dont nous avons parlé ; la générosité de l'esprit, la créativité, être prêt à recevoir, être prêt à donner ?

Et te permettre d'être généreux avec toi-même. Parce que la plupart d'entre nous ne sont pas généreux envers eux-mêmes. Chaque fois que tu te juges, tu n'es pas généreux envers toi-même. Chaque fois que te donnes tort d'une certaine façon, tu n'es pas généreux envers toi-même. Il faut que tu sois généreux avec toi-même. Et il ne s'agit pas de la somme d'argent que tu dépenses pour toi-même; il s'agit de la façon dont tu prends soin de toi.

La plupart d'entre nous pensent que nous avons un problème avec quelque chose, mais ce n'est pas le cas. C'est ce que nous inventons afin de continuer à faire ce qui nous limite et nous maintient à l'endroit où nous sommes censés être. Et c'est ce que j'ai réalisé au sujet de ma famille, ils voulaient rester au même endroit. Ils avaient une petite maison et tout était contrôlable. Il s'agissait du contrôle. Et je voulais être un peu hors contrôle. Je voulais faire quelque chose de différent. J'ai donc commencé très tôt à créer la différence, et c'était un changement incroyable dans ma vie que de réaliser que je pouvais avoir quelque chose de différent et choisir quelque chose de différent. Et c'est ce que j'ai fait.

J'ai compris qu'il faut voir les choses différemment, et l'une des choses à faire, c'est de regarder : «Qu'est-ce qui est juste à propos de ça et qu'est-ce qui est juste à propos de moi que je ne perçois pas?»

Par exemple, l'autre jour quand nous faisions du cheval et que quelqu'un est arrivé en courant derrière toi et que ton cheval a eu peur, et je t'ai demandé aujourd'hui si je pouvais te donner des informations sur ce qui s'est passé ? Et j'ai dit : «Écoute, il faut que tu comprennes que les chevaux ont le point de vue que lorsqu'un autre cheval arrive en galopant derrière eux, ils vont devoir galoper aussi. Alors, ils commencent à se préparer à galoper. Tu étais assise sur ton cheval et tu l'as contrôlé et il n'est pas parti. Est-ce que tu comprends que ce n'est pas une erreur? C'est un talent brillant? Parce que la plupart des chevaux essayent de galoper quand les autres chevaux galopent. Tu ne l'as pas laissé partir.

Tu l'as contrôlé. » Tu as été brillante et ensuite tu étais un peu secouée et tu t'es donné tort et tu es descendue.

En t'en parlant aujourd'hui et en te regardant monter, je sentais ton appréhension à l'idée de le monter comme s'il allait faire quelque chose comme ça. Mais je veux que tu comprennes que tu t'es magnifiquement débrouillée avec cet animal. Le truc avec les gens qui font de l'équitation, c'est qu'ils te disent rarement que tu t'es bien débrouillée. Et, tu sais, j'adore les chevaux, mais je n'aime pas tellement les gens qui font du cheval, parce que la plupart d'entre eux ne te disent rien de bon sur ce que tu as fait, ils te disent ce que tu as fait de mal. Et j'ai dit : « Ce qu'il faut que tu comprennes, c'est que c'était génial. » Et tu étais sur le cheval, et tu t'es tenue fermement. Tu n'allais pas tomber. Rien n'allait arriver. Et ce cheval t'aime tellement, il prendra soin de toi. Quand tu le montes, tu lui demandes de prendre soin de toi, et il le fait toujours.

Je te suis tellement reconnaissante de m'avoir parlé de ça. Et j'ai réalisé, combien de fois nous ne nous poussons pas nous-mêmes ; nous n'exigeons pas plus de nous-mêmes. Au lieu de cela, nous descendons de cheval et nous disons « Ce n'est pas grave. »

Tu abandonnes ton business.

Tu abandonnes ton business. Tu t'arrêtes de créer de l'argent. Pourquoi ? Parce que tu as perdu de l'argent ? Parce que quelque chose est arrivé et que tu es à découvert ? Et alors ? Et si c'était le moment de changer quelque chose ?

J'ai fait faillite quatre fois et tu sais, j'ai détesté ça. Mais j'ai décidé, « Assez ! » Et le moment qui a vraiment changé quelque chose dans ma vie du point de vue de ma situation financière, c'est quand j'avais 55 ans et qu'il a fallu que j'emprunte de l'argent à ma mère pour ne pas perdre ma maison. Avant ça, j'avais laissé mes femmes s'occuper de l'argent et je me suis dit : « Assez. Plus jamais je ne vais devoir emprunter de l'argent à ma mère. C'est ridicule. Je suis trop vieux pour que ce soit une réalité.» Et je me suis mis au travail et j'ai commencé à créer de l'argent, et depuis, je crée de l'argent. Et ça a été phénoménal. Et je n'attends pas. Je vais toujours créer. J'attendais que mes femmes, mes partenaires et tout le monde fassent quelque chose. Je n'attends plus personne maintenant. J'y vais et je fais le travail, maintenant, pour moi. Parce que je m'honore. Il faut s'honorer parce que tu sais quoi? Quand tu fais ça correctement, ne regarde pas ce que tu as mal fait, mais ce que tu as bien fait. Demande toujours : «Qu'est-ce qui est juste à propos de moi et qui est juste à propos de ça que je ne perçois pas?» et tu vas changer ta vie; ce n'est pas difficile.

Même quand j'avais des dettes [Simone], j'ai quand même créé et tu n'aurais jamais su que je n'avais pas d'argent. Et maintenant que j'ai de l'argent, c'est une énergie très, très différente. Est-ce que tu peux parler de l'énergie qui a changé pour toi lorsque tu as eu vraiment de l'argent et ce que cela crée pour toi? Et la planète?

Oui. J'adore le Costa Rica. J'ai des chevaux ici et j'en ai acheté ici. J'en suis arrivé au point où je me suis rendu compte que chaque fois que je m'intéressais à un cheval, il devenait deux fois plus cher. Il était toujours deux fois plus cher si je l'aimais. Alors j'ai essayé de les faire acheter par d'autres personnes, mais ça n'a jamais marché. Claudia, qui fait un tas de choses pour nous dans la communauté hispanique, m'a dit : «Est-ce que tu réalises que tu es riche.» J'ai dit : «Je ne suis pas riche.» Elle a dit : «Tu es riche.» Et j'ai dit : «Je ne suis pas riche! Je n'ai pas des millions de dollars en banque.» «Tu es riche.» Et j'ai regardé ça et je me suis dit : «Oh, je gagne beaucoup d'argent, ça me rend riche aux yeux des autres». C'est comme la dame qui avait 47 000 $ et moi qui avais 5 $ par jour. Son idée de riche et mon idée de riche étaient différentes. Pas fausses. Juste différentes. Donc, il faut que tu demandes : «Qu'est-ce que je peux changer là? Et si je peux changer ça, comment est-ce que je peux créer ma vie différemment?»

Merci pour cette question. Il nous reste une minute, y a-t-il autre chose que tu aimerais dire aux gens dans le monde?

Allez créer. N'attendez pas.

Si tu t'accroches trop à l'argent, tu vas le perdre. C'est garanti. Tu ne peux pas t'accrocher à l'argent, tu ne peux que créer avec. L'argent est une force créatrice dans le monde, pas une force continue dans le monde.

INTERVIEW AVEC LE DR DAIN HEER

De l'émission de radio en ligne de Joy of Business : «Sortir de l'endettement joyeusement avec Gary Douglas» diffusée le 12 septembre 2016.

Donc, l'idée de cette émission c'est que je voulais que les gens sachent qu'il n'y a pas que moi, Simone, qui avait des dettes, qui a utilisé les outils Access Consciousness et qui a changé les choses. Il y a beaucoup de gens qui ont changé leur point de vue sur l'argent et ont changé leur situation avec l'argent, y compris toi, Dain.

Il faut que je te dise que, depuis que je te connais, de t'avoir comme coordinatrice mondiale d'Access Consciousness alors que je devenais le cocréateur d'Access, c'était tellement intéressant pour moi de voir que tu aimes vraiment ce que tu fais. J'ai grandi dans une entreprise familiale et ils détestaient ça ; ils détestaient le business. Ils détestaient vraiment l'argent, sauf mon grand-père qui avait créé l'entreprise. Je suis sorti de cette expérience avec des points de vue fixes vraiment étranges.

Ce par quoi je voulais commencer est exactement ce dont tu es en train de parler. Comment as-tu grandi par rapport à l'argent ? Étiez-vous riches ou pauvres ? Quelle était la situation avec l'argent quand tu étais petit ?

La majeure partie de mon enfance — les années formatrices, environ jusqu'à l'âge de 10 ans — j'ai vécu dans le ghetto avec ma mère. Quand je dis le ghetto, disons que la somme d'argent que nous avions était comme ça : nos toilettes se sont cassées et nous avons attendons près d'un mois pour faire venir un plombier parce que nous n'avions pas les moyens et je ne vais pas te dire ce que nous avons fait entre-temps. Disons que, ce que nous aurions dû mettre dans les toilettes, nous l'avons vidé dans la cour tous les matins. Hé, le bon vieux temps. Peut-être que c'était comme notre château, je ne sais pas! Donc, il y avait ça, et de l'autre côté, j'avais une famille qui avait de l'argent, qui était riche, mais elle ne contribuait jamais. Ils ne donnaient jamais d'argent, ni à moi ni à ma mère, pour nous faciliter la vie. Donc, ça a mis en place ces points de vue vraiment bizarres autour de l'argent.

As-tu été instruit au sujet de l'argent? En avais-tu? Avais-tu le droit d'en parler?

En fait, j'ai commencé à travailler à l'âge de 11 ans. J'ai travaillé dans l'entreprise de mon grand-père et je travaillais dans l'entrepôt et qu'est-ce qu'un enfant de 11 ans peut bien faire? Tout! Je veux dire, j'organisais tout. J'aidais à faire le ménage. Je faisais tout ce qui était nécessaire. Ce fut une expérience formidable et incroyable, et ce qui s'est passé, c'est que j'ai travaillé tout l'été et j'ai gagné plusieurs centaines de dollars. Et j'étais tellement excité que j'emmenais cet argent partout avec moi. Je l'avais dans mon sac. Nous sommes allés en bord de fleuve où ma famille — mon père et ma belle-mère — était en vacances, et ma belle-mère a vu l'argent. Elle a vu ces milliers de dollars, parce que j'encaissais les chèques et je gardais le liquide et je me disais : «C'est génial!» Je ne le dépensais pas, parce que j'aimais avoir de l'argent. Et elle est allée voir dans mon sac et elle a pris l'argent et elle a dit : «Un enfant de cet âge ne devrait pas avoir d'argent.» J'avais 11 ou 12 ans à l'époque, et à partir de ce moment-là, ça a stoppé ma volonté d'avoir de l'argent. Je veux dire, j'ai évidemment changé ça depuis, heureusement.

Mais cela a vraiment créé cet endroit dans mon monde où j'étais vraiment en conflit et confus au sujet de l'argent; comme si je n'avais pas le droit d'en avoir. Comme si c'était une mauvaise chose. Et ça a été l'un des moments déterminants de ma vie où l'argent est devenu une chose vraiment étrange pour moi. Alors qu'auparavant, c'était facile. C'était du genre : «Oui, je vais aller travailler». Et, littéralement je travaillais, ne le dis à personne, mais je travaillais probablement 30 heures par semaine à l'âge de 11 ans. C'était avec mon grand-père, donc ça allait. Mais il y avait beaucoup de confusion qui existait dans mon monde autour de l'argent. Et puis quand je suis devenu adolescent, ma famille qui avait de l'argent et qui avait l'entreprise familiale, l'entreprise a échoué parce qu'ils n'étaient pas prêts à regarder vers l'avenir et à faire des choix en fonction de ce qui allait créer l'avenir.

Mon grand-père qui avait créé l'entreprise commençait à fatiguer. Il en avait aussi assez d'entretenir mon oncle et mon père qui pensaient qu'ils avaient droit à l'argent qu'il avait. Et donc l'entreprise a échoué, littéralement. Et c'est intéressant, parce que les deux côtés de ma famille, le côté pauvre, où tout le monde a grandi dans des remorques et dans différentes parties du monde, et le côté «riche», étaient définis par l'argent. Et quand les affaires de mon grand-père ont échoué et qu'il n'y avait plus d'argent, oh mon dieu ! Ça a été le traumatisme et le drame les plus grands que tu puisses imaginer. Et ça a duré des années ! Le fait qu'ils avaient perdu tout leur argent et qu'ils ne pouvaient pas créer plus d'argent, et ils ne pouvaient pas créer l'entreprise qu'ils voulaient... Confusion totale.

Est-ce que tu peux parler un peu de la confusion ? Je vois que, quoi que ce soit qui t'ait apporté de la confusion, tu as quand même réussi à créer ta propre réalité autour de l'argent.

Je pense que beaucoup d'entre nous avons notre propre réalité autour de l'argent qui est différente de celle de notre famille, c'est différent de la réalité avec laquelle nous avons grandi, c'est différent de la réalité de nos petits amis, de nos petites amies, de nos maris, de nos femmes et des gens autour desquels nous avons grandi et de nos amis. Mais nous n'avons jamais pris le temps de le reconnaître. Et de reconnaître la différence de ça, mais aussi la grandeur de ça. Et pour moi, c'est énorme. J'étais toujours prêt à faire tout ce qu'il fallait pour créer ce que je voulais. J'étais prêt à travailler aussi dur que nécessaire ou autant que nécessaire. Et, là-dedans, j'ai finalement trouvé… et toi et moi avons fait ce voyage ensemble, et je sais que tu as vu beaucoup d'endroits où mes schémas se sont mis en place pour créer des limitations… mais c'est intéressant de voir maintenant que le fait que je m'engage dans ma propre réalité en ce qui concerne l'argent et les finances commence réellement à faire avancer les choses de manière très dynamique.

Est-ce que tu peux nous donner un exemple de création de la limitation et comment tu as changé ça pour créer ta propre réalité autour de l'argent ?

Donc, du côté de ma famille qui n'avait jamais vraiment d'argent, à chaque fois qu'ils en avaient, ils le perdaient, ils le gaspillaient. Par exemple, ils faisaient un investissement avec un gars qui disait : «J'ai une machine qui va créer de l'énergie gratuite. Donne-moi 10 000 $,» et c'était du genre : «Eh bien, j'ai 5 $. Je vais rassembler toute ma famille et ils pourront me donner leurs économies», et ils trouvaient des moyens de se débarrasser du peu d'argent qu'ils avaient.

Je fonctionnais différemment. J'aimais avoir de l'argent et j'en faisais des économies. Je mettais 10 % de côté et je faisais de mon mieux pour toujours avoir de l'argent. Mais tout ce que ma famille choisissait limitait ma créativité de façon si dynamique. Ça limitait ma volonté de sauter du haut d'une falaise quand il y avait une possibilité disponible.

Jusqu'à récemment, j'ai fonctionné comme ça dans Access. Et, donc l'une des choses que je veux que les gens sachent, c'est que le chaos et l'ordre existent. Ni l'un ni l'autre ne sont mauvais. Sois prêt à embrasser le potentiel du chaos et les possibilités chaotiques que l'on peut avoir avec l'argent et arrête d'essayer de tout contrôler.

Et une chose que j'ai remarquée, c'est que tu es prêt à faire n'importe quoi pour gagner de l'argent.

Oui. Pourquoi ne pas essayer? Le pire qui puisse arriver est que tu échoues, que tu perdes tout ton argent ou que le truc ne décolle pas. Et nous avons essayé des milliers de choses ces 16 dernières années. Surtout avec Access, parce que c'est tellement différent de tout le reste qu'il faut essayer autant de choses que possible parce que les trucs traditionnels ne fonctionnent pas pour nous. Ce qui est un cadeau incroyable.

Cela me rappelle Richard Branson. Il a dit : «Eh bien, il y a le courant principal, et moi je vais passer par cet autre endroit, là-bas.» Regarde ce qu'il a créé. Il a créé des vagues dans le monde de toutes les industries dans lesquelles il a choisi d'aller; ou au moins celles que nous connaissons. Il y en a probablement des centaines dans lesquelles il a essayé d'entrer et qui n'ont pas fonctionné et il a dit : «OK. Suivant.» Et je pense que c'est l'une des choses vraiment importantes qu'il faut que tu comprennes : «D'accord, si cela ne fonctionne pas, quelque chose d'autre va marcher.» N'abandonne pas. N'arrête jamais. Ne laisse jamais tomber. Ne cède jamais. Et ne te laisse pas arrêter par qui que ce soit. Et ce qui est si essentiel et vital, c'est que tu commences à percevoir ta réalité autour de l'argent. Et, pour moi, l'une des choses que j'ai réalisées, c'est que quand j'ai changé le mot «argent» en «liquide», quelque part dans mon monde, cela avait plus de sens. Et beaucoup de gens parlent d'argent, mais ils n'ont aucune idée de ce que c'est. Et donc, pour moi, j'ai commencé à dire : «D'accord, plutôt que de demander de l'argent, je vais commencer à demander du liquide. Je vais commencer à demander de créer du liquide.» Maintenant, est-ce que ça se présente en billets de banque etc. ? Non, pas forcément. Mais quand je le dis en termes de «liquide», pour moi, c'est quelque chose de plus tangible; ce n'est pas seulement des trucs sur un écran d'ordinateur et ce n'est pas ce concept infâme bizarre auquel j'ai adhéré très jeune, et donc cela me donne une possibilité différente. Et, pour moi, cela me semble beaucoup plus créatif.

Une de mes phrases préférées, que je cite continuellement, Dain, c'est quand tu as dit : «L'argent suit la joie, la joie ne suit pas l'argent.» Alors, est-ce que tu peux parler un peu de ça et de comment tu as réalisé ça pour la première fois?

Je ne me souviens même pas comment j'ai réalisé ça la première fois. Ce dont je me souviens, c'est d'avoir été dans une voiture avec quatre personnes de ma famille pauvre, et nous roulions avec cette voiture qui avait vraiment besoin d'être réparée, mais personne ne pouvait payer les réparations et nous roulions derrière une Mercedes; une Mercedes décapotable. Je regardais cette voiture et c'était trop drôle parce que, dès que j'ai commencé à la regarder, dans mon esprit, je me suis dit : «C'est complètement génial. J'ai hâte d'en avoir une comme ça un jour.» J'étais ado à l'époque et je me suis tourné vers l'un des membres de ma famille pour lui dire : «Cette voiture est géniale.» Une de mes tantes a rapidement dit : «Dain. Ces gens riches ne sont pas heureux.» J'ai regardé les gens dans la famille avec laquelle je vivais et j'ai regardé à quel point ils étaient malheureux et je me suis dit : «Mmm... Ça ne peut pas être pire que ça...»

Ce que j'ai commencé à réaliser dans ma propre vie, c'était que, les jours où j'étais déprimé et malheureux et que je ne voulais pas me lever, il n'y avait pas d'argent qui arrivait. Je me suis rendu compte de ça quand j'étais chiropracteur. Si j'étais déprimé et malheureux, si je n'avais pas l'énergie de la vie et pas d'enthousiasme à être en vie, ce qui, d'ailleurs, était la raison pour laquelle j'étais devenu chiropracteur, je voulais apporter cette énergie aux gens. Et si moi je n'avais pas ça, j'ai remarqué que personne ne prenait de rendez-vous pour un traitement. Les gens se disaient : «Pourquoi est-ce je voudrais avoir ce que tu as?» Et donc, ce que j'ai commencé à réaliser, c'est que l'argent suit la joie. Plus tu es heureux, plus tu gagnes de l'argent.

C'est intéressant parce que nous connaissons tous beaucoup de gens qui ont beaucoup d'argent et qui sont tellement malheureux. Quand je vois ça, je réalise que j'ai tellement de chance. Je voyage en classe affaires et quand j'ai de la chance, je voyage en première classe ; partout où je vais parce que c'est joyeux pour moi. Et ce que j'ai remarqué, c'est que même quand je n'avais pas l'argent pour ça, quand il n'y avait pas d'aisance pour payer ça, je le faisais quand même, parce que cela me procurait tellement de joie. Je *savais* que cela apportait plus d'argent ; je le sentais. Et je pense que nous pouvons tous le sentir et je pense que nous l'avons bloqué quand nous étions tout petits. Mais l'une des choses que j'ai remarquées, c'est que… si tu as des problèmes d'argent ou que tu n'en as pas autant que tu le désires, peut-être qu'un des éléments manquants est la joie dans ta vie ; et peut-être qu'un des éléments manquants est la joie que tu as avec l'argent et le liquide, comme on en a parlé tout à l'heure.

L'une des choses que j'ai remarquées en voyageant en classe affaires, c'est le nombre de gens qui sont en colère, énervés, complètement supérieurs ou des vrais connards et qui pensent que tout le monde doit leur lécher les bottes parce qu'ils ont de l'argent. Ils ne sont pas heureux. Ils ne sont pas aimables avec le personnel navigant. Ils ne sont pas reconnaissants du fait qu'on leur donne des boissons gratuites. Et j'ai regardé ça et je me suis demandé comment est-ce que ça peut exister ? Ces gens ont soi-disant ce que tout le monde désire. Ils pensent qu'ils ont ce que tout le monde désire, l'argent, mais ils n'ont pas la joie pour aller avec. Et c'est intéressant parce que j'ai vu tellement de gens comme ça et je ne comprends pas… enfin, si, je comprends, parce que j'ai vu ça tellement de fois et que je comprends que c'est comme ça que tant de choses fonctionnent dans le monde. Mais en réalité, pour moi, avec l'argent, il ne s'agit pas vraiment de l'argent. J'aime ce que Gary Douglas a dit dans l'une des premières classes que j'ai faites avec lui. Il a dit : « Regarde, le but de l'argent est de changer la réalité des gens pour quelque chose de plus grand. » Et je me suis dit : « C'est trop cool. Enfin quelqu'un qui a un point de vue identique au mien. »

Changer la réalité des gens avec l'argent : est-ce que tu peux parler un peu de ça ? À quoi est-ce que cela ressemble ?

C'est ce que j'ai toujours essayé de faire, même quand j'étais petit, tu sais ? Quand j'étais gamin, que j'avais de l'argent dans ma poche et qu'il y avait quelqu'un qui mendiait dans la rue, si cette personne n'avait pas l'air de le faire pour se remplir les poches, s'il y avait vraiment du besoin dans son monde, alors je disais : « Voici 10 dollars », et c'était à l'époque où 10 dollars valaient un milliard. Tu sais, à l'époque ; au bon vieux temps ! Quand 10 dollars représentait vraiment quelque chose. Et je les donnais parce que mon sens était : « Tiens, ça pourrait changer ton monde. Je ne sais pas. » Et ce qui était drôle, c'était que, chaque fois que je faisais quelque chose comme ça et que je donnais 10 $ à quelqu'un, j'en récupérais au moins 10.

Je me souviens d'une fois où je marchais dans la rue. J'avais fait des économies et j'avais à peu près 20 dollars, et j'allais aller acheter un bonbon particulier que je voulais, et il y avait ce jouet particulier que je voulais et il y avait environ 25 choses que j'allais acheter avec mes 20 dollars. Mon Dieu ! Tu te souviens de ce temps-là ? Bref, me voilà et il y a ce gars qui vient me voir et tu sens le besoin dans son monde et il m'a dit : « Hé mec. Tu as de l'argent ? » Et je ne suis encore qu'un enfant. Et j'ai dit, « Hm. » Et j'ai fait un grand sourire et j'ai dit : « Bien sûr. » Et je me suis dit, d'accord, j'imagine que je ne vais pas aller acheter mes bonbons et mes jouets aujourd'hui. Alors j'ai fait demi-tour pour rentrer à la maison. Et, littéralement au coin de la rue, il y avait un billet de 20 dollars par terre. Je me suis dit : « Waouh. C'est génial. » Et donc, ce que la joie te donne, c'est cette sensation de magie de la vie. Cela peut réellement se passer comme ça, et, si nous avons ressenti cela quand nous étions petits la plupart d'entre nous l'ont oublié. Mais si tu peux revenir à ça, l'argent apparaît des endroits les plus étranges.

Et c'est ce que je pense qu'il est tellement essentiel que nous comprenions, il ne s'agit pas de la quantité d'argent que tu as. Il s'agit de la joie que tout ce que tu en fais t'apporte. Et c'est la même chose avec moi. J'avais 20 dollars. J'ai donné mes 20 dollars, tu sais ?

Il y a une telle générosité d'esprit là-dedans. Est-ce que tu peux parler un peu plus de la générosité d'esprit et de ce que cela crée ?

C'est intéressant parce que quand j'ai rencontré Gary Douglas pour la première fois, il n'avait pas énormément d'argent. Nous sortions quelque part et faisions quelque chose et on aurait dit qu'il était milliardaire avec la générosité d'esprit qu'il avait. Et c'est ça... la générosité d'esprit que tu peux avoir avec l'argent, avec du liquide et à donner. Et aussi, la façon dont tu es dans le monde est aussi une façon de faire venir de l'argent et du liquide à toi, parce que ce qui se passe quand tu as cette générosité d'esprit, c'est que tu es prêt à donner et ce que nous ne réalisons pas, c'est que donner et recevoir se passent en même temps. La plupart d'entre nous ont essayé de les séparer. Nous avons essayé de distinguer entre « offrir » et « recevoir » ou « donner » et « recevoir ». Ou, ce que la plupart d'entre nous avons réellement comme point de vue est « donner et prendre ». Et je comprends que c'est la façon dont fonctionne le monde, mais tu n'es pas obligé de fonctionner comme ça.

Et donc, toi et moi et à peu près toute l'équipe d'Access, nous avons cette générosité d'esprit, qui fait que nous éprouvons de la joie à offrir quelque chose à quelqu'un d'autre. Cela nous donne de la joie de voir quelqu'un super bien habillé qui a l'air super sexy et de dire : « Waouh, baby. T'es canon aujourd'hui ! » Garçon ou fille ; ça n'a pas d'importance. Mais ce que ça fait, c'est que ça crée réellement une énergie de recevoir de l'univers. Et quand je dis l'univers, je ne parle pas de « l'univers » illuminé. Ce que je veux dire, c'est que nous faisons tous partie de l'univers, tu sais ? Et donc, ce n'est pas seulement l'univers qui te donne ton argent. Il passe par d'autres personnes et par d'autres endroits et cela crée une énergie où cet afflux peut continuer à se produire grâce au fait que « offrir et recevoir » se passent en même temps. Ce n'est pas vraiment un monde de « donner et prendre » ; c'est juste la façon dont nous l'avons créé.

Tu parles de tes deux familles différentes ; celle qui n'avait pas d'argent et celle qui avait de l'argent. L'énergie de ces deux était différente. Quelle est la différence que tu as remarquée ?

Fondamentalement, ce que c'était pour moi, la famille qui n'avait pas d'argent avait cette fierté d'être pauvre et je vois beaucoup de gens qui font ça.

Un des trucs principaux que je vois les gens qui rejettent sans cesse l'argent faire, c'est la fierté de la pauvreté. C'est du genre : « Vous ne savez pas ce que j'ai vécu. Vous ne savez pas à quel point je souffre. » Mais, tu vois, tu n'es pas obligé de garder cette merde. Quelle est la valeur de ça ? Ce n'est pas parce qu'il y avait ça dans ta famille qu'il faut que ce soit comme ça pour toi.

Maintenant, avec le côté de ma famille qui avait de l'argent, ils étaient aussi misérables ; ils avaient juste un style de vie plus agréable. Sauf mon grand-père. C'est lui qui avait créé l'entreprise au début et qui a créé d'énormes quantités d'argent et de liquide que mon père, mon oncle, ma grand-mère et le reste de la famille ont ensuite dépensé et réduit à néant. La reconnaissance de cela a changé mon monde parce qu'il avait une générosité d'esprit et qu'il était prêt à offrir continuellement et il en avait toujours plus.

Peux-tu me parler un peu plus de ton grand-père ? C'était une entreprise de quoi et comment était-il avec ça ?

Mon grand-père avait une générosité d'esprit inhérente. Et un jour, quand j'étais petit, je lui ai montré mon bulletin scolaire et il a dit : « OK » et il m'a donné 600 $. C'était quand j'étais au lycée. Et j'ai fait des grands yeux, parce que j'aime l'argent, n'est-ce pas ? J'adore l'argent. Je trouvais ça génial. C'était trop cool. Et mes yeux sont devenus très grands et j'ai demandé : « C'est pour quoi ? » Et il m'a dit : « C'est pour tous les A que tu as eu » J'en avais eu 6 sur 6. Et j'ai dit : « Vraiment ? » Il a dit : « Ouais. Et chaque fois que tu auras un A, je te donnerai 100 $

et quand tu auras un B, je te donnerai 50 $. » Devinez qui a eu que des A au lycée ?

Et, tu sais, c'est vraiment intéressant, parfois on ne réalise pas vraiment ce qui nous a affectés dans la vie jusqu'à ce que quelqu'un nous demande de raconter l'histoire. C'est ce qui se passe maintenant. Il se passe beaucoup de choses grâce auxquelles je me rends compte qu'une grande partie de la réalité financière que je peux avoir aujourd'hui vient de ce que j'ai vu mon grand-père être, ce que personne dans la famille n'a reconnu comme quelque chose de grand. Il avait vraiment quelque chose de grand dans ce domaine. Et donc, je trouvais ce truc, cette générosité d'esprit tout simplement incroyable, mais aussi cette volonté de donner du liquide, de l'argent et ce n'était pas quelque chose d'inutile. Il savait quand cela changerait la réalité de quelqu'un. Il avait le même point de vue que Gary.

Ce qu'il a fait avec ce premier bulletin scolaire quand j'étais au lycée, c'était de me montrer quelque chose pour lequel je voulais vraiment travailler et que je voulais choisir et je n'ai eu littéralement que des A. Il n'y a eu probablement que deux B+. Mais sinon, je n'avais que des vraiment bonnes notes. Et cela faisait partie de la motivation, mais je ne faisais pas ça que pour l'argent. Je le faisais parce qu'avec ce cadeau, quelqu'un me prenait vraiment en considération et me voyait et voyait que ça avait de la valeur. Quand j'apportais mon bulletin scolaire à mon père et à ma belle-mère, ils le regardaient et ils disaient : « Oh, cool. Je vais le signer pour prouver que je l'ai vu » et il n'y avait pas d'énergie. Pas de : « Waouh, Dain, tu as fait du bon travail. Nous, nous ne serions pas capables de ça. » Ce que mon grand-père a fait m'a poussé à aller plus loin, et encore une fois, c'est une des choses que nous pouvons faire avec notre argent — en donner aux gens pour qu'ils puissent aller plus loin.

Y a-t-il eu des moments déterminants où tu as pris conscience de ce que l'énergie autour de l'argent peut créer ou ne pas créer ?

C'est intéressant, parce que l'entreprise familiale de mon grand-père, elle s'appelait Robotronics, et les gens appelaient tout le temps pour demander : « Avez-vous des robots ? » Et il disait : « Non, nous ne faisons pas vraiment de robots. » Il vendait des machines de bureau avec service inclus. Il a très vite vu un besoin qui pouvait être comblé et il a créé cette entreprise de machines de bureau alors que personne d'autre ne faisait ça à l'époque ; et il a eu toutes sortes de gros clients, des grosses banques, des grosses institutions, tout ça à l'époque où on utilisait des machines à écrire, des photocopieuses et ce genre de chose. Lorsque les choses ont commencé à évoluer vers l'informatique, il a voulu se lancer là-dedans et mon oncle et mon père, qui étaient impliqués dans l'entreprise à l'époque, ont dit : « Non. Nous ne pouvons pas faire ça. » Bla, bla, bla. Ils n'étaient pas prêts à voir le futur. Une autre chose que mon grand-père avait ; il était prêt à voir le futur et à regarder ce que ses choix créeraient, professionnellement et personnellement, et à faire ce qu'il pouvait pour créer le plus grand résultat possible.

Et je vois beaucoup de gens qui, premièrement, ne se rendent pas compte qu'ils ont cette capacité, et je pense que c'est en grande partie parce qu'ils sont coincés dans la réalité financière de leur famille. Mais l'autre chose c'est que, à un moment donné, mon oncle a créé une entreprise comme Kinkos, qui est au moins aux États-Unis et je sais que c'est dans de nombreux endroits du monde. Kinkos est essentiellement un guichet unique, si tu as besoin de louer des locaux, si tu as besoin d'une photocopieuse, si tu as besoin de faire faire des photocopies, si tu as besoin de bannières imprimées, etc. etc. Mon oncle a créé ça environ 15 ans avant l'arrivée de Kinkos, mais il était tellement déterminé à ne pas avoir d'argent et à se détruire, afin de prouver qu'il avait raison avec ses points de vue fixes, qu'il a échoué. Maintenant, on dira qu'il était en avance sur son temps. Oui, il l'était. Mais aussi, s'il avait eu la détermination et l'énergie de mon grand-père, il serait multimilliardaire maintenant, parce qu'il a créé ce concept bien avant tout le monde.

Tant de gens restent coincés dans le point de vue de leur famille. Toi, y as-tu cru ? As-tu créé ta propre réalité ? Comment est-ce les gens peuvent sortir de ce dans quoi ils sont coincés avec le point de vue de leur famille ?

En regardant toutes ces choses financièrement, je vois d'où viennent beaucoup de points de vue, à la fois bons et mauvais ou à la fois expansifs et limités, mais ensuite l'autre truc qui est vraiment impératif, c'est d'aller au-delà de tout ça, d'aller au-delà du passé. Dire : «Cool. J'ai ça de ma famille du côté de ma mère. J'ai ça de ma famille du côté de mon père. Il y avait cette folie de la pauvreté ici. Et là-bas il y avait cette folie de la réticence à avoir de l'argent alors qu'ils avaient de l'argent et cette folie de le perdre et le détruire, mais tu sais quoi ? Qu'est-ce que j'aimerais créer aujourd'hui ? » Oui, j'ai compris tout ça, et ce que je recommande de faire, c'est de regarder en arrière et de noter toutes les grandes choses que tu as apprises au sujet de l'argent des gens autour de toi quand tu étais petit. Quelles prises de conscience as-tu reçues dont tu n'as jamais vraiment rien fait ou jamais reconnu qu'elles étaient là ? Et aussi quelles sont les limitations ? Et, parcours toute la liste et fais-le 10 fois, 20 fois, 30 fois, jusqu'à ce que tu puisses la regarder ça sans ressentir aucune charge. Parce que, ce qui est vraiment nécessaire, ce n'est pas simplement de regarder notre passé, le revivre et se dire : «Eh bien, c'est pour ça que j'ai ce point de vue. D'accord, bien. Je vais continuer à avoir ce point de vue un peu plus longtemps», mais de reconnaître que le point de vue est une limitation : «Waouh. C'est super. Maintenant, je connais au moins une partie de la raison pour laquelle j'ai ce point de vue. Maintenant, je vais aller au-delà. »

Et je suis désolé de dire ça, mais mon point de vue sur ces points de vue et nos limitations du passé est : «Tu sais quoi ? Merde !» Oui, j'ai vécu cela. J'ai été abusé horriblement quand j'étais petit ; physiquement, émotionnellement, mentalement et ayant pendant une grande partie de ma vie à peu près tout le monde autour de moi qui me détestait. Tu sais, ma belle-mère et la famille avec laquelle je vivais dans le ghetto avec ma mère, OK, ça va. Cool. J'ai vécu ça. Et maintenant? Maintenant qu'est-ce que je veux créer avec ma vie aujourd'hui? J'ai 10 secondes pour vivre le reste de ma vie, que vais-je choisir ici? Ce n'est pas : «J'ai ça, donc il faut que je continue avec ça», c'est : «OK, c'est là. Maintenant, que puis-je faire pour aller au-delà?»

Y a-t-il d'autres types d'outils vraiment pragmatiques que tu pourrais donner aux gens qui disent : «Ouais, ouais, ouais. Il a fait ça. Elle a fait ça. Mais qu'en est-il de moi?» Y a-t-il autre chose que tu peux ajouter à ça pour éclairer les gens afin de leur permettre de choisir quelque chose de différent en ce qui concerne l'argent et leur vie?

Absolument. Et je suis totalement sérieux quand je dis ça : achète le nouveau livre de Simone! Et ce que je recommande, c'est de noter cette question : «Qu'est-ce qui, de mon passé, me bloque le plus au sujet de l'argent et du liquide?» Et, écris un putain de roman s'il le faut. Et puis brûle ce putain de truc. OK? C'était ton passé. Et les autres trucs que j'aimerais que tu regardes et, si tu es prêt à le faire, note-le, mais ce qu'il faut que tu regardes, c'est : «Quel est le cadeau que cette expérience m'a donné?» Tu vois, nous ne cessons de regarder ça comme si c'était une malédiction. Ça ne l'est pas.

J'ai une conscience inhérente de la façon dont les gens qui ont très peu d'argent fonctionnent. J'ai une conscience inhérente de leurs insécurités, de leurs désirs et du sentiment qu'ils ont qu'ils ne peuvent pas y arriver. Eh bien, quel est mon travail dans le monde? Faciliter les gens à sortir de cette merde. Donc, cette conscience inhérente que j'ai, je ne sais pas si je pourrais faire ce que je fais sans l'abus que j'ai vécu. Je pourrais probablement le faire, mais pas de la façon dont je le fais. Pas de la façon qui fonctionne vraiment pour moi, et parfois d'une manière intense. Et aussi, avec les trucs financiers, vu ce que j'ai vécu, je suis arrivé à un stade où je peux faire ce que je suis venu faire dans le monde. Et ce que j'ai vu avec les centaines de milliers de personnes qui sont passées par Access depuis que nous sommes tous les deux ici, c'est que tout le monde a quelque chose à faire ici. Tout le monde a quelque chose dans sa vie qui a contribué à ce qu'il soit là et fasse ce qu'il fait. Une fois que tu commences à te mettre sur la piste de ce cadeau, les choses commencent à changer radicalement, parce que tu sors du jugement de ce que tu as vécu et tu commences ensuite à voir le cadeau de ce que tu as vécu et tu dis : «Waouh.» Et puis l'autre question à poser est : «Comment puis-je utiliser cela pour créer de l'argent et du liquide?»

Donc, en fait, tu utilises ton enfance, la façon dont tu as grandi, tu utilises ta culture, ta famille et tout ça à ton avantage.

Exactement. Et utilise tous les autres outils que tu as. Si tu veux noter un peu plus de choses, tu peux noter : «Quels autres outils et cadeaux ai-je qui me permettront de créer beaucoup d'argent, plus d'argent et plus de liquide que je n'aurais jamais cru être capable de créer?» Et note ce que tu as d'autre.

Et aussi, il y a ce truc de ne pas te prendre trop au sérieux. Tu sais, nous nous prenons tellement au sérieux et ce dont tu parlais au tout début de l'émission, à propos de la légèreté et de la création à partir de la joie, et tu as Joy of Business qui est l'un de tes business et aussi un livre, et quand j'ai entendu parler de ça, quand je t'ai vu faire du business à partir de la joie, c'était à peu près ça. Ne pas se prendre trop au sérieux. Avoir beaucoup plus de plaisir. Fais ce qui est amusant et ne te prends pas trop au sérieux et tu vas vraiment commencer à créer plus d'argent que tu n'as jamais cru possible.

Les gens te voient maintenant et tu as du succès, tu as de l'argent, tu es connu dans le monde entier. Mais ce n'est pas là que tu as commencé. Comment voyais-tu la création de ton avenir et quelle était l'énergie que tu étais, qu'il fallait que tu sois? Qu'as-tu choisi lorsque tu as décidé de commencer à facturer plus cher, et que tu as commencé à recevoir dans ta vie plus d'argent pour ce que tu fais et être réellement?

Quand j'ai commencé, je facturais 25 $ par session pour mes séances de chiropraxie, la plupart des gens recevaient ce qu'ils étaient prêts à payer pour 25 dollars, ce qui était comme… un film. Et c'était du genre : «Oh, c'était un bon divertissement. Merci beaucoup» et ils s'en allaient. Et puis Gary Douglas est arrivé, il est rentré dans mon bureau et il a dit : «Tu demandes trop peu pour ce que tu fais.» Mais je lui ai fait une séance et il a dit : «Ça m'a littéralement sauvé la vie.» Et je me suis dit : «Vraiment? Moi?» Parce qu'à l'époque, mon niveau d'insécurité était hors norme. Cela a été un processus au cours des 16 dernières années! Et ce que les gens ne réalisent pas, c'est qu'ils voient quelqu'un qui a une certaine réussite ou un certain niveau de richesse ou une certaine quantité de tout ce qu'ils pensent désirer, et ils ne réalisent pas combien de temps cela a pris à cette personne pour y arriver. Ils ne réalisent pas combien d'erreurs cette personne a faites. Ils ne réalisent pas combien d'insécurités elle a dû surmonter.

Et donc ce que je veux dire aux gens c'est, où que tu sois en ce moment, démarre. Et perçois l'énergie devant toi de comment ce serait de gagner peut-être trois ou quatre fois ce que tu gagnes maintenant; perçois l'énergie de ça. Et ce que ce serait de voyager dans le monde entier, si tu en as envie. Ou d'avoir au moins le temps et l'argent pour voyager. Perçois l'énergie de comment ce serait d'être non seulement capable de payer tes factures, mais d'avoir un niveau de richesse et d'abondance financière que tu aimes avoir et de l'argent supplémentaire sur ton compte en banque ou sous ton matelas ou ailleurs.

Et aussi, perçois l'énergie de ce que ce serait de faire quelque chose qui contribue réellement aux gens et quelque chose qui change tout le temps, où tu travailles avec des gens amusants, et de vraiment profiter de ta vie. Et perçois cette énergie et puis tire l'énergie vers ça de partout dans l'univers et laisse repartir des petits filets d'énergie vers tout et tous ceux qui vont aider à faire de cela une réalité et que tu ne connais même pas encore. Tu sais, c'est un exercice dans le livre Sois toi change le monde que j'ai écrit. Et il s'agit vraiment d'être toi. Quelle serait cette énergie unique pour toi si toutes ces choses se présentaient? Et puis, tout ce qui correspond à ça, dirige-toi dans cette direction. Et les gens ne se rendent pas compte qu'il y a quelque chose qui va vraiment les guider, c'est leur conscience, leur lien avec tout ce qui est, en quelque sorte. Et ce qui est drôle, c'est que les gens qui réussissent dans les affaires semblent faire ça de manière naturelle. Et puis beaucoup d'entre eux détestent les trucs énergétiques. Je leur dis : «Oui, mais voici ce que tu fais énergétiquement.» Et ils disent : «Oui, oui, oui. Non. Ne dis pas le mot "énergie". Merci beaucoup.»

Mais si tu perçois cette énergie, tu commences à être prêt à aller vers l'avenir. Donc tu tires de l'énergie vers ça, de tout l'univers, jusqu'à ce que cela devienne vraiment grand, et tu demandes à l'univers de contribuer. Et le truc, c'est que j'entends beaucoup de gens dire «univers» comme si c'était quelque chose en dehors d'eux; tu fais partie de l'univers! Alors, reconnais que c'est toi qui demandes quelque chose en y étant connecté. Et ensuite, laisser repartir des petits filets d'énergie vers tout et tous ceux qui vont t'aider à en faire une réalité pour toi. Et en faisant ça, tu commences à créer l'avenir énergétique que tu aimerais avoir, et ce qui est bizarre et merveilleux avec ça, c'est que toutes les parties et les éléments de ce que cela serait de créer cette énergie commencent à venir à toi. Mais il faut que tu sois prêt à les recevoir quand ils se présentent.

Et c'est ce dont je parlais quand je disais que j'essayais sans cesse de mettre de l'ordre dans ma famille, alors quand quelque chose de trop «gros» se présentait, je me disais : «Oh non. Je ne peux pas faire ça», plutôt que de poser une question. Et c'est aussi ça qu'il faut que tu fasses; quand quelque chose se présente, ne dis pas : «Je ne peux pas faire ça», mais plutôt : «Qu'est-ce qu'il faudrait pour que je puisse faire ça?» Et c'est vraiment le point de vue fonctionnel : «Que faudrait-il pour que je crée ceci?» Plutôt que d'être dans ce mode d'insécurité de ce que je ne peux pas faire et de ce que je ne peux pas créer.

Il y a donc ces endroits où tu as ces insécurités et ces raisons que tu as créées comme réelles ou les choses que tu as créées que tu considères comme des erreurs, mais elles ne le sont pas vraiment. Ce que je vois avec toi Dain, c'est que tu ne cesses de choisir quelque chose de plus grand, peu importe ce qui est requis.

Oui exactement. Ce que je vois les gens faire quand une nouvelle possibilité se présente, c'est qu'ils décident automatiquement avant même de commencer qu'ils ne peuvent pas le faire. Donc, c'est l'une des façons dont nous nous freinons de manière tellement dynamique. Et, si tu regardes ma vie, j'ai beaucoup de raisons de dire non. J'ai beaucoup de raisons de me freiner. J'ai beaucoup de raisons pour lesquelles je ne serais pas capable de faire quelque chose. Mais, je dois dire que, grâce à Access et aux outils d'Access Consciousness, parce que c'est vraiment ce trésor incroyable d'outils pour changer les choses, grâce à ça, et au fait que je suis proche de toi et de Gary, et à mes amis qui sont vraiment là pour moi quand je réalise que j'ai une limitation et que je veux la changer, grâce à tout ça, mon passé ne gouverne plus mon avenir. Et je pense que c'est l'une des plus grandes difficultés que les gens ont; leur passé gouverne leur avenir. Une grande possibilité se présente et ils disent : « Non. C'est trop chaotique. C'est trop. » Eh bien, tu sais quoi ? Le chaos est la création. Et le truc au sujet du chaos, c'est que nous ne cessons de penser que l'ordre est bien et le chaos est mal. La conscience inclut tout et ne juge rien; c'est pour ça que c'est Access Consciousness (accéder la conscience) que nous faisons. Ça inclut tout et ne juge rien.

Si tu regardes le moteur à combustion interne, tu sais, ce truc qui alimente ta voiture, il fonctionne sur le chaos. Des explosions dans ton moteur sont ce qui fait marcher ta voiture. Si tu essayais d'éliminer complètement le chaos, ta voiture n'avancerait plus. Même chose avec la voiture de ta vie. Ce qu'il faut que tu fasses, c'est de prendre le chaos et de l'ordonner aussi bien que possible pour créer une cohérence entre le chaos et l'ordre qui te permet d'avancer. Et je dis ça et beaucoup de gens disent : « Hein, quoi ? Je ne comprends pas... »

Ce qui est magnifique, c'est que tu n'as pas besoin de savoir comment ça fonctionne. Mais il faut que tu sois prêt à arrêter d'essayer d'éviter le chaos qui se manifeste ainsi que les choses que tu penses être trop et celles que tu penses être hors contrôle, parce que peut-être que hors contrôle, c'est exactement ce dont tu as besoin pour ta prochaine étape.

Alors, quelles questions est-ce que les gens peuvent se poser, par exemple s'ils se disent : « Oh ouais, ouais. Ce mec peut faire ça, mais comment puis-je le faire, moi ? »

Ah, sache que je ne savais pas que je pouvais le faire, je ne pensais pas pouvoir le faire non plus, mais j'étais prêt à essayer. Et c'est ce qu'il faut vraiment que tu sois prêt à faire : foncer. Tu sais, le pire qui puisse arriver est que ça ne marche pas. Eh bien, tu sais quoi ? Combien d'autres choses as-tu faites qui n'ont pas marché ? Et l'autre truc, c'est que chacune de nos insécurités et partout où nous disons non, ce sont les endroits où nous essayons d'ordonner quelque chose de notre passé. À chaque fois. Et si tu regardais ça et que tu disais : « Est-ce que j'essaye d'ordonner quelque chose ici ? »

Reconnais que quand tu essayes d'ordonner ton passé, cela t'empêche de créer ton avenir.

Qu'aimerais-tu dire d'autre avant de clôturer cette conversation ?

Ton point de vue crée ta réalité, ta réalité ne crée pas ton point de vue. Ces outils changent ton point de vue, de sorte que ta réalité se manifeste différemment. Tu n'as pas besoin de souffrir en ce qui concerne l'argent. Je suis avec toi.

Tout le monde peut changer sa situation financière. Tu l'as fait. Je l'ai fait. Et nous avons vu tellement de gens venir à Access et le faire, mais il faut vraiment que tu sois prêt à le faire. Il faut que tu sois prêt à faire le travail; ce n'est pas une pilule magique, mais ça fonctionne vraiment comme une putain de baguette magique parfois!

Tu peux changer ton destin. Vraiment. Tu peux tout changer. Et si toi, quand tu es vraiment toi, étais le cadeau, le changement et la possibilité que ce monde requiert? Est-ce que tu choisis de le savoir? Parce que c'est ce que tu es.

www.ingramcontent.com/pod-product-compliance
Lightning Source LLC
Chambersburg PA
CBHW011302210326
41599CB00035B/7087